노숙자 목사되다

노숙자 목사되다

지은이 | 김창규
펴낸이 | 원성삼
책임편집 | 김지혜
본문 및 표지디자인 | 김경석
펴낸곳 | 예영커뮤니케이션
초판 1쇄 발행 | 2017년 10월 17일
등록일 | 1992년 3월 1일 제 2-1349호
주소 | 04018 서울시 마포구 동교로 55(망원동) 2층
전화 | (02)766-8931
팩스 | (02)766-8934
홈페이지 | www.jeyoung.com
ISBN 978-89-8350-974-1 (03230)

값 15,000원

이 도서의 국립중앙도서관 출판예정도서목록(CIP)은 서지정보유통지원시스템 홈페이지
(http://seoji.nl.go.kr)와 국가자료공동목록시스템(http://www.nl.go.kr/kolis-
net)에서 이용하실 수 있습니다.(CIP제어번호: CIP2017025104)

 모든 인간은 하나님의 형상을 닮은 존엄한 존재입니다. 전 세계의 모든 사람들
은 인종, 민족, 피부색, 문화, 언어에 관계없이 존귀합니다. 예영커뮤니케이션은
이러한 정신에 근거해 모든 인간이 존귀한 삶을 사는 데 필요한 지식과 문화를 예수 그리
스도의 사랑으로 보급함으로써 우리가 속한 사회에 기여하고자 합니다.

노숙자_____

어떠한 사람이 되시렵니까?

목사되다

What kind
of person would you be?

김창규 지음

예영커뮤니케이션

차 례

머리말 6

온전한 신앙생활을 위하여

축복받는 삶을 위하여

어떠한 사람이 되시렵니까?

새로운 삶을 위하여

노숙자 목사되다

김창규 목사의 사진 모음

머리말

　　32년 목회 생활을 마무리하며 부족한 종이 개척한
믿음교회에서 2012년 11월 25일 원로 목사로 추대된 후 2013년
10월 첫 설교집으로『이까짓 걸 가지고 뭘』을 출판한데 이어 두 번
째 책으로 말씀과 함께 부족한 종의 삶을 정리한 글『노숙자 목사
되다』를 출판하게 됨에 감사와 감격의 마음을 금할 수 없습니다.
　이 책을 집필하기 위해 지난 설교들을 정리하고 목회 생활을 반
추해 보는 가운데 14년 전 겨울에 미국에 살던 사랑하는 동생 창
호를 멀리 하늘나라로 떠나보냈을 때의 기억이 새삼 떠올랐습니
다. 저의 동생인 김창호는 미국 시민권자로 일리노이주 카본데일
타운에서 사업을 하면서 특히 SIU(써든 일리노이주립대학) 대학에
다니는 한국 학생들에게 많은 도움을 주고 그 지역 미국인 침례교
회의 안수집사로 열심히 봉사하다가 14년 전인 59세 때 눈길 교
통사고로 세상을 떠났습니다.
　동생의 장례를 마친 뒤 허전한 마음을 안고 주일에 동생이 다니

던 교회에 예배를 드리러 갔습니다. 그 교회 담임 목사님께서 설교 중에 동생에 대한 말씀을 하시면서 "어떤 사람이 되겠느냐?"라고 질문을 던지는데 그 질문이 제 마음에 강한 충격으로 와 닿았습니다. 그 설교를 들으며 '나는 어떤 목사가 되겠는가?'라는 질문을 스스로에게 던져 보았습니다. 그날 말씀 가운데 큰 은혜를 받고 새로운 목회 다짐을 주님 앞에 하였던 것이 지금도 생생하게 기억납니다. 본서에 실린 "어떠한 사람이 되시렵니까?"라는 설교가 바로 이때의 묵상을 정리한 내용입니다.

부족한 저의 삶을 정리한 『노숙자 목사되다』를 펴내는 데는 많은 고민이 있었습니다. 나 같은 부족한 사람이 무슨 나의 삶에 대한 글을 쓰나 하고 망설였는데 저와 같이 고생하며 살았던 지인과 동기들 그리고 목회자, 교수 등 많은 분들의 권고와 도움이 있었기에 책을 펴내는 용기를 갖게 되었습니다. 모든 분들에게 감사를 드립니다.

이 책을 읽으시는 분 모두의 삶에 성령의 역사로 새로운 정신혁명이 일어나길 바랍니다. 'Change World(말씀에 기초한 정신혁명, 정직한 삶, 의로운 삶, 덕이 있는 삶, 섬기는 삶, 희생하는 삶, 헌신하는 삶, 배려하는 삶, 사랑하는 삶, 긍정적인 삶, 감사하는 삶, 사명 있는 삶)'의 작은 파도가 가정, 직장, 사회와 나라 전 세계에 퍼져나가기를 소원합니다. 아울러 이 책을 통하여 한국 교회에 영적 건강과 생명령이 넘치기를 소원합니다.

프랑스 석학 자크 아탈리는 "정치, 사회, 도덕적으로 위기다. 프랑스는 응급실에 실려 온 중환자다."라고 이야기 했습니다. 사는 길은 변화되는 것입니다.

사실 지금 한국과 한국 교회는 응급실에 실려온 중환자와도 같습니다. 정치, 경제, 사회, 문화, 교육, 도덕, 윤리, 종교가 변화되어야 합니다. 한국이 사는 길은 변화입니다. Change World가 이루어져야 합니다. 변화가 일어나야 합니다. 이 책을 읽으시는 이를 통하여 이러한 변화의 파도가 일기를 소원합니다. 그리고 이 책에 청년대회 취지문과 선언문을 기재하는 것은 이 땅에 청년의 기백이 다시 일어나기를 바라는 마음이 간절하기 때문입니다.

특히 처절한 삶 속에 몸부림치고 있는 분, 끝이 없어 보이는 고난의 긴 터널을 지나고 있는 분, 좌절하고 실패하고 병든 몸으로 고통 중에 있는 분들이 혹 저와 같은 고생을 하는 분들이 『노숙자 목사되다』를 읽으시고 새 힘과 용기를 가지시길 바랍니다.

"내가 사망의 음침한 골짜기로 다닐지라도 해를 두려워하지 않을 것은 주께서 나와 함께하심이라 주의 지팡이와 막대기가 나를 안위하시나이다" 라는 다윗의 고백이 이 책을 읽는 모든 이의 고백이 되기를 간절히 소원합니다.

이 책을 읽으시는 모든 분들이 승리하신 예수님을 온전히 붙들 수 있기를 바랍니다. 예수 믿는 사람은 인생에서 몇 번이고 다운을 당할 수 있을지는 몰라도 KO는 절대로 당하지 않습니다. 우리 예수님께서 어둠의 모든 권세를 이기시고 승리하셨기 때문입니다. 이 믿음을 가지고 승리자이시며 기묘자이시며 못하실 것이 없는 능력의 주님을 만나 승리하는 삶을 사시기를 소원합니다. 인생의 큰 풍랑이 있어도 그 배의 사공이신 예수님을 만나 오히려 물 댄 동산의 복과 샘물이 마르지 않는 복 받기를 소원합니다.

이 책을 출판하며 죄인 중의 죄인이요 괴수 같은 저의 연약함과 부족함을 여러 가지로 도와주신 분들께 감사를 드립니다. 이 책을 출판할 수 있도록 배려해 주신 예영커뮤니케이션 원성삼 권사님과 출판사 가족들에게 감사를 드립니다.

지금 하늘나라에 계신 어머니 박옥례 권사님과 장인 되시는 이석근 목사님, 이순애 장모님의 기도가 없었다면 오늘의 저는 없었을 것입니다. 이 책을 출판하면서 먼저 천국에 가신 어른들에 대한 그리움과 감사의 마음을 금할 길이 없습니다.

은퇴 후에도 여전히 부족한 종을 사랑의 돌봄으로 협력해 주시고 중보해 주시는 믿음교회 식구들과 김용일 목사님께 깊은 사랑과 감사의 마음을 전합니다.

　아울러서 32년 목회 생활 동안 어렵고 고달픈 십자가의 길을 지날 때마다 항상 곁에서 힘이 되어 준 아내에게 감사합니다. 부끄러운 이야기지만 저는 여전히 컴맹입니다. 박사학위 논문이며 설교 원고며, 써서 아내에게 주면 아내가 컴퓨터로 타이핑하는 작업을 지금까지 해 주고 있습니다. 아내는 저의 1등 조력자입니다.

　그리고 이 책이 출판되기까지 누구보다 많이 수고한 믿음교회 안수집사이며 한국외국어대학교 교수인 아들 김모세와 기도와 격려로 함께하고 도와준 착한 딸 같은 며느리인 문희영과 아빠와 엄마가 원고를 교정보는 동안 잘 놀아 주고, 잘 커 준 한돌 된 손자 김세진과 도와주신 외대교회 정동영 목사님, 영락교회 이경옥 권사님과 그 외 여러 가지로 협력하시고 도와주신 모든 분들과 교정을 보아 주신 모든 분들에게 한없이 고맙고 감사한 마음을 전합니다.

　이 책을 통해 오늘도 삶의 현장에서 하나님 나라를 위해 십자가를 지고 순례의 길을 걷고 있는 동역자들 그리고 이 책을 읽으시는 모든 분들과 하나님께서 주신 지혜와 복을 함께 나누고 싶습니다. 다시 한 번 주 하나님께 모든 영광과 감사를 올려드리며 인사의 글을 가름하고자 합니다.

김창규 드림

온전한 신앙생활을 위하여

겨자씨 한 알만 한
믿음이면 됩니다

누가복음 17장 5-6절

5 사도들이 주께 여짜오되 우리에게 믿음을 더하소서 하니 6 주께서 이르
시되 너희에게 겨자씨 한 알만 한 믿음이 있었더라면 이 뽕나무더러 뿌
리가 뽑혀 바다에 심기어라 하였을 것이요 그것이 너희에게 순종하였으
리라.

미국에 해피네스 존스라는 소녀가 있었습니다. 어려서부터 천재성을 가진 이 소녀는 특별히 피아노를 잘 쳤습니다. 피아노를 잘 친 덕에 16살에 텍사스대학에 들어가 피아노를 전공하게 되었습니다. 그러나 어느 날 손목을 다쳐 피아노를 칠 수 없게 되었습니다. 소녀는 낙심했습니다. '나에게 이런 천부적인 재능을 주신 하나님께서 왜 나의 이 재능을 앗아가려고 하시는가?' 원망스럽기도 했습니다.

그러나 소녀는 이내 생각을 바꾸었습니다. '나에게 이런 재능을 주신 하나님께서 결코 나를 버리지 않으실 것이다. 분명 여기에는 하나님의 섭리가 있을 것이다.'라고 생각했습니다. 생각을 긍정적으로 했습니다. 그리고 이 어려움을 믿음으로 보기 시작했습니다. 존스는 자신의 튼튼한 발과 다리 그리고 손가락은 쓸 수 있음을 깨달았습니다. 그리고 파이프 오르간을 치기 시작했습니다. 열심히 페달을 밟았습니다. 누구보다도 열심히 파이프 오르간을 치기 시작했습니다.

그러한 그녀에게 어느 날 오르간을 연주해 달라는 제안이 들어왔습니다. 바로 로버트 슐러 목사님이 시무하시는 수정교회에서 100만 불짜리 파이프 오르간을 설치하고서 기념연주회를 하는데 존스에게 연주회를 맡아 달라고 요청한 것입니다. 성공적인 연주회였습니다. 그리고 그녀는 예일대학의 오르간 교수로 초빙되었습니다. 어떻게 보고, 어떻게 생각하는가, 어떠한 태도를 가지느냐, 어떠한 믿음을 가졌느냐가 중요합니다.

마가복음 9장에 보면 예수님이 베드로와 야고보와 요한을 데리고 산에 올라가셨습니다. 그 시간 산 아래에 남아 있는 제자들은 크게 곤혹스러워하고 있었습니다. 의학으로는 치료가 불가능한 간질병에 걸린 아이를 그 아버지가 제자들에게 데리고 온 것입니다. 그리고 그 병을 고쳐 보라고 하였습니다. 예수님의 제자들은 그 전에 벌써 병을 치료하고 귀신을 내쫓은 경험을 가지고 있었습니다.

그런데 예수님의 제자들이 아무리 귀신에게 나오라고 소리를 쳐도 귀신은 나오지 않았습니다. 바리새인들과 서기관들 그리고 그곳에 모인 많은 사람들의 조롱거리가 되었습니다. 그때 산에 올라가셨던 예수님이 산에서 내려오시면서 그 광경을 보셨습니다.

예수님의 모습을 보고 아이의 아버지가 먼저 예수님께 뛰어가서 자초지종을 이야기하였습니다. "벙어리 되고 간질병을 앓는 우리 아이를 선생님의 제자들에게 데리고 왔는데 고치지 못하고 있습니다."

예수님께서는 의사들이 하는 것처럼 그 아이의 병세를 자세히 물으셨습니다. 그러자 아이의 아버지는 실력 있는 의사들에게 흔히 불치병 환자들이 하는 말을 하였습니다. "당신이 고칠 수 있으면 고쳐 주십시오." 예수님은 그 아이의 아버지에게 말씀하십니다. "나는 세상의 다른 의사와 다르다. 나에게는 고칠 수 있는 병과 고칠 수 없는 병의 구별이 없다. 나는 모든 병을 고칠 수 있다. 그러나 아무나 고쳐 주지 않는다. 나를 믿는 사람들만 고쳐 준다." 그러자 이 아버지는 "주여, 나의 믿음 없는 것을 용서하소서."라고 합니다. 영어 성경에는 "주여 나의 불신앙을 제거하여 주십시오."라고 되어 있습니다.

문제 해결의 키는
믿음입니다.

예수님께서는 모든 것을 가능케 하는 전능의 하나님이신데 그 능력을 사모하는 키는 믿음에 있다고 하십니다. 이 아이의 귀신을 쫓아내지 못한 제자들은 주님께 책망을 받는데 믿음이 없다는 것 때문입니다.

마가복음 9장 18-19절에 보면 "귀신이 어디서든지 그를 잡으면 거꾸러져 거품을 흘리며 이를 갈며 그리고 파리해지는지라 내가 선생님의 제자들에게 내쫓아 달라 하였으나 그들이 능히 하지 못하더이다 대답하여 이르시되 믿음이 없는 세대여 내가 얼마나 너희와 함께 있으며 얼마나 너희에게 참으리요 그를 내게로 데려오라 하시매."라고 하였습니다.

아이에게서 귀신을 쫓아내지 못한 제자들을 믿음이 없다고 책망하시고, "할 수 있으면 아이에게 들어 있는 귀신을 내쫓아 달라."는 아버지에게는 "할 수 있거든이 무슨 말이냐 믿는 자에게는 능히 하지 못할 일이 없느니라."고 하셨습니다.

예수님은 공부를 못한 사람들을 책망하시지 않았습니다. 예수님은 가난한 것도 책망하시지 않았습니다. 예수님께 책망을 받은 사람들은 믿음이 없는 사람들이었습니다. 도둑질을 하고 음란한 짓을 하는 못된 죄인들도 예수님을 믿기만 하면 죄 용서를 받고 복을 받았습니다.

예수님은 사람이 가진 것 중에 믿음을 가장 귀하게 여기셨습니다. 예수님은 믿음이 없는 것을 책망하셨지만 반대로 믿음이 있는 사람은 칭찬하셨습니다. 수로보니게 여인의 믿음을 칭찬하셨습니다. 신하의 병을 고쳐 달라고 한 가버나움의 백부장을 칭찬하셨습니다.

목회를 하다 보면 성도들로부터 종종 듣는 말이 하나 있습니다. "목사님, 저를 위해서 아주 세게 기도해 주세요. 아주 빡적지근하게 기도해 주세요. 답답해 죽겠어요." "집사님 저도 물론 기도하지만 본인의 기도가 더 중요합니다. 집사님이 많이 기도하세요." "그래도 목사님의 기도가 더 세지 않습니까? 더 잘 응답해 주시지 않습니까?"

　나보다는 목사님이 낫다고 생각하는 마음, 이것을 여러분은 어떻게 생각하십니까? '나는 믿음이 적기 때문에 내 기도는 안 들어주신다.' '믿음이 강하신 목사님이나 어떤 분이 기도하면 들어주신다.'라는 생각을 가지고 있는 것입니다. 문제는 누가 누구보다 더 낫다는 데 있는 것이 아니라 믿음이 문제입니다.

　야고보서 5장 14-15절에서 "너희 중에 병든 자가 있느냐 그는 교회의 장로들을 청할 것이요 그들은 주의 이름으로 기름을 바르며 그를 위하여 기도할지니라 믿음의 기도는 병든 자를 구원하리니 주께서 그를 일으키시리라 혹시 죄를 범하였을지라도 사하심을 받으리라."고 하였고, 16절에는 "그러므로 너희 죄를 서로 고백하며 병이 낫기를 위하여 서로 기도하라 의인의 간구는 역사하는 힘이 큼이니라."고 하였습니다. 또한 17절에서는 "엘리야는 우리와 성정이 같은 사람이로되 그가 비가 오지 않기를 간절히 기도한즉 삼 년 육 개월 동안 땅에 비가 오지 아니하고."라고 하였으며, 18절에 "다시 기도하니 하늘이 비를 주고 땅이 열매를 맺었느니라."고 하였습니다. 한마디로 믿음입니다. 목사도 믿음이 없으면 아무 것도 안 됩니다. 성도도 믿음이 없으면 아무 것도 아닙니다. 믿음이 문제입니다.

병으로 고생하는 한 농부가 있었습니다. 이분이 어떤 유명한 의사로부터 처방을 받았습니다. "3년 동안 잘 말린 쑥을 구해서 다려 먹으면 병이 나을 것입니다." 의사의 이 말에 희망을 가지고 3년 말린 쑥을 구하러 다니는 데 그것이 쉽지 않았습니다. 그렇게 쑥을 구하기 십년, 그 농부는 결국 말린 쑥을 구하지 못하고 죽고 말았습니다.

이 농부의 문제가 무엇입니까? 다른 사람이 말려 놓은 쑥을 구하려고만 했지 자신이 쑥을 말릴 생각을 하지 못했습니다.

여러분, 10년이면 3번까지도 말릴 수 있는 충분한 시간이 있었는데도 그 생각을 하지 않고 다른 사람만 의지했던 이 농부의 모습은 우리의 믿음을 돌아보게 합니다. 혹시 우리 가운데 '믿음을 더하여 주소서, 믿음을 더하여 주소서.'라고 간구하다가 평생을 보내고 있는 사람은 없습니까?

여러분, 내가 안고 있는 문제, 내 가정이 안고 있는 문제, 내 사업이 안고 있는 문제의 해결의 키는 바로 믿음입니다.

누가복음 17장 5절에서 "사도들이 주께 여짜오되 우리에게 믿음을 더하소서 하니."라고 하였습니다. 어떻게 보면 굉장히 겸손한 모습 같습니다. 자신의 부족함을 인정하기에 이런 간구를 하는 것이 아니겠습니까? 올바른 간구 같기도 합니다. '믿음을 더해 주십시오. 믿음이 부족합니다. 더 큰 일을 할 수 있는, 더 올바르게 할 수 있는, 더 말씀에 순종할 수 있는 믿음을 주십시오.' 이렇게 간구하는 제자들의 기도는 얼마나 훌륭한 신앙의 모습입니까?

그런데 주님은 제자들을 칭찬하지 않고 오히려 나무라시는 것 같은 대답을 하셨습니다. 누가복음 17장 6절에 "너희에게 겨자씨 한 알만 한 믿음이 있었더라면 이 뽕나무더러 뿌리가 뽑혀 바다에 심기어라 하였을 것이요 그것이 너희에게 순종하였으리라."

제자들은 큰 믿음을 원하고 있지만 주님은 겨자씨만 한 아주 작은 믿음을 말씀하고 계십니다. 겨자씨는 깨알보다도 작습니다. 제자들은 큰 믿음을 가져야 큰 일을 할 수 있다고 생각하는데 주님은 겨자씨만 한 작은 믿음만 있어도 얼마든지 큰 일을 할 수 있다고 말씀하고 계십니다. 주님의 생각과 제자들의 생각이 얼마나 다른가를 알 수 있습니다.

여러분, 이렇게 우리의 생각과 상반된 말씀을 하시는 주님의 뜻이 무엇입니까?

믿음은 크고 작은 양의
문제가 아니라는 것입니다.

제자들은 "우리에게 믿음을 더하여 주소서."라고 부탁했지만 주님은 겨자씨만 한 믿음만 있으면 된다고 말씀하셨습니다. 제자들은 큰 믿음을 가져야 큰 일을 할 수 있다고 생각했지만, 예수님은 겨자씨만 한 믿음만 있어도 큰 일을 할 수 있다고 말씀하셨습니다.

이 말씀의 뜻은 믿음은 있으면 있고, 없으면 없는 것이지 믿음이 크고 작은 게 없다는 뜻입니다. 마치 아이가 세상에 태어났으면 태어난 것이지 설 태어났다든지, 반절만 태어났다든지 하는 것은 말이 되지 않는 것과 같습니다.

어떤 목사님이 새롭게 신앙생활을 하는 한 부인에게 물었습니다. "워커 부인, 신앙생활 하는데 가장 큰 고민이 무엇입니까?" 그러자 그 부인은 "하나님의 자녀가 되려고 노력하는데 그게 잘 안 되네요"라고 했습니다. 그러자 목사님이 다시 묻습니다. "당신은 워커 부인이 되려고 노력하십니까?" "그게 무슨 말씀이세요. 저는 이미 워커 부인인데요." "언제부터 워커 부인이셨습니까?" "결혼 반지를 제 손가락에 낀 때부터입니다." "그것이 바로 부인에게 말씀드리려는 것입니다. 아무도 하나님의 자녀가 되려고 노력하지 않습니다. 자신의 빈손을 내밀어 그리스도를 구세주로 받아들인 순간부터 이미 하나님의 자녀가 되었으니까요."

성도 여러분, 여러분은 이미 하나님의 자녀입니다. 여러분은 이미 하나님의 자녀가 될 만한 믿음을 갖고 있습니다. 나에게 믿음이 없다고 생각하지 마세요. 믿음을 갖고 있습니다. 예수님이 말씀하시는 겨자씨만 한 믿음을 이미 갖고 있습니다. 큰 일을 할 수 있는 믿음을 이미 소유하고 있는 하나님의 자녀들입니다. 할렐루야!

"믿음을 더하소서."라고 기도만 하지 말고
있는 믿음을 사용하라는 것입니다.

이미 믿음을 소유하고 있습니다. 큰 일을 할 수 있는 믿음을 가지고 있습니다. 그러므로 이미 소유한 믿음을 사용하여 능력을 체험하고 주님이 기뻐하시는 일을 해야 합니다.

가난한 떠돌이 말 조련사의 아들인 소년이 있었습니다. 어느 날 소년은 학교 숙제물로 '자신의 꿈'을 깨알같이 썼습니다. 커다란 목장의 주인이 되는 꿈을 가진 소년은 드넓은 초원에 말과 소,

양들이 뛰놀고 초원 중앙에 크고 아름다운 저택이 자리 잡은 그림을 그렸습니다. 그러나 선생님은 소년에게 F 학점을 주며 좀 더 현실적인 꿈을 그리라고 했습니다. 그러나 소년은 다음 날도 똑같은 숙제물을 제출하며 말했습니다. "선생님이 F 학점을 주셔도 저는 그 꿈을 간직하겠어요."

오랜 세월이 지난 후 장년이 된 소년의 크고 아름다운 목장을 방문하게 된 선생님은 눈물을 글썽이며 말했습니다. "여보게, 나는 참으로 많은 아이들의 꿈을 훔쳤어. 다행히 자네는 굳센 믿음, 아니 믿음이 있어서 꿈을 버리지 않았지. 자네는 가지고 있는 믿음을 사용하여 꿈을 이루었지."

여러분 문제는 자신에게 있는 현재의 믿음으로 주님의 말씀에 순종하려는 생각은 하지 못하고 항상 믿음이 부족하다는 핑계를 대면서 주님의 풍성한 계획과 축복 속에 동참하지 못하는 삶을 살아가는 데 있습니다.

요한복음 9장에 보면 예수님이 날 때부터 소경 된 자를 고치시는 장면이 나옵니다. 그때 예수님은 소경의 눈에 진흙을 이겨 바르시고 "실로암 못에 가서 씻으라."고 하십니다.

이 말을 들은 소경의 믿음이 얼마나 컸겠습니까? 이제 막 예수님을 만난 사람입니다. 예수님에 대해 들은 소문 때문에 어렴풋이 알고 있을 정도입니다. 중요한 것은 이 소경이 "주님, 저에게 큰 믿음을 주옵소서."라고 기도하지 않고 그저 있는 믿음을 가지고 실로암 못에 가서 물로 눈을 씻었다는 것입니다. 그렇게 씻는 순간 눈이 떠진 것입니다. 겨자씨만 한 그 믿음이 그의 눈을 번쩍 뜨게 했습니다.

여러분, 능력은 나에게 있는 것이 아닙니다. 내 믿음이 커서 주님의 일을 크게 하는 것이 아니고 내 믿음이 작아서 주님의 일을 못하는 것이 아닙니다. 사도 바울이 말한 것처럼 나는 질그릇에 불과합니다. 질그릇인 나는 아무 것도 할 수 없습니다. 문제는 질그릇인 내게 무엇이 담겨 있느냐 이것이 중요합니다.

내게 예수님이 있으시면 예수님의 능력이 나타납니다. 할렐루야!

중요한 것은 질그릇이 아니라 질그릇에 담겨 있는 내용물입니다. 우리에게는 전능하신 하나님이 함께하십니다. 그 하나님을 믿고 순종하는 것입니다. 그러면 역사는 하나님이 하십니다. 하나님이 능력을 베푸십니다. 가정이 나의 것이 됩니다. 믿음을 구하지만 말고 있는 믿음을, 겨자씨만 한 작은 믿음이라도 사용하시기 바랍니다.

예수님은 우리에게 오셨습니다. 우리 모두 질그릇 같은 우리의 심령에 예수님을 영접하고 믿고 예수님의 능력이 나타나게 순종하십시다.

특별히 한 영혼을 주께로 인도하기 위해 애쓰십시다. 한 영혼을 구원하는데 큰 믿음이 필요한 것이 아닙니다. 이미 갖고 있는 믿음으로 내 안에서 예수님이 역사하시면 됩니다. 주님도 영혼 구원하기 위해서 오셨는데 우리도 한 영혼을 구원하여 주님을 기쁘시게 해 드릴 수 있기를 소원합니다.

우리는 지금 경제적인 문제, 인간관계의 문제, 건강의 문제 등 여러 어려운 문제들과 부딪치며 살아가고 있습니다. 우리 앞에 요단강이, 홍해가 넘친다 해도, 사방이 욱여쌈을 당해도 이미 가지고 있는 믿음으로 강물에 들어가면 하나님의 능력이 나타나 물이 갈라지고 길이 열리는 역사가 일어남을 믿으시기 바랍니다.

문제 해결의 키는 믿음입니다. 내가 가지고 있는 작은 믿음입니다. 작은 믿음을 사용할 때에 큰 믿음이 생깁니다. 성령의 감동이 왔을 때에 하나님께 맡기고 믿음으로 행동하면 그 뒤에 하나님이 책임을 지십니다. 작은 믿음을 사용하면 커집니다. 겨자씨만한 믿음이 있으면 산을 옮깁니다. 겨자씨만 한 믿음을 자주 사용하면 산을 옮기는 믿음으로 성장합니다. 이미 우리에게는 믿음이 있습니다. 그런데 그 믿음을 사용하지 않기 때문에 성장하지 않는 것입니다.

젊은이 둘이서 강을 건너가고 있었습니다. 건너가는 도중 한 청년이 다리 밑을 보니까 강물이 소용돌이를 치며 흘러가고 있었습니다. 그것을 자꾸 내려다보던 한 친구가 현기증이 나서 쓰러질 듯 비틀거리자 다른 친구가 그에게 외쳤습니다. "위를 봐! 하늘을 봐!"

그렇습니다. 우리의 앞을 가로막은 여러 장벽을 바라보면 도저히 뚫고 나갈 수 없을 것 같지만, 위를 바라보고 믿음을 가질 때에 하나님의 능력을 통하여 기적이 일어나게 됩니다. 믿으시기 바랍니다.

하나님이 살아 역사하신다는 것을 믿는 사람에게는 절망이란 없습니다. 어떤 역경과 슬픔이 점령하더라도 결코 낙심해서는 안 됩니다. 서양 속담에 "흐르는 시냇물에서 돌들을 치워 버리면 그 냇물은 노래를 잃어버린다."는 말이 있습니다. 우리의 인생에 역경과 고난의 돌을 치워 버리면 우리는 아름다운 노래를 들을 수 없게 됩니다.

우리에게 필요한 것은 위를 바라보는 믿음입니다.

겨자씨만 한 믿음이면 충분합니다.

겨자씨 한 알만 한 믿음이면 됩니다. 이 믿음은 우리 모두가 다 가지고 있습니다.

아멘.

기도가 없으면

마가복음 9장 14-29절

14 이에 그들이 제자들에게 와서 보니 큰 무리가 그들을 둘러싸고 서기관들이 그들과 더불어 변론하고 있더라 15 온 무리가 곧 예수를 보고 매우 놀라며 달려와 문안하거늘 16 예수께서 물으시되 너희가 무엇을 그들과 변론하느냐 17 무리 중의 하나가 대답하되 선생님 말 못하게 귀신 들린 내 아들을 선생님께 데려왔나이다 18 귀신이 어디서든지 그를 잡으면 거꾸러져 거품을 흘리며 이를 갈며 그리고 파리해지는지라 내가 선생님의 제자들에게 내쫓아 달라 하였으나 그들이 능히 하지 못하더이다 19 대답하여 이르시되 믿음이 없는 세대여 내가 얼마나 너희와 함께 있으며 얼마나 너희에게 참으리요 그를 내게로 데려오라 하시매 20 이에 데리고 오니 귀신이 예수를 보고 곧 그 아이로 심히 경련을 일으키게 하는지라 그가 땅에 엎드러져 구르며 거품을 흘리더라 21 예수께서 그 아버지에게 물으시되 언제부터 이렇게 되었느냐 하시니 이르되 어릴 때부터니이다 22 귀신이 그를 죽이려고 불과 물에 자주 던졌나이다 그러나 무엇을 하실 수 있거든 우리를 불쌍히 여기사 도와주옵소서 23 예수께서 이르시되 할 수 있거든이 무슨 말이냐 믿는 자에게는 능히 하지 못할 일이 없느니라 하시니 24 곧 그 아이의 아버지가 소리를 질러 이르되 내가 믿나이다 나의 믿음 없는 것을 도와주소서 하더라 25 예수께서 무리가 달려와 모이는 것을 보시고 그 더러운 귀신을 꾸짖어 이르시되 말 못하고 못 듣는 귀신아 내가 네게 명하노니 그 아이에게서 나오고 다시 들어가지 말라 하시매 26 귀신이 소리 지르며 아이로 심히 경련을 일으키게 하고 나가니 그 아이가 죽은 것 같이 되어 많은 사람이 말하기를 죽었다 하나 27 예수께서 그 손을 잡아 일으키시니 이에 일어서니라 28 집에 들어가시매 제자들이 조용히 묻자오되 우리는 어찌하여 능히 그 귀신을 쫓아내지 못하였나이까 29 이르시되 기도 외에 다른 것으로는 이런 종류가 나갈 수 없느니라 하시니라.

예전에 특전사 부대원들의 동계 훈련 장면을 텔레비전을 통해 본 적이 있습니다. 매서운 추위 속에서도 거침없이 차가운 물속에 뛰어듭니다. 한 여름 물놀이처럼 흥겨운 얼굴로 차가운 수온을 이겨 냅니다. 살을 에는 듯한 바람이 불면 불수록 "안 되면 되게 하라."는 특전사의 군가는 더욱 커집니다. 기자들의 질문에 "국민을 위한 뜨거운 젊음에, 절대 이 정도 추위는 아무런 문제가 되지 않습니다."라고 외쳐 댑니다.

그런데 이렇게 용감한 것은 좋은데 총을 잘 쏘지 못한다고 하면 아무 소용이 없는 것입니다. 군인의 목표는 적입니다. 얼음물 속에 수영이 목표가 아닙니다. 스키를 잘 타는 것이 목표가 아닙니다. 무기로 적을 정확하게 타격해서 쓰러뜨리는 데에 목표가 있는 것입니다. 다른 것은 다 잘 하는데 총을 잘 쏘지 못한다면 군인이 아닙니다. 경찰이나 군인에게 있어서 사격술은 아주 중요합니다. 군대에서 가장 중요하게 여기는 것이 사격술입니다. 그렇기에 사격술을 엄하게 가르칩니다. 사격술을 많이 연습합니다.

신앙인은 기도를 잘해야 합니다. 기도가 신앙의 관건입니다. 기도 없는 신앙은 닻 없는 배와 같습니다. 사정없이 흔들리고 맙니다. 예수님으로부터 직접 선택을 받은 제자들이라 해도 기도가 없으면 이름값도 제대로 할 수 없습니다. 예수님을 계속 쫓아다니며 보고 배운 것들도 무용지물이 되고 맙니다.

우리 인간은 다른 동물과 달라서 영적인 존재이기 때문에 영적인 능력이 있습니다. 하나님께서 우리를 흙으로 빚으시고 우리에게 생기를 불어 넣으셨습니다. 그래서 영적인 능력이 우리에게 있는 것입니다.

건강의 능력은 우리의 육체로부터 나오는 것이고, 지적인 능력은 지적 활동, 정신적 활동을 통해서 나오는 것이고, 영적 능력은 우리 영혼으로부터, 영혼 내부 깊숙한, 우리 삶의 저 밑바닥 영혼으로부터 나오는 그런 신비한 힘을 일컫습니다.

영적 능력의 근원은 어디에 있습니까? 바로 하나님께 있습니다.

예수님을 능력자로 보는 것이 아니라 예수님을 하나님으로 믿을 때 능력을 맛보는 것입니다. 그러할 때 믿는 자에게는 능치 못함이 없는 것입니다.

마가복음 9장에 보면 예수님이 베드로와 야고보와 요한을 데리고 높은 산에 올라가 그들 앞에서 영광스러운 모습으로 변화하십니다. 그 옷이 광채가 나고 모세와 엘리야와 함께 말씀을 나누셨습니다. 이처럼 놀라운 역사가 있은 다음 예수님이 다시 산 아래로 내려오니 소동이 벌어졌습니다.

귀신 들린 아이의 아버지가 예수님의 제자들에게 아이 좀 고쳐 달라고 했는데 제자들은 고치지 못하고 불안해하고 있습니다. 사실 제자들은 예수님께서 안 계실 때 귀신 들린 자를 멋지게 고쳤으면 제자로서 자존심도 세우고 예수님께 자랑도 했을 텐데 예수님의 제자라는 것이 부끄러울 만큼 귀신 들린 아이 앞에서 속수무책이었습니다.

여러분, 이것은 제자들만의 문제가 아닙니다. 오늘 우리 그리스도인들의 문제라고 봅니다. 우리 앞에 어려움이 놓여 있고, 고통이 다가온다면 어떻게 이 문제를 해결하겠습니까? 제자들처럼 문제 앞에서 아무 것도 하지 못하는 무능력한 모습이 되어서는 안 됩니다.

오늘 제자들의 경험을 통해 기도가 없는 삶이 어떠한지, 기도 없이 겪게 되는 어려움이 어떠한지를 볼 수 있습니다.

기도하지 않으면 풍랑이 와도 이길 수가 없습니다.

기도하면 믿음이고, 믿음하면 기도입니다. 기도하

는 가운데 믿음은 더욱 자랍니다. 마가복음 9장 22절에 아이의 아버지가 주님께 기도를 합니다. 간절히 청합니다. "귀신이 그를 죽이려고 불과 물에 자주 던졌나이다 그러나 무엇을 하실 수 있거든 우리를 불쌍히 여기사 도와주옵소서."

그런데 아버지의 기도를 보세요. "무엇을 하실 수 있거든 우리를 불쌍히 여기사 도와주옵소서."라는 기도는 곧 의심의 기도입니다. 예수님께 청을 하면서도 의심을 품고 있었던 것입니다. 이 사람은 예수님의 능력에 대해서도 확신을 갖지 못하고 있습니다. 그래서 예수님이 말씀하십니다. 마가복음 9장 23절에 "할 수 있거든이 무슨 말이냐?"라고 하시며 "믿는 자에게는 능히 하지 못할 일이 없느니라."고 말씀하셨습니다.

예수님의 이 말씀에 정신이 번쩍 들은 아이의 아버지는 즉각적으로 "내가 믿나이다 나의 믿음 없는 것을 도와주소서."라고 24절에서 고백합니다. 우리 다 같이 마가복음 9장 24절을 읽으시겠습니다. "곧 그 아이의 아버지가 소리를 질러 이르되 내가 믿나이다 나의 믿음 없는 것을 도와주소서 하더라." 이 아버지의 고백이 오늘 우리에게도 있어야 하지 않겠습니까?

아이를 고치는 것은 믿음의 기도입니다. 예수님을 하나님으로, 전능자로 확신하고 믿음으로 기도할 때 병을 고치며 문제를 해결하는 것입니다. 모든 영적인 문제, 정신적인 문제, 육신의 문제들까지도 그분의 입에서 나오는 말씀으로 다 해결이 됩니다. 육신의 배고픔까지도 완벽하게 해결이 됩니다.

그런데 제자들은 예수님과 함께 있으면서도, 심지어는 풍랑이 이는 바다에서도 기도했다는 말이 없습니다. 그러나 예수님께서는 하나님의 아들이심에도 산으로 올라가 기도하셨습니다. 예수님은 겟세마네 동산에 가셔서 땀방울이 핏방울 같이 변하도록 뜨겁게 기도하시는 데 제자들은 졸았습니다. 정작 기도해야 할 사람은 누구입니까? 제자들입니다. 주님의 제자 된 저와 여러분입니다. 예수를 주로 믿는다고 하는 그리스도인들이 특히 기도해야 하는 것 아닙니까?

인생의 큰 문제에 부딪치면 내 경험도, 내 지식도, 내 전문 분야 기술도 아무 소용이 없습니다. 어떤 상황에서나 기도가 가장 큰 무기입니다. 제자들도 기도가 없었으니 풍랑이 와도 이길 수 없었던 것입니다.

고난의 풍파가 없는 인생을 사는 사람은 하나도 없습니다. 우리에게 닥치는 고난의 풍파, 인생의 풍랑을 이길 수 있는 가장 강력한 무기는 기도입니다. 기도가 없었던 제자들은 풍랑 앞에서 실패했습니다. 인생의 풍랑도 마찬가지입니다. 기도가 없으면 실패할 수밖에 없음을 명심하시기 바랍니다.

　그러나 우리가 기도하는 가운데 인생의 풍랑으로 고난당할 때 주님은 분명히 오십니다. 물위를 걸어서라도 오십니다. 결코 외면하시거나 무관심하지 않으십니다. 반드시 문제를, 숙제를 해결해 주십니다. 왜요? 하나님은 말씀하십니다. 출애굽기 3장 12절에 "내가 반드시 너와 함께 있으리라." 이 말씀을 믿으시기 바랍니다.

기도가 없으면
하늘 문을 열 수가 없습니다.

　　　　사람이 아주 난처하고 창피한 일을 당하였을 때 찾는 것이 있습니다. 바로 쥐구멍입니다. 쥐구멍이라도 찾아서 자신을 은신시키고 싶은 것입니다. 그렇다면 인생의 문제를 만났을 때 우리는 무엇을 찾아야 합니까? 바로 하늘의 문을 찾아야 합니다.

　창세기 28장 17절에서 야곱은 "이곳이여 이것은 다름 아닌 하나님의 집이요 이는 하늘의 문이로다."라고 외칩니다. 야곱이 누구입니까? 기도의 사람입니다. 황량하기 짝이 없는 광야입니다.

하란으로 도망가는 중입니다. 어둠이 깔린 삭막한 곳입니다. 들짐승들이 울어대는 스산한 광야입니다. 이런 상황에서 기도의 사람 야곱이 기도하지 않았겠어요? 하나님께 부르짖고 기도하다가 잠든 야곱에게 하늘의 문이 활짝 열렸다는 것입니다. 그리고 그 문을 통해서 천사가 오르락내리락하고 있습니다. 하나님과 야곱 사이를 바쁘게 왕래하고 있는 것입니다.

사랑하는 여러분, 야곱과 같이 기도의 사람이 되어 야곱을 향하여 하늘 문이 활짝 열렸던 것과 같이 여러분과 여러분의 가정과 우리 교회 위에 하늘의 문이 활짝 열려지기를 축복합니다.

그런데 문제는 마음의 문입니다. 우리의 마음의 문이 닫혀 있다면 하늘의 문이 열려 있을지라도 소용이 없습니다. 그래서 이 문을 열어야 하는데 어떻게 하겠습니까?

이런 성화 보셨지요? 문이 크게 그려져 있고 문 앞에 예수님께서 서 계신 그림입니다. 어떤 사람이 그 성화를 한참 쳐다보더니 화가가 큰 실수를 범했다는 사실을 발견했습니다. 그는 성화를 그린 화가를 찾아가 말했습니다. "어쩌다 이렇게 큰 실수를 하셨습니까? 문을 좀 보십시오. 손잡이를 안 그렸잖아요?" 그때 성화를 그린 화가는 빙그레 웃으면서 이렇게 말했습니다. "그 문은 마음의 문입니다. 마음의 문은 밖에 손잡이가 없기 때문에 안에서 열어 주지 않으면 어느 누구도 들어갈 수 없습니다."

그렇습니다. 마음의 문에는 고리가 없습니다. 그래서 그 성화에서는 예수님께서 안으로 들어가시지 못하고 문 밖에 서서 기다리고 계시는 것입니다. 요한계시록 3장 20절에서 주님은 이렇게 말씀하십니다. "볼지어다 내가 문 밖에 서서 두드리노니 누구든지 내 음성을 듣고 문을 열면 내가 그에게로 들어가 그와 더불어 먹고 그는 나와 더불어 먹으리라."

전능하신 하나님께서, 치료자 예수님께서, 해결자 예수님께서, 복을 주시는 예수님께서 문 밖에 서서 마음의 문을 열어 달라고 두드리고 계시지 않습니까?

마음의 문은 안에서만 열 수 있습니다. 기도하여야 마음의 문을 열 수 있습니다. 우리를 향한 하나님의 문은 항상 열려 있습니다. 늘 기도하여 마음의 문만 활짝 열면 하나님의 은총과 역사는 우리에게 임하게 될 것입니다.

야곱은 "여호와께서 여기 계시도다."라고 외쳤습니다. 우리 하나님은 바로 지금 여기에 계십니다. 이 교회에, 이 예배 가운데 계십니다. 이제는 마음의 문을 활짝 여시고 주님 안으로 들어오시어 무한한 은총을 부어 주시는 은혜를 체험하시기 바랍니다. 하늘 문이 열리고, 마귀는 물러가고, 병은 고침 받고, 숙제는 해결

되고, 인생의 풍랑이, 고난이 해결 받는 여러분이 되시기를 축복합니다.

기도가 없으면
넘어지고 맙니다.

여러분, 명심하실 것은 불신앙의 말, 의심하는 말, 확신이 없는 말, 이런 말을 할 때는 은혜를 받을 수 없다는 것입니다. 하나님 앞에서는 구원받을 줄 믿고 나와야 하고 은혜를 받을 줄 믿고 예배를 드려야 합니다. 내 기도에 응답하실 줄 믿고 기도해야 합니다. 확신을 가져야 합니다. 길을 여러 개를 놓고 선택해서는 안 됩니다.

"주여, 나는 이 길밖에 없습니다. 주여, 나를 구원하여 주시옵소서. 이 문제를 해결해 주옵소서." 이렇게 모든 염려를 주님 앞에 내려놓을 때에 기적이 일어나는 것입니다. 하나님의 능력을 믿고 기도할 때, 그 기도를 통해서 주어지는 영적인 능력이 있을 때 기적이 일어나고, 사탄이 무릎 꿇게 되고, 마귀가 나가게 되는 것을 믿으시기 바랍니다.

마가복음 9장 28절을 보세요. 제자들이 집에 들어가 예수님께 조용히 묻습니다. "우리는 어찌하여 능히 그 귀신을 좇아내지 못하였나이까?" 제자들의 질문에 예수님은 이렇게 대답하십니다. 마가복음 9장 29절을 다 같이 읽으시겠습니다. "이르시되 기도 외에 다른 것으로는 이런 종류가 나갈 수 없느니라 하시니라." 예수님은 기도하지 않으므로 실패했다는 것을 지적하고 계십니다.

여러분, 지금 우리도 기도의 능력을 알아야 합니다. 기도란 자신의 약함을 인정할 때 가능합니다. 그런데 기도가 없으면 기적을 경험하다가도 넘어지고 맙니다.

제자들은 이미 귀신 추방을 해 본 경험이 있었습니다. 마태복음 10장 1절에 보면 "예수께서 그의 열두 제자를 부르사 더러운 귀신을 좇아내며 모든 병과 모든 약한 것을 고치는 권능을 주시니라."고 기록되어 있습니다.

주셨습니다. 그리고 경험도 했습니다. 이런 경험이 없었더라면 이들은 아예 아이를 건드리지도 않았을 것입니다. 그들은 경험이 있었습니다. 그래서 당연히 이번에도 될 줄 알았습니다. 그러나 그렇지 못했습니다. 넘어지고 말았습니다. 그 이유는 기도가 없었기 때문입니다.

여호수아를 보세요. 그 견고한 여리고성을 무너뜨렸습니다.

여리고성을 무너뜨릴 때는 하나님께 늘 기도했습니다. 하나님의 지시를 받았습니다. 그러나 조그만 아이성에서 참패하고 말았습니다. 왜요? 기도하지 않았기 때문입니다.

기도하는 사람과 기도하지 않는 사람의 차이점은 두려움입니다. 기도하는 사람은 곧 죽을 상황에서도 두려움이 없습니다. 평안합니다. 그러나 기도 없는 사람은 적은 일에도 두려워합니다. 평안하다가도 흔들립니다. 작은 파도만 일어도 마음의 풍랑은 태산보다 더 크게 작용을 합니다.

베드로를 보세요. 물위를 걸어가다 바람을 보고 무서웠습니다. 기도하지 않으면 별것이 다 무서워집니다. 그러므로 쉬지 말고 기도해야 합니다. 데살로니가전서 5장 16-18절에 "항상 기뻐하라 쉬지 말고 기도하라 범사에 감사하라 이것이 그리스도 예수 안에서 너희를 향하신 하나님의 뜻이니라."고 말씀하셨습니다.

하나님의 뜻은 '쉬지 말고 기도하라.'는 것입니다. 쉬지 말고 기도하라는 것은 기도를 호흡하듯이 하라는 것입니다. 쉬지 말고 기도하라는 것은 늘 편안하게 하나님과 생명의 호흡을 하라는 말씀입니다. 쉬지 말고 기도하라는 것은 하나님과의 친밀한 관계가 끊어지지 않게 하라는 것입니다.

사랑하는 여러분, 매일, 어디서나 주님과 같이 기도하시기 바랍니다. 기도하지 않고는 하나님의 뜻을 알 수가 없습니다. 예수님도 기도하셨습니다. 예수님도 기도의 본을 보이셨고 기도를 가르쳐 주셨습니다.

평상시에 호흡하듯이 기도하는 것이 필수적이지만 어려운 일이 있을 때, 중요한 결정을 내려야 할 때, 난관이나 시험에 부딪쳤을 때 특별히 기도할 필요가 있습니다.

예수님도 평상시 기도하셨지만 중요한 일을 앞두고 특별히 기도하셨습니다. 12제자를 선택해서 그 명단을 발표하실 때도 기도하셨습니다. 십자가 고난을 앞에 두고 겟세마네 동산에 오르셔서 땀방울이 핏방울이 되도록 기도하셨습니다.

기도하는 사람에게 성령의 인도하심을 보여 주십니다. 오늘도 기도하는 사람에게 성령님은 역사 하십니다. 성령님의 인도하심은 분명한 것입니다. 성령의 인도하심을 받는 사람은 불안하거나 초조하지 않습니다. 평상시에 호흡하듯이 기도하고 특별한 일이 있을 때 특별히 기도하는 여러분이 되시기를 소원합니다.

여러분, 기도해야 합니다. 기도로 무장합시다. 영적으로 무장하여 기도하고 더 많은 은혜를 받아서 복된 성도가 되시기를 축복합니다. 아멘.

하나님은 기뻐하시고,
나는 복 받는 일

에스겔 33장 11절

11 너는 그들에게 말하라 주 여호와의 말씀이니라 나의 삶을 두고 맹세하
노니 나는 악인이 죽는 것을 기뻐하지 아니하고 악인이 그의 길에서 돌이
켜 떠나 사는 것을 기뻐하노라 이스라엘 족속아 돌이키고 돌이키라 너희
악한 길에서 떠나라 어찌 죽고자 하느냐 하셨다 하라.

복음서가 기록되던 당시는 종교적으로나 정치적으로나 로마의 압제 아래서 탄압을 당하던 때였습니다. 이러한 때 예수 그리스도의 탄생은 예수를 믿는 자들에게 말할 수 없는 용기와 위로가 되었을 것입니다.

예수님은
우리의 구원주이십니다.

위기 속에 있을 때 우리에게 찾아오시는 하나님, 불의와 불법의 악순환과 불평등 속에서 신음할 때 의와 공평의 왕으로 찾아오시는 하나님, 전쟁의 불안 속에서 떨며 두려워할 때 평화의 왕으로 오시는 하나님, 광풍과 폭우가 몰아쳐 올 때 피할 그늘이 되시는 하나님, 죄와 절망 속에 빠져 허덕일 때 구원해 주러 오시는 하나님, 바로 이 하나님께서 오셔서 우리와 함께 계시면서 위로와 용기를 주시는 것을 믿으시기 바랍니다.

그러면 '임마누엘', '우리와 함께하신다.'는 것은 무엇을 의미합니까?

우리 주님은 우리의 형편을 아시는 분이십니다. 이 험한 세상에서 우리가 얼마나 고통스러운지, 세상에 대하여 우리가 얼마나 약한지, 유혹에 약하고 말씀대로 행할 능력이 부족하여 늘 실패하고 넘어지는 우리를 아신다는 것입니다.

여러분, 우리 주님은 연약한 우리를 도와주시려고 이 세상에 오셨다는 것을 잊지 않는 성도들이 되시기를 소원합니다.

우리 주님은 우리의 죄를 용서해 주시기 위해서 우리와 함께하십니다. 또한 '임마누엘'은 승리의 약속이기도 합니다. 하나님이 함께하시면 어디를 가나 무슨 일을 당하나 두려움이 없다는 것입니다. 어디를 가든지 승리한다는 것입니다.

우리로 풍성한 삶을 살게 하시기 위해 함께하십니다. 요한복음 10장 10절에 "도둑이 오는 것은 도둑질하고 죽이고 멸망시키려는 것뿐이요 내가 온 것은 양으로 생명을 얻게 하고 더 풍성히 얻게 하려는 것이라."고 말씀하셨습니다. 출애굽기 15장 2절에는 "여호와는 나의 힘이요 노래시며 나의 구원이시로다 그는 나의 하나님이시니 내가 그를 찬송할 것이요 내 아버지의 하나님이시니 내가 그를 높이리로다."라고 기록되어 있습니다.

그렇습니다. 인생을 불행하게 하고, 실패하게 하고, 번민하게 하고, 빈곤하게 하는 것은 도적 마귀 때문인 것입니다. 마귀는 우리에게서 좋은 것을 빼앗아 갑니다. 사랑을 빼앗아 가고 대신 미움을 줍니다. 부요를 빼앗아 가고 가난을 줍니다. 건강을 빼앗아 가고 질병을 가져다줍니다. 행복을 깨뜨리고 불행을 선물합니다. 말씀 그대로 죽이고 멸망시키기 위해서 마귀는 지금도 부지런히 일하고 있습니다. 할 수 있으면 믿는 사람도 미혹하여 망하게 합니다.

그래서 성경은 경고하기를 베드로전서 5장 8-9절에서 "근신하라 깨어라 너희 대적 마귀가 우는 사자 같이 두루 다니며 삼킬 자를 찾나니 너희는 믿음을 굳건하게 하여 그를 대적하라."고 하십니다.

시편 73장 27절에 보면 하나님을 멀리하는 자는 망한다고 분명히 기록되어 있습니다. 이 세상은 하나님이 중심이 되어서 움직입니다. 하나님이 창조하셨고 지금도 하나님이 운행하고 계시고 성공과 실패, 생사화복, 역사를 주관하고 계시기 때문입니다. 따라서 하나님을 멀리한다는 것은 당연히 망하는 길일 수밖에 없는 것입니다.

하나님을 멀리하게 되는 이유는 바로 세상을 사랑하는 데 있습니다. 세상을 사랑하다 보니까 하나님에 대한 관심이 점점 사라지고 하나님과 함께하는 시간이 없어지는 것입니다. 여기에서 세상이란 일이 될 수도 있습니다. 사람이 될 수도 있습니다. 성공이 될 수도 있습니다. 취미가 될 수도 있습니다. 돈이 될 수도 있습니다.

이런 것들을 너무 사랑하면 말씀과 멀어집니다. 예배와 멀어지고, 기도와 찬송에서 멀어지고, 교회와 멀어지고, 결국 하나님과 멀어지게 됩니다. 그러므로 복을 받기 위해서는 세상을 사랑하는 것을 줄여야 합니다.

시편 73편 28절에서는 하나님을 가까이 하는 것이 복을 받는 길이라고 분명히 말씀하고 있습니다. 하나님을 가까이 하는 것이 복 받는 길입니다. 하나님은 복의 근원이시기 때문입니다.

사랑하는 여러분, 우리 주님이 오신 것은 양으로 생명을 얻게 하고 복을 받아 더 풍성히 얻게 하시려고 오신 것입니다. 믿으시면 아멘으로 화답하시기 바랍니다.

주님이 부르십니다. 마태복음 11장 28절에서 "수고하고 무거운 짐 진 자들아 다 내게로 오라 내가 너희를 쉬게 하리라."고 하십니다. 우리의 무거운 짐을 대신 져 주시기 위해서 주님이 이 땅에 오신 것입니다. 죄의 고통에서, 삶의 고난에서, 괴로운 질병에서 벗어나도록 해 주시기 위해서, 유형, 무형의 모든 짐을 대신 져 주시기 위해서 주님이 오신 것입니다.

가난한 자에게 아름다운 소식을 전하여 믿음의 부유한 자가 되게 하시려고 오셨습니다. 불행에 우는 자를 웃게 하시려고 주님이 오셨습니다. 죽음의 공포에서 자유를 주시고, 마귀의 사슬에서 해방시켜 생명을 주시려고 주님이 오셨습니다. 실패한 자는 성공하게 하시려고 주님이 오신 것입니다. 슬픈 자를 위로하며 희락을 주시고, 재를 대신하여 화관을 주시며, 슬픔을 대신하여 찬송하게 하시려고 주님이 오신 것입니다.

여러분, 우리 주님이 얼마나 부유하신 분이십니까?

어린아이들 말대로 "하늘만큼 땅만큼" 부자이십니다. 그래서 주님을 가리켜 "만유의 대 주재"이시라고 하는 것입니다. 그분이 우리를 부유하게 하시는 것을 믿으시기 바랍니다. 빌립보서 4장 19절에서 "나의 하나님이 그리스도 예수 안에서 영광 가운데 그 풍성한 대로 너희 모든 쓸 것을 채우시리라."고 말씀하고 있습니다.

이 시간에 저는 간절히 소원합니다. 우리 하나님께서 그리스도 예수 안에서 영광 가운데 그 풍성한 대로 여러분의 모든 쓸 것을 채워 주시기를 축복합니다. 예수님은 우리를 구원하시고 풍성하게 하시기 위해서 이 땅에 오신 것을 믿으시기 바랍니다.

우리를 일꾼으로 쓰시기 위해서
우리와 함께하시는 것입니다.

　　　모세를 일꾼으로 쓰시려고 부르실 때에 "내가 너와 함께 가겠다."고 약속하셨습니다. 그리고 그를 출애굽의 일꾼으로 쓰셨습니다. 여호수아와 함께하심으로 그를 가나안 점령의 선봉으로 삼으셨으며, 이사야와 예레미야에게 함께하심으로 그 시대에 하나님의 말씀을 대언하는 예언자로 세우셨던 것입니다.

　　예수님께서는 제자들과 세상 끝 날까지 함께하시겠다고 약속하심으로 그들을 땅 끝까지 이르는 그의 증인이 되게 하신 것입니다. 마태복음 28장 19-20절에서 주님은 이렇게 말씀하십니다. "그러므로 너희는 가서 모든 민족을 제자로 삼아 아버지와 아들과 성령의 이름으로 세례를 베풀고 내가 너희에게 분부한 모든 것을 가르쳐 지키게 하라 볼지어다 내가 세상 끝 날까지 너희와 항상 함께 있으리라 하시니라."

　　성도 여러분, 하나님께서 여러분에게 무엇을 부탁하시든지, 어떤 일을 맡기시든지 주저하지 마시고 충성하시기 바랍니다. 나를 쓰시려고 부르시는 것에는 이미 "내가 너와 함께 있어 너를 책임질 것이며 너와 함께 있어 보호하고 축복하겠다."는 주님의 약속이 전제되어 있기 때문입니다. 이것을 믿으시기 바랍니다.

그런데 우리가 하나님이 주신 은혜를 받고도 일꾼으로 나서지 아니할 때 하나님의 마음이 얼마나 서운하시겠습니까? 우리는 힘써 하나님이 주시는 능력과 재능을 따라 그리스도의 증인이 되어야 할 것입니다. 순종하고 열심히 일하는 자를 하나님께서는 기뻐하시고 그에게 더욱 넘치는 능력과 은혜를 채워 주십니다.

사랑하는 여러분, 주님이 이렇게 '임마누엘'의 주님으로 우리와 함께하시겠다고 하시며 저와 여러분을 부르시는 의미가 무엇입니까? 오늘 성경 에스겔 33장 11절을 다 같이 크게 봉독하시겠습니다. "너는 그들에게 말하라 주 여호와의 말씀이니라 나의 삶을 두고 맹세하노니 나는 악인이 죽는 것을 기뻐하지 아니하고 악인이 그의 길에서 돌이켜 떠나 사는 것을 기뻐하노라 이스라엘 족속아 돌이키고 돌이키라 너희 악한 길에서 떠나라 어찌 죽고자 하느냐 하셨다 하라."

무슨 말씀입니까? 전도를 통해서 인류가 구원 얻는 것은 하나님의 뜻이라는 말씀입니다.

여러분, 펌프의 마중물이 되십시다. 전도자 빌립은 펌프의 마중물이 된 사람입니다. 그를 통해서 나다나엘이 예수님께 나아와서 예수님의 제자가 되었기 때문입니다. 먼저 믿은 우리도 빌립처럼 믿지 않는 사람들을 주께로 인도하는 마중물이 되어야 합니다. 마중물은 적은 양이지만 훨씬 많은 물을 뿜어내게 만듭니다.

제임스 애덤스라는 여인과 캘커타의 테레사 수녀는 모두 노벨 평화상을 수상했던 여성들입니다. 제임스 애덤스라는 여인은 시카고 빈민가에서 일하던 사람이었습니다. 노벨 평화상을 받았을 때 애덤스 여사는 기자들에게 이렇게 말했습니다. "내가 빈민굴에 온 것은 내 의지가 아니고 하나님이 보내셨기 때문입니다." 캘커타의 빈민굴에서 일생을 보낸 테레사 수녀도 "하나님이 나를 보내 주셨기 때문에 나는 주님의 말에 순종하기 위해서 이 자리에 왔습니다."라고 말했습니다.

이 두 사람의 공통점은 자신의 안일과 평안, 출세를 위해 살지 않고, 하나님께서 불렀을 때 모든 것을 버려두고 그 부름에 응답하였다는 것입니다. 펌프의 마중물이 되었다는 것입니다.

사랑하는 여러분, 사실 사람은 포기할 때에 아름답습니다. 자신의 생각, 자신의 고집, 자신의 소유, 자신의 즐거움, 자신의 삶 등을 포기할 때 아름다워지는 것을 깨달으시기 바랍니다. 그것은 오히려 더 풍요로워지는 길입니다. 자신만이 아니라 모두가 다 풍요로워지고 기뻐하게 됩니다.

사람이 누군가를 위해 자신의 것을 포기한다는 것은 참으로 아름다운 일입니다. 우리가 예수님을 믿는다고 말하는 것은 곧 자신의 것에 대한 집착이 아니라 포기 선언을 의미하는 것임을 믿으시기 바랍니다. 주님은 누가복음 14장 33절에서 "이와 같이 너희 중의 누구든지 자기의 모든 소유를 버리지 아니하면 능히 내 제자가 되지 못하리라."고 말씀하셨습니다.

여러분은 얼마나 포기하셨습니까? 얼마나 버리셨습니까? 아니면 아직도 얼마나 자기 것에 집착하고 사십니까? 사람들은 때로 많은 것을 포기하고도 아주 적은 것을 포기하지 못하고 남겨 둠으로 하나님이 부어 주시는 커다란 복을 받지 못하는 경우가 있습니다.

예수님의 부르심에는 사명이 있습니다. 그리스도인의 가치가, 그리스도인 됨의 의미가, 그리스도인 되게 하신 하나님의 목적이 '사람을 낚는 어부'라는 바로 이 사명에 있다는 것을 확실히 깨달으시기를 소원합니다.

스코틀랜드 글래스 고우의 한 작은 교회를 섬기던 존 하퍼 목사님은 1912년 3월 시카고 무디기념교회의 초빙을 받고 미국에서 목회하기 위해 당시 영국의 호화 여객선 타이타닉호에 승선하였습니다. 그런데 우리가 잘 아는 대로 그 배는 캐나다 근처에 이르러 빙산과 충돌함으로 2,207명의 승객이 물속으로 가라앉게 되는 위험에 처했습니다.

존 하퍼 목사님은 먼저 딸과 조카를 구명정에 옮겨 태운 후 구명정의 자리가 모자라자 침몰하는 배와 함께 차가운 얼음물 속으로 던져졌습니다. 그러나 다행히도 목사님은 물속에서 떠올랐고 멀지 않은 곳에 크지 않은 널빤지가 있어 그것을 겨우 붙잡을 수가 있었습니다.

그런데 한 젊은 청년이 가까운 곳에서 허우적거리고 있는 것이었습니다. 목사님은 그 청년을 끌어당겨 함께 널빤지를 붙잡도록 했습니다. 그러나 둘이 함께 붙잡기에는 크지 않은 널빤지여서 자꾸 가라앉는 것이었습니다.

목사님은 조용한 음성으로 그 청년에게 물었습니다. "당신은 예수 그리스도를 믿습니까?" 의외의 물음에 당황한 청년은 "아니요"라고 대답했습니다. 그러자 목사님은 이렇게 말씀하셨습니다. "당신은 반드시 살아야 합니다. 그래서 주 예수 그리스도를 믿어야 합니다. 그리고 구원을 받아야 합니다. 예수 그리스도를 믿으시고 나중에 꼭 천국에서 만납시다."

그리고 존 하퍼 목사님은 널빤지에서 손을 놓으시더니 깊은 물속으로 잠기셨다고 합니다. 목사님의 희생으로 기적적으로 살아난 그 청년은 그 후 미 전국을 다니며 생명을 바치면서까지 자신을 구원의 길로 인도한 이 존 하퍼 목사님의 이야기를 하면서 복음을 전했다고 합니다.

사랑하는 성도 여러분, 우리 그리스도인에게는 귀하고도 놀라운 사명이 있습니다. 전 생애를 다 투자하고, 모든 소유를 다 바치며, 하나밖에 없는 생명까지 바쳐도 결코 아깝지 않은 참으로 크고도 놀라운 값진 사명이 있습니다. 이 사명은 위대합니다. 이 사명은 우리에게 인생의 참 의미와 삶의 참 기쁨을 줍니다. 또한 영원한 천국에서의 큰 상급을 약속합니다.

영혼을 구원하고 생명을 살리고 영원한 하나님의 나라를 이 세상에 건설하는 이 사명은 예수님의 부름을 받은 우리에게 주시는 하나님의 큰 은혜입니다. 예수님은 바로 위대하고도 놀라우며 영광스러운 사명으로 여러분을 초대하고 계시다는 것을 깨달으시기를 간절히 소원합니다.

**오늘도 예수님의 부르심은
계속되고 있습니다.**

성도 여러분, 생명에 관심을 가져야 합니다.

사람들에게 수치를 당하더라도, 손해를 보고 희생을 하더라도 우리는 하나님을 멀리한 자들을, 주님을 알지 못하는 그들을 주님 앞으로 인도해야 한다는 사실입니다.

여러분, 구원은 오직 하나님께만 있다는 사실을 세상에 알게 해야 합니다. 기독교의 원리는 단순합니다. 사도행전 16장 31절에 주 예수를 믿기만 하면 구원을 받는다고 하였습니다. 요한복음 14장 6절에는 "예수께서 이르시되 내가 곧 길이요 진리요 생명이니 나로 말미암지 않고는 아버지께로 올 자가 없느니라." 사도행전 4장 12절에는 "다른 이로써는 구원을 받을 수 없나니 천하 사람 중에 구원을 받을 만한 다른 이름을 우리에게 주신 일이 없음이라 하였더라."고 기록되어 있습니다.

우리는 이 말씀을 믿고 세상 사람들에게 전해야 합니다.

예수님은 지금 이 시대를 위해 주님의 부르심을 듣고 순종하는 주인공들을 필요로 하십니다. 저와 여러분은 바로 그 주님의 부르심을 들은 주인공들입니다. 생명을 구원하는 일에 좀 더 적극적으로 참여하시지 않으시겠습니까?

성도 여러분, 여러분은 구원받으셨습니까? 가장 시급하고도 중요한 문제가 무엇입니까? 죽어야 하는 인생의 문제를 해결하는 구원의 문제입니다.

성도 여러분, 하나님께 감사하여 물질을 드리는 것 또한 쉬운 일은 아닙니다. 그것도 믿음을 필요로 하는 어려운 일입니다. 하지만 건강을 주신 하나님께 물질을 드리듯이, 생명을 주신 하나님께 또 다른 생명을 드릴 수 있기를 바랍니다. 그러면 하나님께서는 기쁨을 감추지 못하시고 여러분에게 복을 주실 것입니다. 여러분과 자손에게도 복을 주시고 보호하실 것입니다. 힘들지만 꼭 한 명의 생명을 건져낼 수 있기를 바랍니다. 아멘.

하나님이 좋아하시는 예배

요한복음 4장 19–24절

19 여자가 이르되 주여 내가 보니 선지자로소이다 20 우리 조상들은 이 산에서 예배하였는데 당신들의 말은 예배할 곳이 예루살렘에 있다 하더이다 21 예수께서 이르시되 여자여 내 말을 믿으라 이 산에서도 말고 예루살렘에서도 말고 너희가 아버지께 예배할 때가 이르리라 22 너희는 알지 못하는 것을 예배하고 우리는 아는 것을 예배하노니 이는 구원이 유대인에게서 남이라 23 아버지께 참되게 예배하는 자들은 영과 진리로 예배할 때가 오나니 곧 이때라 아버지께서는 자기에게 이렇게 예배하는 자들을 찾으시느니라 24 하나님은 영이시니 예배하는 자가 영과 진리로 예배할지니라.

사람들은 저마다 좋아하는 것이 있습니다. 어떤 사람은 등산을 좋아하고, 어떤 사람은 외식을, 어떤 사람은 영화 관람을, 어떤 사람은 음악 감상을, 어떤 사람은 스포츠 경기를, 어떤 사람은 여행을 좋아합니다. 그 외에도 사람에 따라 좋아하는 것이 다양합니다.

그러면 하나님이 좋아하시는 것은 무엇이겠습니까? 성경을 통해서 이를 고찰해 보면 그것은 바로 예배라고 할 수 있습니다. 성경을 자세히 읽어 보면 하나님이 예배를 얼마나 기뻐하시는지 알 수 있습니다. 그러므로 우리가 하나님을 기쁘시게 하는 그리스도인이 되려면 예배에 최상의 가치를 두어야 합니다.

예배는 자신의 욕구 충족을 위한 도구가 아닙니다. 예배는 웅장하고 장대한 것입니다. 하나님은 모든 사람이 예배를 통해 하나님의 임재로 들어갈 수 있는 예배자가 되기를 원하십니다. 그리고 그들을 통해 영광 받으시고 열방에 복 주시기를 원하십니다. 예배는 우리가 태어난 목적이며 의무입니다. 예배에는 몇 가지 종류가 있습니다.

알지 못하는 예배를
드리는 자가 있습니다.

언젠가 국립중앙박물관에 가 보니까 고대 시대부터 우리 조상들의 생활상을 만들어 전시해 놓은 전시실이 있었습니다. 그 박물관에는 움직이는 모형이 있었습니다. 절구질과 풍로질을 하고 있는 사람 모형입니다. 쉴 새 없이 절구질을 하고 풍로질을 하지만 불꽃을 비롯해서 아무 일도 일어나지 않습니다. 매일같이 이 일을 반복하지만 그에게서는 아무 일도 일어나지 않습니다. 무의미한 행동의 반복입니다.

왜 그렇습니까? 목적도 없고 생각도 없고 뜻도 없고 의식도 없이 프로그램에 의해 반복만 하고 있을 뿐이기 때문입니다.

여러분, 우리의 삶 가운데, 우리의 신앙생활 가운데서도 그저 의미 없이 되풀이하고만 있는 것은 없습니까? 주일이니까 그저 아무 의미 없이 예배를 드리지는 않습니까?

우리에게 중요한 것은 그 의미를 아는 것입니다. 분명한 목적을 가지고, 분명한 의미와 뜻 가운데서 행하는 것이 중요합니다. 의미를 알지 못한다면 나름대로 애쓰고 수고하지만 그 수고와 정성이 다 헛되고 무의미합니다.

요한복음 4장 22절을 보면 "너희는 알지 못하는 것을 예배하고 우리는 아는 것을 예배하노니."라고 하셨습니다. 알지 못하는 것을 예배하는 사람들이 있다는 것을 알 수 있습니다. 곧 무의미한 예배, 헛된 예배를 드리는 사람들이 있다는 것입니다. 지금 주님께서 이것을 말씀하고 계십니다. 오늘 우리도 혹 알지 못하는 예배를 드리는 것은 아닌지요? 그것이 두렵기도 합니다.

그러면 알지 못하는 예배란 어떤 것입니까?

알지 못하는 것을 예배한다는 것은 하나님을 알지 못하고 하나님을 우상화하는 예배를 말합니다. 주님께서 "너희는 알지 못하는 것을 예배하고 우리는 아는 것을 예배하노니 이는 구원이 유대인에게서 남이라."고 하십니다.

이 말씀은 구원자이신 메시아를 알고 그분을 예배하는 것을 말씀하는 것입니다. 하나님을 바로 알고 하나님께 바로 예배하는 것을 말합니다.

오늘 사마리아에 가신 예수님께 사마리아 여인이 묻습니다. 이 여인의 말을 들어보면 대표적인 성전이 두 개 있는데 하나는 예루살렘 성전을 의미하고, 또 하나의 성전은 사마리아의 '그리심 산'에 있는 신전을 의미합니다. 이스라엘이 남 유다와 북 이스라엘로 분열된 후 백성들이 하나님께 제사한 곳입니다. 그들 나름대로 하나님에 대한 의식을 강하게 지켰습니다. 그러나 주님은 사마리아 예배에 대해서 "너희는 알지 못하는 것을 예배한다."고 하십니다.

사마리아인들의 예배는 거의 우상 숭배와 마찬가지였습니다. 그들의 제사는 형식적이었고 무의미한 의식의 반복이었습니다.

여러분, 명심하실 것은 하나님에 대해서 잘 모르고 하나님과의 교제와 동행 없이 하나님을 단지 숭배의 대상으로만 드리는 예배, 혹 나의 유익을 위해서, 내가 심판과 저주를 받을지도 모른다는 두려움에서 드리는 예배라면 우리의 예배도 알지 못하고 드리는 예배가 될 수 있다는 사실입니다. 물론 예배를 통해서 우리는 하나님의 은혜를 사모해야 합니다. 축복을 기다립니다. 그러나 그것이 목적이 되어서는 안 됩니다. 하나님은 인격이십니다.

하나님은 우리의 사랑, 믿음, 마음을 받으시는 분이십니다. 우리와 교제하기를 원하시고, 동행하기를 원하십니다. 그러므로 우리의 예배는 하나님을 위하여 하나님을 사랑하는 마음과 태도로 드리는 것이어야 합니다. 그것이 예배입니다. 하나님을 사랑하는 마음, 하나님 은혜를 감사하여 하나님께 드리는 것, 이것이 예배입니다.

아는 예배를 드리는 자가
되어야 합니다.

주님께서 말씀하십니다. 우리는 아는 것을 예배한다고 하셨습니다. "구원이 유대인에게서 남이라."고 하십니다. 구원의 메시아가 유대인에게서 나고 그를 믿고 아는 자들은 바로 예배하게 될 것이라는 말씀입니다.

참 구원자이신 하나님을 알고 그를 예배하는 것이 진정한 예배라는 것입니다. 다시 말하면 하나님이 누구신지, 하나님이 어떠한 분이신지 알고 그분을 사랑하는 마음으로 드려야 합니다.

하나님은 어떤 분이십니까? 하나님은 전지전능하신 분이십니다. 말씀으로 천지를 창조하시고 지금도 이 온 우주를 다스리십니다. 만유의 주재가 되시는 분이십니다. 우리의 생사화복을 주장하십니다. 우리의 성공과 실패를 주장하시는 분이십니다. 우리의 구원자이십니다. 우리의 모든 길을 인도하시는 분이십니다.

실례로 성 전환을 한 사람은 아기를 못 낳는다고 합니다. 하나님만이 생명을 주십니다. 또한 하나님은 우리와 함께하시는 임마누엘의 하나님이십니다. 그리고 에벤에셀의 하나님, 여호와 이레의 하나님이십니다. 우리를 마지막에 심판하시는 심판주이십니다. 아멘.

그러므로 우리 주 예수님은 마태복음 22장 37절에 "네 마음을 다하고 목숨을 다하고 뜻을 다하여 주 너의 하나님을 사랑하라."고 말씀하셨습니다. 하나님을 사랑하는 일은 대충해서 될 일이 아니라 우리의 모든 것을 드려야 하는 일입니다.

그렇다면 하나님의 사랑을 공적(公的)으로 표시하는 예배에 우리의 생명을 걸어야 할 일입니다. 하나님을 감동시킨 일천번제를 드린 예배자 솔로몬은 하나님께 예배하는 일에 자신의 전폭을, 온몸을 다 드렸습니다.

천 마리의 제물을 한 번 예배에 번제로 드리는 일천번제를 드렸습니다. 그러니까 자신의 온 정성, 최상의 것을 하나님께 드렸던 것입니다. 그는 하나님의 예배 처소를 짓는 일에 최고의 것, 최상의 것을 드리며 헌신했습니다. 그는 하나님 예배에 마음과 목숨과 뜻을 다하였습니다. 그는 하나님을 하나님답게 예배하였습니다. 그럴 때에 그는 하나님의 영광스런 임재와 지혜와 온갖 축복을 경험했습니다(왕상 3:4-15, 8:10-11).

그러므로 주일을 지키는 것은 생명을 걸고 지켜야 할 일입니다. 주일은 형편대로 지키는 것이 아닙니다.

여러분, 오늘 우리는 어떠합니까? 어떤 마음과 자세로 주일을 지키며, 하나님께 예배를 드리고 있느냐 말입니다. 말라기 1장 13절에 "만군의 여호와가 이르노라 너희가 또 말하기를 이 일이 얼마나 번거로운고 하며 코웃음치고 훔친 물건과 저는 것, 병든 것을 가져왔느니라 너희가 이같이 봉헌물을 가져오니 내가 그것을 너희 손에서 받겠느냐 이는 여호와의 말이니라."고 말씀하십니다. 당시 이스라엘 백성이 하나님께 드리는 일을 귀찮고 번폐스럽게 여기고 형식적인 예배를 드리고 있음을 강하게 질책하신 말씀입니다. 오늘 우리의 모습을 돌아보기 바랍니다. 혹시 마음과 뜻이 결여된 형식만의 예배를 드리고 있지는 않습니까? 지금 우리 자신의 예배 태도를 살펴보아야 합니다.

여러분, 이런 예배 습관은 고치십시다. 예배 중에 다른 일을 상상하는 것, 예배 중에 다른 생각하는 것, 뒷자리 선호하는 것, 설교 중에 필기 열중하는 것, 설교 중에 조는 것, 눈감고 있는 것, 주보를 열심히 읽는 것, 늦게 오는 것, 팔을 뒤로 제치는 것, 기도로 준비하지 않고 오는 것, 찬송가, 성경도 들고 오지 않는 것 그리고 설교 판단하는 것, 헌금을 아무렇게나 준비 없이 드리는 것 등은 고치십시다. 의자에 다리 꼬고 앉는 것, 밑에만 쳐다보는 것 고쳐야 합니다. 또한 옷을 바르게 정장하지 못하는 것도 고쳐야 합니다. 그렇다고 새 옷만 입고 오라는 것은 아닙니다. 결혼식에 갈

때는 정장을 차려입고 가면서, 교회에 예배하러 올 때는 되는대로 잠바나 셔츠를 걸치고 오는 것은 분명 다시 생각해야 할 문제입니다. 그리고 예배당 안에서는 잡담하지 말고 기도와 말씀을 묵상해야 합니다.

물론 목사의 설교가 부족해서 눈감고 조는 경우나 다른 행동을 하는 경우가 있을 수 있겠지요. 그러면 목사를 위해 기도해 주세요. 예배를 사모하는 마음을 갖고 오세요. 그러면 예배의 태도가 달라질 것입니다.

솔로몬은 자신의 최상의 것을 하나님께 드렸는데 우리는 우리의 찌꺼기들을 하나님께 드리지는 않습니까? 찌꺼기 시간, 찌꺼기 헌금, 찌꺼기 태도를 드리지는 않습니까? 여기에는 하나님의 임재가 없습니다. 기쁨도 없고 평안도 없고 축복도 없습니다.

우리가 알고 드리는 예배, 곧 하나님이 받으시는 예배를 드리려면 하나님을 알고, 하나님을 위하여 하나님을 사랑하는 믿음으로 예배해야 합니다. 하나님이 얼마나 좋으신 분이신지, 하나님께 대한 믿음, 고백, 사랑을 가지고 예배해야 합니다. 마태복음 16장 16절에는 베드로의 신앙 고백이 나옵니다. "주는 그리스도시요 살아 계신 하나님의 아들이시니이다." 바로 이 고백을 가지고, 하나님에 대한 사랑을 가지고 예배할 때 우리의 예배는 생명력 있는 산제사가 되는 것입니다.

예배는 순종의 예배가 되어야 합니다.

예배는 상한 심령으로 드리는 예배가 되어야 합니다.

예배는 사모하는 마음으로 드리는 예배가 되어야 합니다.

예배는 우리의 삶을 하나님께 드리는 예배가 되어야 합니다.

우리의 삶 그 자체가 하나님께 예배라 생각하며 살아야 합니다. 희생이 있고 정결하며 가장 아름답고 좋은 것을 하나님께 드리기 위해 힘써야 합니다. 그리할 때 우리는 아는 것을 예배하는 참 예배자의 삶을 살게 되는 것입니다.

사랑하는 여러분, 하나님이 가장 좋아하시는 것은 예배입니다.

하나님은 구원을 베푸실 만큼 예배를 좋아하십니다.

이스라엘 민족이 애굽에서 종살이를 하고 있을 때 하나님께서 모세를 보내셔서 그들을 구원해 주신 것은 그들로 하여금 하나님을 예배하게 하기 위해서입니다. 이것만 봐도 하나님이 예배를 얼마나 좋아하시며 얼마나 주요 관심사로 삼고 계시는지 알 수 있습니다. 그러므로 하나님의 마음을 알고 하나님의 마음에 드는 사람이 되려면 예배에 생명을 걸어야 합니다.

하나님은 예배하는 자를 찾으실 만큼 좋아하십니다.

요한복음 4장 23절을 다 같이 읽으시겠습니다. "아버지께 참

되게 예배하는 자들은 영과 진리로 예배할 때가 오나니 곧 이때라 아버지께서는 자기에게 이렇게 예배하는 자들을 찾으시느니라." 하나님께서 신령과 진정으로 예배하는 자를 찾으신다는 것은 예배가 그만큼 하나님의 관심사임을 증거하는 것입니다.

여러분, 하나님이 가장 좋아하시는 것은 예배입니다. 명심하시기 바랍니다.

예배에 성공해 보십시오.
그러면 인생에서도 성공합니다.

여러분, 예배에 성공해 보십시오. 형식적인 예배가 아니라 몸과 마음으로, 삶으로 드리는 예배에 성공해 보십시오. 여러분의 삶이 얼마나 달라지고 변하는지, 얼마나 큰 하나님의 축복에 들어가는지 느끼게 될 것입니다.

언제나 예배로 시작하는 삶을 사는 사람에게는 성공이 있습니다.

홍수가 끝나자마자 노아가 가장 먼저 한 일도 예배를 드리는 일이었습니다. 아브라함도 새로운 거처가 생길 때마다 가장 먼저 예배를 드렸습니다. 미국의 시조 청교도들도 신앙의 자유를 찾아 예배를 드리기 위해 신대륙으로 건너가게 되었고, 그곳에 도착하자마자 먼저 감사 예배를 드렸습니다.

예배하는 민족이나 가정이 항상 승승장구함을 믿으시기 바랍니다.

솔로몬의 형통하는 요인도 예배에서 찾을 수 있습니다. 그러므로 모든 예배에 열심히 참석하시고 정성을 다해 예배드리시는 여러분이 되시기를 소원합니다.

숭실대 총장을 지낸 고 어윤배 박사를 아시는 분이 계실 것입니다. 이분이 미국에서 공부할 당시 미국 제5장로교회에 출석하였다고 합니다. 이분은 35살에 그 교회에서 장로가 되셨습니다. 이분이 교회 생활에 얼마나 신실했는지 모든 공적 예배는 한 번도 빠지지 않았다고 합니다. 그리고 항상 예배자의 마음으로 예배하고, 신실한 삶으로 하나님께 예배드렸다고 합니다.

미국 사람들은 주로 주일만 지키는 형태의 신앙생활을 하고 눈이 많이 오거나 비가 많이 와도 예배에 잘 나오지 않는다고 합니다. 그리고 의식에 참여하는 종교적인 사람들이 많습니다. 그러나 어윤배 장로는 그렇지 않았습니다. 진실했고 성실했으며, 삶 자체를 가지고 신앙생활을 했습니다.

그런 어느 수요예배에 딱 두 사람이 예배에 참석했는데 목사님과 어윤배 박사 두 사람이었다고 합니다. 목사님이 가만 보니 진실하고 충성스런 사람입니다. 지금까지 교회에 나오면서 예배에 한 번도 빠지지 않고 그날처럼 아무도 안 나오는 데도 예배에 나오는 것을 보고 목사님이 "너 같으면 되겠다. 너 장로 해라."고 해서 장로가 되었답니다.

하나님께서 이분을 쓰셨습니다. 이분을 축복하셨습니다. 이분을 생각하면서 인생의 성공은 예배에서 시작됨을 다시 한 번 깨닫습니다. 예배의 자리를 지키는 그를 하나님께서 사용하셨습니다. 그리고 축복하셨습니다. 한국에 돌아와서 교계에서 그리고 대학 총장으로 귀하게 쓰임 받았습니다.

사랑하는 여러분, 여러분의 삶에서 예배를 가장 귀하게, 가장 귀한 시간으로 생각하십시오. 믿음으로 드리는 예배를 하나님은 받으십니다. 받으실 뿐 아니라 그를 축복하십니다.

하나님께서는 하나님이 받으시는 예배를 드린 우리에게 복 주십니다. 우리의 필요를 채워 주십니다. 우리가 경제적인 고충과 여러 위기 상황 가운데 있더라도 하나님께 드리는 자에게는 소망이 있습니다,

하나님께서는 예배를 통해 우리를 건져 주십니다. 예배자에게

는 무서운 가능성이 있습니다. 젊어서 예배하는 자는 예측할 수 없는 영적 핵무기 같은 존재입니다. 하나님은 예배자를 통해서 일하십니다.

예배는 우리 삶의 축복의 통로입니다. "예배의 성공은 곧 인생의 성공입니다." 이제 참된 예배를 통해 하나님과의 만남이 있고, 하나님과의 더 깊은 교제 가운데서 그분과 함께하는 삶을 살고, 은혜와 축복을 얻는 삶을 사시기를 축복합니다. 아멘.

하나님은 왜 십일조를 요구하시는가?

말라기 3장 7–12절

7 만군의 여호와가 이르노라 너희 조상들의 날로부터 너희가 나의 규례를 떠나 지키지 아니하였도다 그런즉 내게로 돌아오라 그리하면 나도 너희에게로 돌아가리라 하였더니 너희가 이르기를 우리가 어떻게 하여야 돌아가리이까 하는도다 8 사람이 어찌 하나님의 것을 도둑질하겠느냐 그러나 너희는 나의 것을 도둑질하고도 말하기를 우리가 어떻게 주의 것을 도둑질하였나이까 하는도다 이는 곧 십일조와 봉헌물이라 9 너희 곧 온 나라가 나의 것을 도둑질하였으므로 너희가 저주를 받았느니라 10 만군의 여호와가 이르노라 너희의 온전한 십일조를 창고에 들여 나의 집에 양식이 있게 하고 그것으로 나를 시험하여 내가 하늘 문을 열고 너희에게 복을 쌓을 곳이 없도록 붓지 아니하나 보라 11 만군의 여호와가 이르노라 내가 너희를 위하여 메뚜기를 금하여 너희 토지 소산을 먹어 없애지 못하게 하며 너희 밭의 포도나무 열매가 기한 전에 떨어지지 않게 하리니 12 너희 땅이 아름다워지므로 모든 이방인들이 너희를 복되다 하리라 만군의 여호와의 말이니라.

요즘 담뱃값이 오르면서 많은 흡연자들이 금연을 고민하고 있습니다. 새해 초에 금연을 결심했다가 이런저런 이유로 다시 담배를 피우기 시작한 사람들도 있는 것 같습니다. 중고 전자 제품을 장사하는 분이 있는데 예전에 이주일 씨 때문에 담배를 끊으려고 했답니다. 그 당시 이주일 씨가 담배를 많이 피워서 암에 걸렸다는 소문을 듣고 담배를 끊는 사람들이 아주 많았다고 합니다. 그런데 그때 담배 끊은 사람들이 거의 다 지금 다시 담배를 피운다고 합니다. 결심을 하고 끊었지만 몇 개월 지나면 원 상태로 되돌아갑니다. 이분도 담배를 끊기로 했지만 그리 쉽지가 않다고 했습니다. 집에서 담배를 입에 물고만 있으면 부인이 남자가 한 번 안 피운다고 했으면 끊어야지 그까짓 담배 하나 못 끊고 쩔쩔 맨다고 핀잔을 준다는 것입니다.

그러나 부인이 뭔가 잘못 아는 것입니다. 그까짓 담배가 아닙니다. 남자 아니라 남자 할아버지라도 수십 년간 피우던 것을 끊는 것이 그리 쉬운 것이 아닙니다. 논리적으로 생각하면 간단합니다. 안 피우면 되는 것 아닙니까? 지극히 쉽고 당연한 일이지만 못 하는 것입니다. 담배를 피운다고 벌금을 내는 것도 아니고요. 아주 쉬운 일입니다. 안 피우면 되는 것입니다. 아주 간단합니다. 그러나 그 쉬운 일을 쉽게 하지 못하는 것이 인간입니다. 인간은 자신이 마음먹은 대로 행동하고 살지 못합니다.

그런데 성경에 보면 사람이 상상할 수 없는 엄청난 일을 마음먹은 대로 착착 진행시켜 나가는 사람이 있는데 바로 여호수아입니다. 여호수아는 모세의 후계자였습니다. 모세는 요단강 근처까지 백성들을 인도한 후에 죽었습니다. 그리고 여호수아를 후계자로 세웠습니다. 여호수아는 백성들의 지도자로 일을 시작하자마자 엄청난 장애물을 만났습니다. 여호수아가 백성들을 가나안으로 인도하기 위해서는 반드시 건너야 할 강이 있었는데 그 강에는 다리도 없었습니다. 시기적으로 모맥을 거두는 철이라 물이 가장 많은 때였습니다. 그러나 그 수십 만이나 되는 이스라엘 백성 중에 누구 하나 다친 사람 없이 요단강을 모두 건넜습니다. 그가 마음먹은 대로 일을 다했습니다.

여호수아처럼 우리도 마음먹은 대로 이룰 수 있는 방법은 없겠습니까? 어떤 사람은 노력하면 된다고 말합니다. 의지가 강하면 된다고 말합니다. 재능이 있으면 마음먹은 대로 될 수 있다고 말합니다.

그러나 여러분, 종합병원 소아암 병동에 가면 불쌍한 아이들이 얼마나 많은지 모릅니다. 이제 겨우 한 살, 두 살, 초등학교 다니는 열 살 아래 아이들이 너무 많습니다. 아이들이 죽어 가지만 부모가 할 수 있는 것은 없습니다. 부모가 그 고통을 대신 할 수 없고, 온갖 노력을 다 해도 안 되는 경우를 종종 봅니다. 아이를 살려 보려는 그 어머니의 노력과 강인한 의지는 말로 다 할 수 없습니다. 온갖 재능을 다 동원합니다. 그러나 안 될 때가 너무 많습니다.

하나님께서는 인간의 한계를 철저하게 경험하여 절망하게 만든 다음 사람들로 하여금 하나님을 찾게 하십니다. 마음먹은 대로 무엇이든지 다 이루면 하나님을 믿을 사람은 아무도 없을 것입니다. 인간은 하나님의 손을 빌리지 않으면 안 됩니다. 하나님의 말씀에 순종해야 합니다.

하나님은 인간을 창조하시고 인간들을 위하여 에덴동산을 만들어 주셨고 동산에 선악과를 만들어 놓으시고 먹지 말라 하셨습니다. 선악과는 인간에게 주어진 최초의 숙제요 하나님의 시험이었습니다. 이것을 바로 풀게 되면 낙원에서 행복하게 살게 될 것이고, 풀지 못하면 불행하게 되는 것입니다. 그런데 최초의 인간 아담은 이 숙제를 풀지 못하고 이 시험에 실패했습니다.

우리는 종종 질문을 받습니다. 하나님은 왜 선악과를 만드셨습니까? 하나님은 선하십니다. 인간을 악에 빠지도록 시험하시는 분이 아닙니다. 인간은 하나님의 형상대로 창조되었기에 선과 악을 구별할 수 있는 윤리적인 존재요, 자유의지의 결단을 지닌 인격적인 존재입니다. 인간이 자유의지로 악을 택한 것, 불순종을 택한 것이 불행입니다.

오늘 우리에게도 선악과는 여전히 있습니다. 십자가는 우리에게 선악과입니다. 누구든지 십자가를 인간 구원의 진리로 믿고 순종하면 영원한 천국(에덴)에서 살 것이요, 이를 거역하면 정녕 죽으리라는 것입니다. 고린도전서 1장 18절에 "십자가의 도가 멸망하는 자들에게는 미련한 것이요 구원을 받는 우리에게는 하나님의 능력이라."고 하였습니다. 십자가는 우리에게 선악과입니다. 십자가는 전 인류에게 최후로 주신 하나님의 시험입니다. 순종하므로 구원을 받아야 합니다. 이것은 인간의 결단입니다. 인간의 의지입니다.

여러분, 신앙생활에는 항상 선악과가 있음을 명심하셔야 합니다.

시간 선악과로 주일이 있습니다. 주일을 따 먹으면 안 됩니다. 하나님 말씀에 불순종하는 것입니다. 예배 따 먹으면 안 됩니다. 이것은 죄요 불행입니다.

물질 선악과로 십일조가 있습니다. 이것 역시 따 먹으면 안 됩니다.

십일조는
물질 선악과입니다.

하나님은 에덴동산에서 선한 청지기가 무엇인가를 가르쳐 주셨습니다. 하나님은 인간을 에덴동산에 두셔서 그것을 다스리며 지키게 하셨습니다. 즉 인간은 청지기의 사명을 받은 것입니다. 하나님은 만물의 주인이십니다. 나의 것은 하나도 없습니다. 시간도 물질도 생명도 자녀도 다 주의 것이요, 다만 우리는 선하게 관리할 책임이 있을 뿐입니다. 그 모든 것들이 하나님께로부터 위탁받은 것입니다. 우리는 세상에 올 때 아무 것도 가지고 온 것이 없습니다. 우리가 쓰고 있는 시간도 하나님께 빌린 전세 기한이요, 물질도 다 받은 것입니다. 하나님께서는 인간들에게 청지기 사명을 주시면서 청지기 원리로 선악과를 먹지 말라 하셨습니다. 그러므로 청지기 된 우리는 십일조를 하나님의 것으로 분별할 줄 알아야 합니다. 선악과를 먹으므로 에덴동산의 청지기 자격을 상실하고 쫓겨났듯이, 십일조를 먹으면 물질 청지기로서 자격을 잃게 되고, 물질을 다스릴 권세를 잃고, 물질의 노예가 되고, 하늘 문이 닫히게 됩니다.

아담은 선악과를 따 먹음으로 하나님의 주권을 침해하여 저주를 받아 에덴동산에서 쫓겨나고 가시와 엉겅퀴가 앞뒤를 가로막는 고난의 길을 걷지 않으면 안 되었던 것입니다. 그러므로 오늘 우리는 신앙생활을 하면서, 하나님을 믿으면서, 하나님의 주권을 침해하는 일이 없어야 할 것입니다. 물질세계에서 하나님의 주권의 표시는 십일조임을 깨달으시길 바랍니다.

A. A. 하이디라고 하는 사람은 백만장자인데 이 사람이 언제부터 십일조를 바치기로 작정했는가 하면, 사업에 실패해서 십만 달러의 부채를 졌을 때였습니다. 그때의 기업 경영의 원칙을 보면 우선 부채를 갚고 나서 십일조를 하는 것이 순서인데 그는 부채가 있는 와중에 십일조를 시작했습니다.

그러자 그의 직원들이 그에게 와서 "이것은 윤리적인 원리에도 어긋납니다. 빚을 지고 있는 사람이 십일조를 우선으로 하는 것은 부당합니다. 어떻게 생각하면 그것은 위선입니다."라고 공격을 했습니다. 그러자 그는 "나는 부채를 상환하는 데 있어 그 부채 상환의 원리가 아니라 도적질한 것부터, 선악과를 내 마음대로 따 먹은 것부터 상환하는 것을 원리로 하겠습니다."라고 답했습니다. 그 직원들은 놀라며 그 말이 무슨 뜻인지를 물었습니다. 에덴동산에 있는 선악과를 따 먹은 죄인이라니 무슨 말인지 알 수가 없었던 것입니다.

그때 하이디는 말라기를 펴놓고서 "나는 하나님의 십일조를 훔친 도적놈이요, 물질의 선악과를 따 먹은 불순종의 죄인이므로 부채 상환도 중요하지만 도적질 상환부터 먼저 하겠습니다."라고 말했다는 것입니다. 그 후 그 사람이 사업에 성공을 하여 십일조를 드리라고 사회에 선전을 하고 격려를 한다는 글을 읽어 보았습니다.

말라기 3장 7-9절을 다 같이 읽으시겠습니다. "만군의 여호와가 이르노라 너희 조상들의 날로부터 너희가 나의 규례를 떠나 지키지 아니하였도다 그런즉 내게로 돌아오라 그리하면 나도 너희에게로 돌아가리라 하였더니 너희가 이르기를 우리가 어떻게 하여야 돌아가리이까 하는도다 사람이 어찌 하나님의 것을 도둑질하겠느냐 그러나 너희는 나의 것을 도둑질하고도 말하기를 우리가 어떻게 주의 것을 도둑질하였나이까 하는도다 이는 곧 십일조와 봉헌물이라 너희 곧 온 나라가 나의 것을 도둑질하였으므로 너희가 저주를 받았느니라."

이 말씀을 통하여 에덴동산의 저주는 선악과를 도적질함으로 왔고, 말라기의 저주는 십일조를 도적질함으로 온 것임을 알 수 있습니다.

이와 같이 십일조는 하나님의 주권의 표시입니다. 그런데 사탄은 인간들로 하여금 선악과를 따 먹게 함으로 저주를 받게 만들고 있습니다. 오늘날 수많은 그리스도인들이 눈물 흘려 기도하고 금식을 하면서도, 밤 기도를, 산 기도를 하면서도, 십일조 바치기를 그토록 힘들어하는 까닭은 사탄이 거기 붙어 유혹하고 훼방하기 때문임을 깨달아야 합니다.

십일조는
율법이 아닙니다.

십일조 생활은 모든 것이 하나님의 것이라는 우리의 신앙 고백입니다. 하나님 제일주의로 사는 은혜의 생활이요, 복음적인 생활입니다. 우리 믿음의 조상 아브라함이 십일조 생활을 하였음을 알아야 합니다. 창세기 14장 18-20절에 보면 아브라함이 멜기세덱에게 십일조를 바치는 장면이 나옵니다. 그런데 히브리서 7장 1-3절에 보면 이 멜기세덱은 다름 아닌 예수님의 모형이었음을 알 수 있습니다. 하나님의 아들과 같이 영원한 제사장이라고 하였습니다. 그러므로 아브라함은 예수 그리스도에게 십일조를 드린 것입니다. 아브라함은 십일조를 모범적으로 바쳐 주님으로부터 놀라운 큰 복을 받았습니다.

마태복음 23장 23절에 보면 "화 있을진저 외식하는 서기관들과 바리새인들이여 너희가 박하와 회향과 근채의 십일조는 드리되 율법의 더 중한 바 정의와 긍휼과 믿음은 버렸도다 그러나 이것도 행하고 저것도 버리지 말아야 할지니라."고 말씀하십니다. 예수님은 십일조에 대해 분명히 하여야 한다고 말씀하셨습니다.

하나님은 왜 십일조를 원하십니까?

하나님께서 우리에게 십일조를 원하시는 것은 우리로 하여금 물질세계의 주권이 하나님께 있음을 인정하고 순종함으로 물질보다 크신 하나님을 섬기며 물질을 바르게 다스림으로 축복을 받아 더 잘 살게 하려는 데 목적이 있습니다. 하나님은 저 하늘과 바다와 그 가운데 만물을 지으신 우주의 창조주이십니다.

시편 50편 9-12절에 "내가 네 집에서 수소나 네 우리에서 숫염소를 가져가지 아니하리니 이는 삼림의 짐승들과 뭇 산의 가축이 다 내 것이며 산의 모든 새들도 내가 아는 것이며 들의 짐승도 내 것임이로다 내가 가령 주려도 네게 이르지 아니할 것은 세계와 거기에 충만한 것이 내 것임이로다."라고 하였습니다.

하나님이 가난하고 궁핍하셔서 물질을 요구하시는 것이 아닙니다. 온 천지의 주인이신 하나님은 부요하신 하나님이시지만 인간들에게 더 많은 복을 주시려고 십일조를 요구하시는 것입니다. 십일조는 우리에게 더 많은 것을 주시기 위해 요구하시는 계약 조건입니다. 그 산 증거가 복 받은 유대인들의 모습입니다. 하나님의 명령을 실천하는 성도의 모습입니다. 십일조 제도는 물질의 번영을 위하여 주신 것입니다.

유대인들은 어려서부터 철저하게 십일조 생활 훈련을 받습니다. 세계의 재벌가들 중에는 유대인이 제일 많습니다. 102층의 엠파이어 스테이트 빌딩도, 시카고의 110층이나 되는 씨어스 타워도 모두 십일조하는 유대인의 것입니다. 유대인은 십일조를 얼마나 중요시하는지 투전하고 와서도 십일조부터 떼어 놓는다고 합니다.

찰스 박사는 교인 200명을 조사한 결과 십일조를 하고 나서부터 더 번창하고 행복해졌다는 통계가 나왔다고 합니다.

맨소래담 상표의 주인공 알버트 하이드는 십일조를 드린 다음 언 손에 바르는 약 맨소래담을 발명하여 큰 재산을 모았습니다.

그는 철저하게 십일조 생활을 했을 뿐 아니라 YMCA에 수천만 달러를 헌납했고, 87세로 죽을 때는 1백 50억이 넘는 돈을 선교 사업을 위해 내 놓았습니다. 세계의 자동차 왕인 포드 자동차의 주인 포드도 사업이 망하고 가정이 무너지려고 할 때 부인의 권유로 십일조를 철저히 하면서부터 다시 일어나기 시작했다고 합니다.

윌리엄 콜게이트도 뉴욕으로 가는 뱃길에서 노인을 만나 "네가 훌륭한 비누업자가 되려면 하나님과 동업을 해라."라는 충고를 들었던 기억을 이야기합니다. 동업한다는 것은 십일조를 드리라는 충고였습니다. 이 말에 따라 십일조 생활을 철저히 한 그는 세계의 재벌이 되었습니다. 록펠러도 한 주에 봉급 1달러 50센트(지금 돈으로 1,800원)를 받았을 때부터 십일조 생활을 하여 큰 재벌이 되었습니다.

우리나라에서도 십일조 생활을 철저히 하여 물질의 큰 복을 받은 사람은 얼마든지 있습니다. 십일조 해서 망하는 사람은 아무도 없음을 믿으시기 바랍니다.

예수님은 마태복음 6장 19-21절에서 "너희를 위하여 보물을 땅에 쌓아 두지 말라 거기는 좀과 동록이 해하며 도둑이 구멍을 뚫고 도둑질하느니라 오직 너희를 위하여 보물을 하늘에 쌓아 두라 거기는 좀이나 동록이 해하지 못하며 도둑이 구멍을 뚫지도 못하고 도둑질도 못하느니라 네 보물 있는 그곳에는 네 마음도 있느니라."고 말씀하셨습니다.

여러분, 십일조를 바치는 자에게는 약속된 복이 있습니다. 하늘 문이 열립니다. 말라기 3장 10절에 "만군의 여호와가 이르노라 너희의 온전한 십일조를 창고에 들여 나의 집에 양식이 있게 하고 그것으로 나를 시험하여 내가 하늘 문을 열고 너희에게 복을 쌓을 곳이 없도록 붓지 아니하나 보라."고 하셨습니다. 신앙의 축복은 하늘 문이 열리는 것입니다. 또한 황충을 금하여 주십니다(말 3:11). 기한 전에 떨어지지 않게 하십니다. 땅이 아름다워집니다. 열방이 복되다고 합니다(말 3:12). 하나님 나라에 특별한 소유가 됩니다(말 3:17). 하나님이 아껴 주시는 복을 받습니다.

여러분, 십일조는 온전히 바쳐야 합니다. 반드시 해야 합니다. 그 누구도 십일조를 드리지 못하면서 주님을 사랑한다는 말은 거짓말입니다. 십일조는 성도에게 있어서 믿음의 고백이며 하나님의 은총을 얻게 하는 길임을 믿으시기 바랍니다.

농부는 아무리 가난해도 씨 종자는 먹지 않습니다. 십일조는 물질 축복의 종자입니다. 그러므로 어떤 경우에도 십일조는 먹지 말아야 합니다. 어려워도 십일조는 바칠 줄 알아야 합니다. 십일조는 안 바쳐도 구원은 받습니다. 그러나 온전한 신앙은 아닙니다. 십일조 때문에 믿음을 버리지 마세요.

영국의 유명한 목회자요 설교자였던 스펄전 목사는 "십일조를 바치지 아니하고 내가 사용하는 것은 하나님의 것을 도둑질하는 것이요, 드려야 할 것을 드리지 않는 것도 도둑질하는 것이요, 주일을 지키지 않는 것은 주일 도둑이요, 예배 시간에 예배하지 않는 것은 예배 도둑이요, 하나님께 드릴 영광을 가로채는 것은 하나님의 영광 도둑이다."라고 설교했습니다.

인생은 딱 한 번 주어지는 것입니다. 두 번도 아닌 딱 한 번 주어지는 인생을 하나님이 요구하시는 대로 사십시다. 믿음 있는 성도가 세상과 다른 것은 바로 이것입니다. 딱 한 번 주어진 인생을 아무 일에든지 하나님 앞에서 부끄럽지 않게 사십시다.

여러분에게 묻겠습니다. 여러분, 왜 사업하시고 장사하십니까? 왜 직장에 나가십니까? 왜 일하십니까? 십일조를 벌기 위해 이 모든 일을 한다는 마음의 각오를 가지시길 바랍니다.

그렇습니다. 십일조는 물질의 선악과입니다. 결코 따 먹으면 안 되는 선악과입니다. 주일은 시간의 선악과입니다. 예배 역시 마찬가지입니다. 결코 따 먹으면 안 되는 일입니다.

여러분! 물질생활에서 하나님께 인정받으십시오. 십일조 생활을 통하여 하나님 마음에 합한 사람, 하나님께서 인정하시는 청지기가 되십시오. 그래서 복을 받으십시오. 잠언 3장 10절에도 십일조 바치면 "네 창고가 가득히 차고 네 포도즙 틀에 새 포도즙이 넘치리라."고 약속하셨습니다.

여러분, 차고 넘치는 복이 실감이 안 나시지요. 오늘 집에 돌아가시거든 계산기를 가지고 두들겨 보시기 바랍니다. 첫날 1원으로 시작해서 그 다음날은 그 두 배씩 해서 30일을 합산하면 정확하게 536,870,900원이 나옵니다. 천만 원의 약 54배가 됩니다. 굉장하지 않습니까? 이것이 기하급수적으로 늘어나며 차고 넘치는 복입니다.

하나님의 약속을 믿고 끝까지 십일조 하시기 바랍니다. 어려운 때이지만 십일조를 바치게 되면 열 번 놀라게 될 것입니다. 아멘.

축복받는 삶을 위하여

흥해 가는 집과 약해 가는 집

사무엘하 3장 1~11절

1 사울의 집과 다윗의 집 사이에 전쟁이 오래매 다윗은 점점 강하여 가고 사울의 집은 점점 약하여 가니라 2 다윗이 헤브론에서 아들들을 낳았으되 맏아들은 암논이라 이스르엘 여인 아히노암의 소생이요 3 둘째는 길르압이라 갈멜 사람 나발의 아내였던 아비가일의 소생이요 셋째는 압살롬이라 그술 왕 달매의 딸 마아가의 아들이요 4 넷째는 아도니야라 학깃의 아들이요 다섯째는 스바댜라 아비달의 아들이요 5 여섯째는 이드르암이라 다윗의 아내 에글라의 소생이니 이들은 다윗이 헤브론에서 낳은 자들이더라 6 사울의 집과 다윗의 집 사이에 전쟁이 있는 동안에 아브넬이 사울의 집에서 점점 권세를 잡으니라 7 사울에게 첩이 있었으니 이름은 리스바요 아야의 딸이더라 이스보셋이 아브넬에게 이르되 네가 어찌하여 내 아버지의 첩과 통간하였느냐 하니 8 아브넬이 이스보셋의 말을 매우 분하게 여겨 이르되 내가 유다의 개 머리냐 내가 오늘 당신의 아버지 사울의 집과 그의 형제와 그의 친구에게 은혜를 베풀어 당신을 다윗의 손에 내주지 아니하였거늘 당신이 오늘 이 여인에게 관한 허물을 내게 돌리는도다 9 여호와께서 다윗에게 맹세하신 대로 내가 이루게 하지 아니하면 하나님이 아브넬에게 벌 위에 벌을 내리심이 마땅하니라 10 그 맹세는 곧 이 나라를 사울의 집에서 다윗에게 옮겨서 그의 왕위를 단에서 브엘세바까지 이스라엘과 유다에 세우리라 하신 것이니라 하매 11 이스보셋이 아브넬을 두려워하여 감히 한 마디도 대답하지 못하니라.

나라나 가정을 보면 흥해 가는 나라와 집이 있는가 하면, 약해 가는 나라와 약해 가는 집이 있습니다. 그뿐 아니라 사업도 그렇습니다. 이것은 세계 역사를 보아도 알 수 있습니다.

그런데 오늘 성경에서도 다윗의 집은 흥해 가고 사울의 집은 약해 가는 것을 보게 됩니다. 사무엘하 2장 1-11절에서 다윗이 유다 지파의 왕으로 즉위하자 그에 대립하여 사울의 아들 이스보셋이 나머지 이스라엘 지파의 왕으로 즉위하였습니다. 그리고 사무엘하 2장 12-32절에 보면 그 두 세력 간에 전투가 벌어졌음을 보게 됩니다.

그리고 사무엘하 3장 2-5절에 다윗이 헤브론에 거주하는 동안 6명의 아들을 낳았고, 사울 가는 이스보셋과 아브넬 사이에 내분이 발생한 것을 사무엘하 3장 6-11절에서 볼 수 있습니다.

그래서 사무엘하 3장 1절에 "사울의 집과 다윗의 집 사이에 전쟁이 오래매 다윗은 점점 강하여 가고 사울의 집은 점점 약하여 가니라."고 하였습니다.

사울과 다윗의 관계는 한 가족이라고 할 수 있는 장인과 사위의 관계입니다. 왜 사울의 집은 망해 가고 다윗의 집은 흥해 가고 있습니까?

초대 왕 사울은 기골이 장대하고 외모가 뛰어나며 준수하여 이스라엘 왕으로 옹립할 당시 인기가 대단했습니다. 대대로 왕권을 이어서 든든한 가문을 세울 것 같아 보였습니다. 그러나 사울의 집은 1대도 못 넘기고 망해 가고 있습니다.

그러나 흥해 가는 다윗의 집은 어떻습니까? 외모로 볼 때 비천하고 초라한 목동, 그의 아버지도 왕 감으로, 지도자 감으로 보지 않을 정도였습니다. 그러한 다윗의 가정은 점점 강해지고 흥왕해 갔습니다.

도대체 무엇 때문에, 어떤 일 때문에 다윗의 집은 점점 흥왕해 갔고 사울의 집은 점점 약해져 갔는가 말입니다.

**다윗은 항상 하나님만 의지했고,
사울은 잡신을 의지했습니다.**

사무엘하 22장 2-7절에 보면 다윗의 하나님에 대한 믿음을 볼 수 있습니다. "이르되 여호와는 나의 반석이시요 나의 요새시요 나를 위하여 나를 건지시는 자시요 내가 피할 나의 반석의 하나님이시요 나의 방패시요 나의 구원의 뿔이시요 나의 높은 망대시요 그에게 피할 나의 피난처시요 나의 구원자시라 나를 폭력에서 구원하셨도다 내가 찬송 받으실 여호와께 아뢰리니 내 원수들에게서 구원을 받으리로다 사망의 물결이 나를 에우고 불의의 창수가 나를 두렵게 하였으며 스올의 줄이 나를 두르고 사망의 올무가 내게 이르렀도다 내가 환난 중에서 여호와께 아뢰며 나의 하나님께 아뢰었더니 그가 그의 성전에서 내 소리를 들으심이여 나의 부르짖음이 그의 귀에 들렸도다.”

스올 이것은 지옥과 같은 동의어입니다. 다윗은 사울에게서 엄청난 어려움을 겪으면서도 하나님을 떠나지 않았습니다. 하나님을 배신하지 않았습니다. 하나님을 확실히 믿고 의지했습니다. 그렇기에 시편 23편에서 다윗의 신앙 고백을 볼 수 있는 것입니다.

시편 23편 1절에 “여호와는 나의 목자시니 내게 부족함이 없으리로다.” 시편 23장 4절에서는 “내가 사망의 음침한 골짜기로 다닐지라도 해를 두려워하지 않을 것은 주께서 나와 함께하심이라 주의 지팡이와 막대기가 나를 안위하시나이다.”라고 하였습니다. 이것이 다윗의 하나님에 대한 신앙 고백입니다. 다윗은 어려우면 어려울수록 하나님께 더 가까이 바짝 붙었습니다.

반면에 사울은 잡신을 의지했습니다. 그리고 자신을 의지했습니다. 사무엘상 28장을 보면 사무엘 선지자가 죽고 난 뒤 사울은 블레셋 사람들의 군대를 보고 두려워서 신하들에게 자기를 위해 신접한 여인을 찾으라고 명령합니다. 그 신하들이 엔돌에 신접한 여인이 있다고 하니 사울이 변장을 하고 그 여인에게 찾아갑니다. 그러므로 사울의 집은 망해 가게 된 것입니다.

하나님께서는 출애굽기 20장 3절에서 "너는 나 외에는 다른 신들을 네게 두지 말라." 하셨고, 출애굽기 20장 5-6절에서 "그것들에게 절하지 말며 그것들을 섬기지 말라 나 네 하나님 여호와는 질투하는 하나님인즉 나를 미워하는 자의 죄를 갚되 아버지로부터 아들에게로 삼사 대까지 이르게 하거니와 나를 사랑하고 내 계명을 지키는 자에게는 천 대까지 은혜를 베푸느니라."고 하셨습니다.

다윗의 집은 흥하고 사울의 집은 망해 가는 이유가 여기에 있습니다. 다윗은 어려워도, 고통이 있어도, 힘들어도, 심지어는 사망의 골짜기를 지나가는 환난이 있어도 하나님만 믿고 의지했습니다. 그렇기에 다윗에게는 늘 하나님께서 함께해 주셨습니다. 반면 사울은 힘들 때, 두려움이 있을 때 사탄이 함께한 사람이었습니다.

성경은 분명히 말씀하고 있습니다. "만군의 하나님 여호와께서 함께 계시니 다윗이 점점 강성하여 가니라(삼하 5:10)." 이 말씀을 믿습니까? 믿으면 아멘하시기 바랍니다.

사랑하는 여러분, 이 세상에서 성공하기를 원하십니까? 자손 대대로 여러분의 가문이 잘 되기를 바라십니까? 여러분의 집이 점점 흥해지기를 원하십니까? 그 방법을 다른데서 찾지 마시기 바랍니다. 시간 낭비요 헛수고입니다. 성공하고 흥하고 왕성하고 강해지고 자손이 잘 되는 비결은 하나님께 있음을 믿으시기 바랍니다.

집안에, 자신에게 혹시 하나님께서 싫어하시는 잡신이 있다면 다 버리세요. 점쟁이한테 가지 마세요. 오직 하나님 중심, 말씀 중심의 사람이 되시기 바랍니다. 그러한 가정, 그러한 자녀, 그러한 삶이 되도록 해야 합니다. 나라도 마찬가지입니다. 하나님 중심, 말씀 중심으로 나라를 다스릴 일꾼, 지도자들이 나와야 합니다. 그래야 우리나라가 강하여지고 흥왕해 가고 부해질 것입니다. 또한 하나님 중심, 말씀 중심으로 나라를 다스릴 때 하나님의 공의가 살아 맑은 나라, 맑은 정치, 맑은 정부, 맑은 관리, 맑은 사회, 맑은 경제가 이루어지는 정신 혁명이 일어날 수 있습니다.

그뿐 아닙니다. 전쟁에서도 이깁니다. 어린 다윗이 블레셋 장군 골리앗과 싸울 때도 하나님을 의지하고 나아가 싸워 이겼습니다. 이스라엘이 하나님이 함께하실 때는 모든 전쟁에서 이겼습니다.

또한 하나님을 의지하는 자에게는 세상에서 이름을 위대하게 만들어 주십니다. 사무엘하 7장 9절에 "네가 가는 모든 곳에서 내가 너와 함께 있어 네 모든 원수를 네 앞에서 멸하였은즉 땅에서 위대한 자들의 이름 같이 네 이름을 위대하게 만들어 주리라."고 하셨습니다.

요셉도 어디로 가든지 하나님이 함께하시므로 마침내 총리가 되었던 것을 우리는 잘 알고 있습니다.

다윗은 순종의 사람이었고, 사울은 불순종의 사람이었습니다.

다윗은 어린 나이에도 아버지가 전쟁터에 가 있는 형들의 상황을 보고 오라고 했을 때 두말없이 순종했습니다. 그라고 왜 겁이 나지 않았겠습니까? 그러나 아버지의 말씀에 순종하고 전쟁터로 갔습니다.

그뿐 아니라 다윗은 하나님이 가라 하면 가는 사람이었습니다. 하나님의 말씀대로 했습니다. 순종은 축복의 길입니다. 순종은 복 받는 통로입니다.

그러나 사울은 불순종의 사람이었고 변명의 사람이었습니다.

하나님께서 사무엘 선지자를 통해서 사울에게 명령하셨습니다. "지금 가서 아말렉을 쳐서 그들의 모든 소유를 남기지 말고 진멸하되 남녀와 소아와 젖 먹는 아이와 우양과 낙타와 나귀를 죽이라(삼상 15:3)."

사울이 이 말씀을 듣고 아말렉과 싸웠습니다. 이겼습니다. 그러나 하나님의 말씀대로 하지 않았습니다. "아말렉 사람의 왕 아각을 사로잡고 칼날로 그의 모든 백성을 진멸하였으되 사울과 백성이 아각과 그의 양과 소의 가장 좋은 것 또는 기름진 것과 어린양과 모든 좋은 것을 남기고 진멸하기를 즐겨 아니하고 가치 없고 하찮은 것은 진멸하니라(삼하 15:8-9)."

하나님의 말씀대로 하지 않고 자기 생각, 자기 계획대로 했습니다. 하나님께서는 이때 사울을 왕으로 세우신 것을 후회하시고, 결국 하나님은 사울을 떠나셨습니다. 하나님이 떠나시면 끝입니다. 개인이나 가정이나 사업이나 나라도 하나님이 떠나시면 끝입니다. 하나님이 끝 하시면 끝입니다.

이때 사무엘 선지자가 사울에게 와서 왜 이렇게 했느냐고 물으니까 사울이 이렇게 대답을 합니다. "사울이 이르되 그것은 무리가 아말렉 사람에게서 끌어 온 것인데 백성이 당신의 하나님 여호와께 제사하려 하여 양들과 소들 중에서 가장 좋은 것을 남김이요 그 외의 것은 우리가 진멸하였나이다 하는지라(삼상 15:15)."

여러분, 지금 사울은 백성에게 책임을 전가하고 있고, 거짓말을 하고 있고, 변명하고 있습니다. 하나님께서는 이것을 싫어하십니다.

그래서 성경은 말합니다. "순종이 제사보다 낫고 듣는 것이 숫양의 기름보다 나으니(삼상15:22)." 이 말씀을 명심하시기 바랍니다.

다윗의 집과 달리
사울의 집은 분열이 있었습니다.

고대 세계에서 다산은 곧 번영의 척도가 되었습니다. 야곱도 열두 아들에 딸이 있었고, 욥도 아들 일곱과 딸 셋이 있었다고 욥기 1장 2절에 말씀했습니다. 다윗도 헤브론에서 사는 동안 아들을 6명이나 낳았다는 것은 다윗 왕가가 매우 번성하고 있음을 보여 주는 것입니다.

그런데 이와 반대로 사울의 집은 이스보셋과 아브넬 사이에 내분이 일어났음을 사무엘하 3장 6-11절에서 볼 수 있습니다. 내분은 결국 사울 가의 몰락을 자초하고 말았습니다. 가정도, 사회도, 국가도 분열은 약해져 가고 망해 가는 길임을 명심하시기 바랍니다.

다윗은 회개의 사람이었고,
사울은 회개가 없었습니다.

다윗은 나단 선지자의 책망을 듣고 바로 회개하였습니다. 하나님의 말씀대로 하지 않았을 때 곧바로 회개하였습니다. 중심으로 회개하였습니다. 그래서 하나님은 회개하는 것을 보시고 다윗을 죽이지 않으셨습니다. 기뻐하셨습니다.

그러나 사울은 사무엘 선지자의 말을 듣고 회개하는 척만 했을 뿐, 중심으로 하나님 앞에 회개하지를 않았습니다. 하나님은 자비의 하나님이십니다. 회개하면 용서하시고 다시 새 힘과 용기를 주십니다.

회개하면 살고 복을 받으나 회개하지 않으면 망합니다. 사무엘하 24장 17절에 "다윗이 백성을 치는 천사를 보고 곧 여호와께 아뢰어 이르되 나는 범죄하였고 악을 행하였거니와 이 양 무리는 무엇을 행하였나이까 청하건대 주의 손으로 나와 내 아버지의 집을 치소서 하니라." 이 얼마나 간절한 회개입니까? 그러니 복을 받습니다. 흥해 갑니다.

다윗은 기도하는 사람이었으나, 사울은 기도가 없었습니다.

다윗은 모든 일에 하나님께 기도하였고 응답을 받았습니다. 사무엘하 22장 4절에 "내가 찬송 받으실 여호와께 아뢰리니 내 원수들에게서 구원을 받으리로다." 하였고, 사무엘하 22장 7절에서는 "내가 환난 중에서 여호와께 아뢰며 나의 하나님께 아뢰었더니 그가 그의 성전에서 내 소리를 들으심이여 나의 부르짖음이 그의 귀에 들렸도다."라고 하였습니다.

다윗은 항상 기도하였습니다. 다윗의 시편은 기도의 소리입니다. 기도하는 자에게 하나님은 함께하시고 인도하시고 지켜 주시고 보호하십니다.

그러나 사울은 기도하지 않았습니다. 여기에서 판가름이 나는 것을 명심하시기 바랍니다.

다윗은 감사가 있었고 예배의 성공자였으나,
사울은 감사가 없었고 예배도 자기 멋대로 드렸습니다.

다윗의 집이 흥하는 것은 하나님께 예배가 있었고 성전을 늘 사모하는 아름다운 마음이 있었기 때문입니다. 예배의 성공은 바로 복 받을 통로입니다.

예배를 드리면 감사가 있을 수밖에 없습니다. 사무엘하 22장 50절에 "이러므로 여호와여 내가 모든 민족 중에서 주께 감사하며 주의 이름을 찬양하리이다."라고 하였습니다.

하나님은 감사하는 자를 흥하게 하시고, 감사하는 자에게 더 좋은 것을 주시는 분입니다. 그런데 사울에게는 예배가 없으니 자연히 감사도 없고 주의 이름을 찬양하는 것이 없습니다. 잡신에게 자기를 의지하고 물어보는 판에 무슨 감사와 찬양이 있을 수 있겠습니까?

여기에 흥함과 쇠함의 갈림길이 있는 것입니다.

왜 다윗의 집은 흥하고 사울의 집은 망해 갑니까?

다윗은 마음이 넓었고,
사울은 마음이 좁았기 때문입니다.

다윗은 목동이었지만 그의 마음은 바다보다 넓었습니다. 그러나 사울은 왕이었지만 그의 마음은 아주 좁고 작았습니다.

여러분, 넓은 마음은 곧 용서하는 마음입니다.

사울이 얼마나 다윗을 죽이려고 애를 썼습니까? 자기 사위이고 자기가 위태할 때 보호해 주었고 용서하고 정말로 사랑했습니다. 그런데도 사울은 끊임없이 다윗을 죽이려고만 합니다. 반대로 다윗은 그렇게 자기를 죽이려는 원수까지도 사랑합니다. 굴속에서 얼마든지 죽일 기회가 있었으나 오히려 보호해 주었습니다. 다윗이 왕위에 있을 때 원수 집안인 사울의 손자를 돌보았습니다.

우리나라 손양원 목사님도 넓은 마음이 있기에 자기 두 아들을 죽인 사람을 용서하고 오히려 양 아들로 삼았습니다. 이것은 넓은 마음이 없이는 안 되는 일입니다. 특히 우리 성도들 간에는 한 번

틀어지면 좀처럼 풀기가 쉽지 않습니다.

하나님은 넓은 마음, 인자한 마음, 용서하시고 사랑하시는 마음이 있기에 독생자 예수 그리스도를 이 땅에 보내 주시고 십자가를 지시고 죽게 하심으로 구원의 길을 열어 주셨습니다.

여러분, 우리 모두 넓은 마음을 가지고 사랑하며 용서하고 어지러운 이 땅에 평화의 도구가 되십시다.

넓은 마음을 가지면 마음에 평안이 있습니다. 그러나 좁은 마음에는 시기와 질투가 찾아옵니다. 잠언 14장 30절에 "평온한 마음은 육신의 생명이나 시기는 뼈를 썩게 하느니라."고 하였습니다. 분노와 시기를 멀리하고 마음의 화평을 누리시기 바랍니다.

언젠가 책을 읽다가 이런 글을 읽었습니다.

옛날 아라비아 사막에 한 성자가 은둔생활을 했습니다. 이 성자는 마귀의 유혹을 물리치며 믿음생활을 굳게 했습니다. 그런데 어느 날 간교한 사탄이 와서 이 성자에게 말합니다. "당신 동생에 관한 소식을 들었습니까? 당신 동생이 알렉산드리아에서 감독이 되었습니다." 이 말을 듣는 순간 시기와 질투심이 밀려오더니 심한 분노와 함께 충격을 받아 그만 자살하고 말았다는 것입니다.

에스더에 나오는 하만이 모르드개를 시기하고 질투하다가 자신이 죽는 일이 생겼습니다. 시기와 질투는 자신을 죽이는 것입니다.

이삭도 넓은 마음이 있기에 창세기 26장 19-22절에 보면 이삭의 종들이 두 번씩이나 우물을 팠으나 블레셋 사람들이 시기하여 우물을 메우면 다시 다른 데 가서 파고 다투지 않고 하더니 하나님께서 큰 복을 주셨습니다.

요셉도 넓은 마음이 있기에 자기를 시기하고 질투하여 죽이려고 했고 노예로 팔았던 형들을 용서하였기에 큰 복을 받았습니다.

솔로몬도 하나님을 기쁘게 해 드리니까 하나님께서 솔로몬에게 넓은 마음을 주시고 복을 주셨습니다. 열왕기상 4장 29절에 "하나님이 솔로몬에게 지혜와 총명을 심히 많이 주시고 또 넓은 마음을 주시되 바닷가의 모래 같이 하시니" 하였습니다.

세례 요한은 질투가 아니라 남을 높이는 마음을 가졌습니다. 그래서 요한복음 3장 30절에서 그는 예수님을 향하여 "그는 흥하여야 하겠고 나는 쇠하여야 하리라 하니라."고 외쳤습니다. 다윗도 사울 왕에 대해서 넓은 마음을 가지고 있었습니다. 여러분도 이렇게 넓은 마음으로 겸손하게 자신을 낮추시기 바랍니다. 잠언 16장 18절에는 "교만은 패망의 선봉이요 거만한 마음은 넘어짐의 앞잡이니라."고 했습니다. 거만하고 교만하면 넘어지게 되어 있습니다. 반대로 겸손하면 항상 평안이 임합니다. 겸손하고 온유하면 하나님이 함께하심으로 강해지고 흥해 갑니다. 하지만 교만하면 쇠하고 망해 갑니다.

교만한 사울은 하나님께서 왕 노릇하지 못하게 하셨지만, 겸손한 다윗은 하나님이 이스라엘 왕으로 세워서 유능한 임금으로 쓰임 받게 해 주셨고 흥하게 해 주셨습니다.

넓은 마음을 가진 다윗은 용서의 사람이었고 사울은 복수의 사람이었습니다. 넓은 마음, 용서의 마음은 사람의 힘으로 안 됩니다. 성령의 힘으로만 될 수 있습니다. 사울의 집과 같이 쇠하는 집이 아니라, 다윗과 같이 하나님이 함께하심으로 날마다 왕성하고 흥해 가는 여러분과 여러분의 집, 자손이 다 되시기를 바랍니다. 그러려면 하나님만 의지하고 순종의 사람이 되어야 합니다. 회개의 사람이 되고, 기도하는 사람이 되어야 합니다. 감사와 예배의 성공자가 되어야 합니다. 넓은 마음을 가지고 용서하는 사람이 되어야 합니다. 하나님께서 함께하심으로 흥하는 여러분이 되시기를 주님의 이름으로 축원합니다. 아멘.

용서와 축복

창세기 49장 22-26절

22 요셉은 무성한 가지 곧 샘 곁의 무성한 가지라 그 가지가 담을 넘었도 다 23 활쏘는 자가 그를 학대하며 적개심을 가지고 그를 쏘았으나 24 요셉 의 활은 도리어 굳세며 그의 팔은 힘이 있으니 이는 야곱의 전능자 이스 라엘의 반석인 목자의 손을 힘입음이라 25 네 아버지의 하나님께로 말미 암나니 그가 너를 도우실 것이요 전능자로 말미암나니 그가 네게 복을 주 실 것이라 위로 하늘의 복과 아래로 깊은 샘의 복과 젖먹이는 복과 태의 복이리로다 26 네 아버지의 축복이 내 선조의 축복보다 나아서 영원한 산 이 한 없음 같이 이 축복이 요셉의 머리로 돌아오며 그 형제 중 뛰어난 자 의 정수리로 돌아오리로다.

우리는 너무나 시끄러운 세상에서 살고 있습니다. 세상을 보아도 꼭 시장 한가운데 들어와 사는 것 같고, 나라 속을 보아도 얼마나 시끄러운지 정신을 차릴 수가 없습니다. 조용하면 무능한 것 같고, 말하지 않으면 몰라서 그러는 줄 알고, 침묵하면 잘못해서 말 안 하는 줄로 생각하는 사회가 되었습니다. 그러니 조용히 살려고 해도 조용히 살 수 없는 세상입니다.

그런데 신앙생활도 얼마나 시끄럽게 하는지 모릅니다. 이중적인 삶의 모습을 보이는 신자들이 참으로 많습니다. 거룩한 척하면서 정작 예배 시간에는 핸드폰으로 메시지나 보내고, 조그마한 일을 하고도 나팔을 불어 대고, 남이야 어떻든 함부로 말을 하며, 자신만이 신앙이 제일인 양 교만해 하고 있습니다. 그러면서도 남을 용서하는 일에는 아주 인색합니다. 또 남의 눈에 티는 보면서 자신의 눈에 들보는 보지 못합니다.

주님은 분명히 마태복음 18장 21-22절에서 말씀하십니다. "그때에 베드로가 나아와 이르되 주여 형제가 내게 죄를 범하면 몇 번이나 용서하여 주리이까 일곱 번까지 하오리이까 예수께서 이르시되 네게 이르노니 일곱 번뿐 아니라 일곱 번을 일흔 번까지라도 할지니라."

2006년 2월 2일, 아주 놀라운 뉴스가 있었습니다. 청주에 사는 조원일 씨가 자신의 11살 아들을 음주 교통사고로 숨지게 한 청년을 아무 조건 없이 용서해 준 것입니다. 음주 사고이기 때문에 구속 수사가 원칙입니다. 조 씨는 스스로 검찰을 찾아가 선처해 줄 것을 호소해서 그 청년이 구속되지 않게 하였습니다. 더구나 청년이 미안한 마음에 합의금을 마련해 갔지만 가난한 청년의 형편을 알고는 한 푼도 받지 않았습니다. 무조건 용서해 주었습니다.

특히 그 뉴스를 보면서 기뻤던 것은 카메라가 조 씨 집에 있는 성경책을 클로즈업하는 순간이었습니다. 조 씨 가정은 독실한 크리스천 가정이었습니다. 아들을 잃은 슬픔은 크고 분노의 마음이 없는 것은 아니지만 성경 말씀대로 용서한 것입니다. 그리고 조 씨는 아들의 각막을 기증하여 두 사람의 눈을 뜨게 해 주는 일까지 했습니다.

분명 조 씨가 한 일은 힘든 일이요, 쉬운 일이 아닙니다. 그런데 성경은 성도는 마땅히 그렇게 해야 한다고 말하고 있습니다. 우리가 살다 보면 억울한 일을 많이 당합니다.

그러면 우리는 어떻게 용서할 수 있을까요?

예수님의 사랑을 배우고
행하여야 합니다.

미국에서 복음송 가수로 활동했던 피터 빌흔이 부른 찬양의 가사입니다. "예수께로 가면 어떤 죄도 용서받을 수 있습니다. 예수께 맡기기만 하면 실패한 과거도 새롭게 됩니다. 주님의 사랑에 그대를 맡기십시오. 그대의 날개는 다시 새로워지고 높이높이 푸른 하늘을 날 수 있을 것입니다."

많은 사람들이 이 노래에 은혜를 받았습니다. 이 찬양을 듣고 방탕에 빠졌던 사람이 주께로 돌아와 거듭나고 새 사람이 되어 훌륭한 그리스도인이 되는 역사가 일어났습니다. 찬양이 이렇게 중요합니다.

그렇습니다. 예수님은 상한 날개라도 치유하여 다시 날게 하시는 능력이 있는 분이며 또한 참 좋으신 분입니다. 히브리서 4장 15절에 "우리에게 있는 대제사장은 우리의 연약함을 동정하지 못하실 이가 아니요 모든 일에 우리와 똑같이 시험을 받으신 이로되 죄는 없으시니라."고 하였습니다.

예수님께서 우리의 연약함을 깊이 이해하시는 분이라고 했습니다. 우리의 연약함을 깊은 동정심을 가지고 바라보시며 우리의 형편과 처지를 이해하신다는 말씀입니다. 이렇게 이해하시는 것 뿐 아니라 연약함을 치료해 주시고 해결해 주시는 사랑의 주님이십니다.

여러분, 우리는 몸도 연약하고 정신도 연약하고 마음도 연약합니다. 그래서 육신의 연약함, 정신의 연약함, 마음의 연약함을 치료해 주시는 예수님이 필요합니다. 지금 한국 사회는 국가, 정치, 경제, 문화, 종교, 교육 등 모든 분야에 예수님이 필요합니다. 교회와 가정에도 예수님이 필요합니다. 예수의 계절이 이 땅에 와야 합니다.

또한 우리는 성품이 연약할 수도 있습니다. 그렇기에 연약한 성품을 치료해 주시는 예수님이 필요합니다.

베드로를 보세요. 대제사장의 뜰에서 그곳에 있는 사람들이 자신을 향해 예수와 함께 있었다고, 이는 예수의 당이라고 할 때에 놀란 그는 예수님을 세 번씩이나 부인하였습니다. 마음이 연약했기 때문입니다. 그러나 예수님은 베드로 뿐 아니라 방문을 꼭 걸어 잠근 채 떨고 있는 연약한 제자들에게 찾아오셨습니다.

갈릴리에 가서 조용히 고기를 잡는 어부가 되어 낙심하고 절망한 가운데 있는 제자들에게 찾아오셨습니다. "너희에게 고기가 있느냐?" "없나이다." 그러자 예수님은 제자들에게 다시 말씀하십니다. "그물을 배 오른편에 던지라 그리하면 얻으리라." 예수님의 말씀대로 하니 "고기가 많아 그물을 들 수 없더라."고 했습니다.

여러분, 지난 신앙의 여정들을 돌아보시기 바랍니다. 예수님을 잊어버리고 나에게 주신 사명을 망각한 채 내 생각과 내 욕심에 이끌려 이리저리 방황할 때가 얼마나 많았습니까? 지금 이렇게 예수님을 찾고 예배드리는 것은 다 주님의 사랑이요 은혜입니다. 배를 타고 고기 잡고 있는 제자들을 용서하시고 사랑하시어 찾아오신 것처럼 예수님은 여러분을 버리지 않으시고 찾아오셨습니다. 어둠 가운데서 삶에 지쳐 낙심하고 있는 제자들에게 오신 것처럼, 예수님은 여러분들에게 오셔서 주님께로 마음을 향하도록 인도하셨습니다. 바로 그 은혜로 말미암아 오늘 우리가 이렇게 주님 앞에서 예배드리게 됨을 믿고 감사하시기 바랍니다.

얼마나 큰 사랑입니까? 예수님은 늘 허물 많고 죄 많은 제자들을 돌아보셨습니다. 예수 없이 될 것 같고 할 수 있을 것 같지만 결과는 그렇지 않습니다. 바다에서 뼈가 굵은 어부들이지만 밤새도록 고기를 잡지 못했습니다. 이처럼 예수 없는 인생, 목적 없는 인생, 소망 없는 인생에게 주님께서 찾아오셔서 문제를 해결해 주셨습니다. 요한복음 21장 6절에 "이르시되 그물을 배 오른 편에 던

지라 그리하면 잡으리라 하시니 이에 던졌더니 물고기가 많아 그
물을 들 수 없더라."

　문제를 해결해 주셨습니다. 할렐루야!

원수를 사랑하고 위하여
기도해 주라고 하십니다.

　　　　　원수를 보면 터질 듯한 분노감에 주먹이든 발이든
나가는 게 보통인데, 주님은 그렇게 하지 말고 사랑하라고 하십니
다. 그뿐 아니라 그를 위하여 기도하라고 하십니다.

　구약에 보면 야곱의 열두 아들들이 들에 있을 때 그들의 누이인
디나가 히위 족속의 추장 아들 세겜에게 강간을 당합니다. 이 소
식을 들은 야곱의 아들들이 몰려옵니다. 하지만 히위 족속에 비하
면 아직 이들은 힘이 없었습니다. 디나를 아내로 달라는 세겜에게
그들은 할례를 받으면 허락하겠다고 말합니다.

　이 말은 진실이 아니라 복수하기 위한 거짓말이었습니다. 이
말을 그대로 믿은 세겜은 자신뿐 아니라 자신의 부족 모두에게 할
례를 받게 하였습니다. 할례 후 통증이 가장 심할 3일째 되던 날

디나의 오라비 시므온과 레위가 칼을 가지고 그들을 죽였습니다. 그리고 남은 형제들은 히위 족속에게 들어가 약탈을 하였습니다.

순간 저들은 동생의 원수를 갚은 것 같아 시원했을 것입니다. 통쾌했을 것입니다. 그런데 야곱은 이일을 두고 이렇게 말했습니다. "야곱이 시므온과 레위에게 이르되 너희가 내게 화를 끼쳐 나로 하여금 이 땅의 주민 곧 가나안 족속과 브리스 족속에게 악취를 내게 하였도다 나는 수가 적은즉 그들이 모여 나를 치고 나를 죽이리니 그러면 나와 내 집이 멸망하리라(창 34:30)." 실제로 이 일로 인하여 야곱의 가족은 불안한 삶을 살아야 했습니다.

그렇습니다. 원수를 용서한다는 것은 쉬운 일이 아닙니다. 힘든 일입니다. 그러나 원수를 직접 갚을 것이 아니라 용서해 주고 사랑하는 것이 우리의 몫인 것입니다. 원수를 원수로 갚는 것은 냄새나는 것입니다. 원수 갚는 것은 하나님께 맡기면 됩니다.

용서는 쉬운 일이 아니기에 기도해야 합니다. 용서는 힘든 일이기에 기도해야 합니다. 원수에게 해코지하는 것보다 용서하며 기도해 주는 것은 정말 어려운 일입니다. 따라서 기도하지 않으면 그렇게 할 수가 없는 것입니다. 정말 뼈를 깎는 기도를 하지 않고는 그렇게 할 수 없는 것이 인간입니다. 그러므로 우리는 원수 갚을 일이 있으면 주님 앞에 무릎을 꿇어야 합니다.

도저히 이성적으로 받아들여지지 않는 용서와 그를 위한 기도의 길을 받아들여야 합니다. 그런데 이것은 내 의지나 노력으로 되는 것이 아닙니다. 성령께서 도와야 가능한 것입니다. 따라서 우리는 우리 자신이 용서할 수 있는 사람이 되기 위하여 기도해야 하는 것입니다.

억울한 일을 당한 사람을 만날 때 안타까운 것은 '지금 나 그냥 내버려 두라.'는 말을 듣는 것입니다. 지금은 마음이 안정되지 않으니 그냥 가만히 내버려 두라고 말합니다. 그러나 그냥 내버려 두면 안 됩니다. 주님 앞에 꿇어 엎드려야 합니다. 원수를 원수로 갚지 않기 위하여 주님께 기도하여 지혜와 용기를 얻어야 하는 것입니다.

사랑하는 여러분, 억울해도 원수에게 해코지하는 것보다 너그러워야 합니다. 내 힘으로는 그렇게 못합니다. 힘든 일입니다. 하나님이 주시는 힘으로 그렇게 할 수 있습니다.

아버지의 재산을 훔쳐 가지고 도망갔던 아들이 불량배와 어울려 많은 재산을 모두 탕진하고 말았습니다. 실패와 절망 속에서 번민하던 그는 스스로 목숨을 끊기로 결심을 했습니다. 그런데 죽기 전에 마지막으로 아버지께 가서 용서를 구하여야겠다는 생각이 들어 아버지 앞으로 편지를 썼습니다.

"아버지, 아버지의 재산을 탕진한 죄 많은 이 아들을 용서해 주시기 바랍니다. 이제 마지막으로 아버지께 용서를 구하고 싶어 어느 달 어느 날 어느 시에 기차를 타고 우리 집 앞을 가려합니다. 아버지께서 만일 저를 용서하신다면 집 앞마당에 있는 배나무에 흰 손수건을 걸어 놓아 주시기 바랍니다. 배나무에 흰 손수건이 걸려 있으면 제가 찾아 들어가겠고 만일 손수건이 없으면 저는 그대로 지나가겠습니다."

드디어 약속한 날이 왔습니다. 그 아들은 배나무에 손수건이 걸려 있지 않으면 어쩌나 하는 초조한 마음으로 차창 밖을 내다보고 있었습니다. 그런데 멀리서 보니 배나무에 배꽃이 가득 핀 것 같았습니다. 집 앞마당을 지날 때 이 아들은 다시 한 번 놀라고 말았습니다. 배꽃처럼 수없이 많은 흰 손수건이 바람에 날리고 있었던 것입니다. 아들이 혹시 손수건이 걸린 것을 못보고 지나쳐 버릴까 염려한 아버지는 집안에 있는 흰 천을 모두 찢어서 배나무 가지마다 걸어 놓은 것이었습니다.

여러분은 누군가를 용서해 보신 적이 있습니까? 어쩔 수 없이 봐준 것이 아니라 진심으로 용서해 본 적이 있습니까? 여러분의 용서를 통해 한 생명이 다시 살아나고, 그 사람이 용기를 얻어 새로운 삶을 시작하는 깊은 용서를 해 보셨습니까?

예수님은 말씀하십니다. 마태복음 5장 21-26절에서 하나님께 예배드리기 전에 먼저 가서 형제와 화목하고 와서 예배를 드리라고 말씀하십니다. 그리고 마태복음 5장 44-45절에서는 "너희 원수를 사랑하며 너희를 박해하는 자를 위하여 기도하라 이같이 한즉 하늘에 계신 너희 아버지의 아들이 되리니."라고 말씀하셨고, 마태복음 6장 14-15절에서는 "너희가 사람의 잘못을 용서하면 너희 하늘 아버지께서도 너희 잘못을 용서하시려니와 너희가 사람의 잘못을 용서하지 아니하면 너희 아버지께서도 너희 잘못을 용서하지 아니하시리라."고 말씀하셨습니다.

여러분, 혹시 이 시간까지 내가 용서하지 못하고 있는 사람은 누군지 생각해 보시기 바랍니다. 그리고 그것 때문에 나에게 뭔가 풀리지 않는 문제가 있다거나 하나님의 복이 임하는 것을 가로막고 있지는 않은지를 살펴보시기 바랍니다.

용서와 축복

창세기 33장에 보면 에서가 아버지를 속이고 자신의 축복권을 몽땅 빼앗아 간 야곱에 대해 분노하는 모습을 볼 수 있습니다. 그는 마치 야곱을 죽일 정도로 분노하였습니다. 야곱은 형의 이러한 분노를 피해 멀리 외삼촌 라반의 집으로 도망갔습니다. 그리고 오랜 시간이 지난 후 여전히 두려운 마음을 가지고 야곱이 돌아옵니다. 하지만 야곱의 두려움과는 달리 에서는 동생을 용서하고 야곱 일행을 만나 껴안고 입을 맞추며 화해와 용서의 눈물을 흘렸습니다. 이후 동생을 용서한 에서와 그 자손들은 하나님의 큰 축복을 받게 되었습니다.

미국에 '메트로 골드윈 메이어(Metro Goldwin Mayer)' 즉 'MGM'이라는 유명한 영화사가 있습니다. 이 회사 설립자의 이름은 회사 이름의 끝 자와 같은 'Mayer'입니다. 메이어는 어렸을 적에 친구와 크게 싸운 적이 있었고, 그때 그 친구에게 많이 맞았다고 합니다. 메이어는 집으로 돌아와 화를 내면서 그 친구를 욕했습니다.

그러자 어머니가 메이어를 산으로 데리고 가 거기서 친구 욕을 실컷 하라고 했습니다. 메이어는 산을 향해 소리칩니다. "나쁜 놈아, 못된 놈아!" 그런데 이 소리가 메아리가 되어 자신에게 10배의 소리로 되돌아옵니다. 그러자 이번에는 어머니가 "하나님이 너를 축복하신다."고 외쳐 보라고 말합니다. 메이어가 그렇게 말하자 동일하게 메아리가 자신에게 축복의 말로 되돌아옵니다.

그때 메이어는 깨닫게 됩니다. "내가 남을 향해 한 번의 욕을 하면 그것이 10배로 되돌아오고, 남을 용서하고 축복하면 10배로 축복이 되돌아온다." 메이어는 이 교훈을 평생 마음에 새기고 MGM이라는 큰 영화사를 세우게 되었습니다.

성도 여러분, 용서할 때에 하나님께서 복을 주십니다.

창세기 49장 22-26절에 보면 아버지가 요셉을 향해 축복한 내용이 기록되어 있습니다. "요셉은 무성한 가지 곧 샘 곁의 무성한 가지라 그 가지가 담을 넘었도다 활쏘는 자가 그를 학대하며 적개심을 가지고 그를 쏘았으나 요셉의 활은 도리어 굳세며 그의 팔은 힘이 있으니 이는 야곱의 전능자 이스라엘의 반석인 목자의 손을 힘입음이라 네 아버지의 하나님께로 말미암나니 그가 너를 도우실 것이요 전능자로 말미암나니 그가 네게 복을 주실 것이라 위로 하늘의 복과 아래로 깊은 샘의 복과 젖먹이는 복과 태의 복이리로다 네 아버지의 축복이 내 선조의 축복보다 나아서 영원한 산이 한 없음 같이 이 축복이 요셉의 머리로 돌아오며 그 형제 중 뛰어난 자의 정수리로 돌아오리로다."

요셉을 향한 이 축복의 내용이 굉장하지 않습니까? 요셉은 자기를 죽이려 했던 형제들을 용서한 사람입니다. 자신에게 미친 극심한 환난을 믿음으로 이겨 내고, 한 평생을 하나님 앞에서 성결하게 믿음의 본을 보이며 산 사람입니다. 용서하며 산 사람입니다. 쉬운 일이 아닙니다. 힘들지만 했습니다. 그뿐 아니라 부모 형제들이 극심한 가뭄으로 어려움에 처했을 때 용서하고 구원해 낸 사람입니다. 이런 요셉을 향해 축복을 했고 그 축복이 오늘 날 성취되고 이루어지는 것을 보십시오.

미운 사람이 있습니까? '저 원수'하지 마시고, '저 사람만 보면 입맛이 떨어진다.'고 하지 마시고, 주님의 이름으로 축복하십시오. 그러면 그 축복이 여러분에게 돌아옵니다. 여러분, 혹시 미운 사람이 있습니까? 용서 못한 사람이 있습니까? 오늘 찾아가서 아니면 전화로라도 화해하세요.

하늘이 품고 있던 비를 땅에 쏟으면 하늘은 개운할 것입니다. 맑아집니다. 우리가 마음에 품고 있던 것을 내버리면 내 속이 개운합니다. 내 속이 맑아집니다.

예수님도 십자가 상에서 하나님께 용서의 기도를 드렸습니다. 스데반도 저들의 죄를 사하여 달라고 용서의 기도를 하였습니다. 결국 그는 승리했고, 하늘이 열리고 주님이 하나님 보좌 우편에 서신 것을 보았습니다.

여러분, 용서하고 복 받읍시다. 이 같은 여러분이 다 되시기를 축복합니다. 아멘.

베푸는 삶과 축복

잠언 11장 24-25절; 고린도후서 9장 9절

잠언 11장
24 흩어 구제하여도 더욱 부하게 되는 일이 있나니 과도히 아껴도 가난하게 될 뿐이니라 **25** 구제를 좋아하는 자는 풍족하여질 것이요 남을 윤택하게 하는 자는 자기도 윤택하여지리라.

고린도후서 9장
9 기록된 바 그가 흩어 가난한 자들에게 주었으니 그의 의가 영원토록 있느니라 함과 같으니라.

받는 기쁨보다는 주는 기쁨이 더욱 큰 것이라고 합니다. 받는 사랑도 매우 좋은 것입니다만 주는 사랑은 받는 것과 비교할 수가 없습니다.

누가복음 10장 25절 이하에 보면 한 율법사가 예수님을 시험하기 위하여 예수님께 와서 이렇게 질문을 합니다. "선생님, 내가 무엇을 하여야 영생을 얻겠습니까?" 사실 이 사람은 나름대로 하나님을 위하여 열심히 사는 사람이었습니다. 그런데 예수님은 이렇게 반문하셨습니다. "율법에는 무어라고 기록되어 있느냐? 너는 그것을 어떻게 읽었느냐?"

이 사람이 누구입니까? 율법사입니다. 율법에 대해서 연구하며 가르치는 사람입니다. 그래서 이 사람은 의기양양하게 대답을 합니다. "네 마음을 다하며 목숨을 다하며 힘을 다하며 뜻을 다하여 주 너의 하나님을 사랑하고 또한 네 이웃을 네 자신 같이 사랑하라 하였나이다."

그러나 정말 중요한 것은 그의 대답이 아니라 그의 삶입니다. 주님께서는 대답을 잘 한 이 사람을 칭찬하는 것이 아니라 책망하고 계십니다. 예수님은 이 청년에게 선한 사마리아 사람 이야기를 비유로 말씀하십니다. 강도 만난 자를 본 첫째 둘째 사람은 제사장과 레위 사람입니다. 종교적인 사람이며 지도자들입니다. 그러나 그들은 바쁘다는 핑계로 강도 만나 죽어 가는 사람을 보고도 피해갔습니다. 세 번째 나오는 사마리아 사람은 가던 길을 멈추고 자기 옷을 찢어 상처 난 곳을 싸매 주고 주막까지 데리고 가서 주막 주인에게 부탁을 하며 돈이 모자라면 오다가 계산해 주겠다고 했습니다.

여기에서 "누가 이 강도 만난 자의 이웃이냐?"는 질문을 통해 예수님은 뭔가 더 선한 덕행을 쌓아야 한다고 말씀하시는 것이 아닙니다. 정말 하나님을 사랑하는 사람은 삶 자체가 가난한 자들의 이웃이 되어야 한다는 것을 말씀하시는 것입니다. 보이기 위한, 드러내기 위한 의도가 아니라 그들의 이웃이 되어 있는 모습을 요구하시는 것입니다.

그렇다면 여러분, 우리의 삶은 어떻습니까? 우리는 가난하고 어려움에 처해 있는 자의 이웃이 되어 있습니까? 주님은 선한 사마리아인의 비유를 통해 우리가 어려움에 처한 사람의 이웃이 되는 세 가지 단계를 가르쳐 주십니다.

하나는 불쌍히 여기는 것입니다.

둘째는 어려움을 당한 사람에게 가는 것입니다.

셋째는 자신의 것을 나누는 것입니다.

사랑은 나의 것을 나누어 주는 것입니다. 우리가 어려운 처지에 있는 자의 이웃이 된다는 것은 나의 것을 '포기한다' 또는 '손해 본다'는 것을 의미합니다. 자기희생이 없이는 누군가의 이웃이 될 수 없습니다. 내가 가진 것이 돈이든, 식량이든, 시간이든, 정신적인 활동이든 이런 것들을 나를 위해서가 아니라 없는 이를 위해서 실제로 나누어 주어야 합니다.

그리고 중요한 것이 있습니다. 이웃을 위해 무엇인가를 나눌 때 자신에게 있는 것을 가지고 하면 된다는 것입니다. 없는 것을 만들어 하라는 것이 아닙니다. 사마리아 사람이 한 일은 지극히 일상적인 것이었습니다. 상처를 씻어 주고 싸매 주었으며 길거리에서 죽지 않도록 묵을 곳으로 데리고 갔습니다. 그리고 정성껏 자신이 할 수 있는 간호를 하였습니다. 그리고 여행을 계속해야 하기 때문에 이 사람을 주막 주인에게 맡겼습니다. 그는 자신에게 있는 것을 가지고 자신이 할 수 있는 일을 했을 뿐입니다.

그런데 많은 사람들이 나누어 주어야 한다고 하면 나눌 것이 없다는 생각을 합니다. 내가 돈이 있기 때문에 나누는 것이 아닙니다. 우리가 가진 것을 가지고 나누는 것입니다. 우리에게 있는 돈, 시간, 재능 등 모든 것을 나누는 것입니다. 나눌 것이 없다고 생각하는 동안에는 나눌 것이 없습니다. 그러나 나누려고 마음만 먹으면 얼마든지 나눌 수 있는 것입니다. 베풀 수 있습니다.

여러분, 우리가 누군가의, 특별히 가난하고 어려움에 처한 자의 이웃이 된다는 것은 하나님의 자녀가 된다는 증거입니다. 성경을 많이 알아도 가난한 자의 이웃이 되지 않는다면 소리 나는 구리와 울리는 꽹과리 밖에 되지 않습니다. 고린도전서 13장 1절에 "내가 사람의 방언과 천사의 말을 할지라도 사랑이 없으면 소리 나는 구리와 울리는 꽹과리가 되고."라고 하였습니다.

베푸는 삶은 주님의 자녀로서 마땅히 나타나야 할 모습입니다. 선행은 하나님의 은혜로 예수 그리스도로 말미암아 구원받은 사람들이 하나님께 영광을 돌리기 위해 당연히 행해야 할 도리인 것을 알아야 합니다.

제가 고등학교에 다닐 때는 정말 살기 어려운 시절이었습니다. 영락교회 어느 권사님의 딸이 저와 같이 영락상업고등학교에 다녔는데 그 여학생이 남산 밑에 혼자 병들어 누워 계시는 동네의 한 할머니에게 매일 등교 길에 자기 도시락을 갖다 드리고 공부한 후 밤에 다시 할머니한테 가서 도시락을 가지고 집에 가기를 반복했습니다. 물론 그 여학생은 점심을 굶은 것입니다. 이와 같이 아름다운 선행을 2년 동안이나 계속 해 왔습니다. 그런데 이 소식이 동네 할머니들을 통해서 온 동네에 퍼지게 되었습니다. 그녀의 선행은 정말 훌륭한 일이었습니다.

샘물은 고이면 썩습니다. 물은 흘러야 합니다. 시골에 옹달샘도 흘러야 계속해서 새로운 물이 솟아오릅니다. 사해는 물을 받아 흘려보내지 않으므로 아주 짠 바다가 되어 버렸습니다. 거기에는 생명력이 없습니다. 물고기도 없습니다. 죽은 바다입니다. 사해는 받기만 했지 줄줄은 모릅니다. 아주 짭니다. 챙기기만 합니다. 그러나 갈릴리 호수는 물을 다른 곳으로 흘려보냅니다. 생명력이 있습니다. 고기가 있고 갈매기가 있고 사람이 모여들고 활력이 있으며 돈도 많이 들어옵니다.

사랑하는 여러분, 선한 청지기는 주의 일을 하는데 어느 누구의 강요에 못 이겨서 하지 않습니다. 오히려 자신들의 능력 이상으로 자원하여 참여하기를 즐겨 합니다. 성경은 궁핍하고 고난당하는 자들을 돌아보지 않는 자는 곧 주님을 돌아보지 않는 자라고 말씀하고 있습니다.

마태복음 25장 42-43절에 보면 주님은 이렇게 말씀하십니다. "내가 주릴 때에 너희가 먹을 것을 주지 아니하였고 목마를 때에 마시게 하지 아니하였고 나그네 되었을 때에 영접하지 아니하였고 헐벗었을 때에 옷 입히지 아니하였고 병들었을 때와 옥에 갇혔을 때에 돌보지 아니하였느니라 하시니." 불우한 이웃들에게 베푸는 것이 곧 하나님께 베푸는 것입니다.

고난당하는 형제의 아픔에 동참해야 합니다. 여러분, 내 주변에 내가 도와야 할 사람이 있는지 생각해 보세요. 나는 어떤 방법으로 도울 수 있으며 그 후에 오는 축복이 무엇인지를 생각해 봅시다. 이웃의 필요에 영적으로 육적으로 민감해야 합니다. 마태복음 5장 42절에 "네게 구하는 자에게 주며 네게 꾸고자 하는 자에게 거절하지 말라."고 하셨습니다.

영국의 어느 분이 말하기를 "인간이 살아가는 데 단 한번 지금 베풀 수 있는 것은 뒤로 미루지 말고 지금 하라."고 했습니다.

옛날 시골에서 떡을 하면 어머니가 이웃집에 떡을 가져다주라고 합니다. 생각해 보면 우리 식구 먹기도 적은데 이웃집에 가져다주라는 것입니다. 하지만 막상 이웃집에 떡을 가져다주면 후에는 우리 집은 떡을 하지 않았는데도 항상 떡이 있게 되었던 것을 기억합니다.

시골 우리 동네 어느 집에 감나무 가지가 담을 넘어서 감이 열리면 동네 어른들이나 아이들이 따 먹곤 했습니다. 그런데 그것이 싫었는지 어느 날 주인이 감나무 가지를 나무로 받쳐 억지로 담 안으로 뻗치게 했습니다. 그러자 그 다음 해에는 감나무에 꽃이 별로 피지 않고 감도 조그만 하게 달렸는데 그마저 다 떨어지고 마는 것이었습니다. 그 다음 해에는 감이 아예 열리지도 않았습니다. 그 비밀은 감나무만이 알겠지만 가지가 담을 넘어 어린이들이나 어른들이나 다른 사람들이 따 먹게 하는 것이 아마 감나무로서는 좋았을 것입니다. 가지가 담을 넘어 열린 감은 아이들이나 다른 사람이 따 먹게 두어야지 욕심이 있어서 억지로 가지를 담 안으로 뻗치게 하는 것을 감나무는 싫어했던 것 같습니다. 감나무는 자연대로 가지가 뻗어야 열매를 많이 맺습니다.

식당에 가서 식사를 할 때도 보면 어떤 사람은 맛있는 음식이 나오면 옆에 있는 친구나 어른은 생각지 않고 자기만 먹는 것을 봅니다. 좋게 생각하면 식성이 좋다고 할 수 있으나 남을 배려하지 않는 것입니다.

여러분, 베푸는 삶을 사시기를 바랍니다. 베푸는 삶이 우리 신앙생활에 얼마나 중요하고 얼마나 축복을 받는 길인지 모릅니다. 마태복음 19장 21절에 "예수께서 이르시되 네가 온전하고자 할진대 가서 네 소유를 팔아 가난한 자들에게 주라 그리하면 하늘에서 보화가 네게 있으리라 그리고 와서 나를 따르라 하시니."라고 하셨습니다.

룻기 2장에 보면 룻에게 베푸는 보아스의 사랑은 아름다움의 극치이며 주님께서 말씀하신 선의 전형적인 모델이라고 볼 수 있습니다. 보아스는 형편이 매우 딱한 처지에 있는 룻을 구제합니다. 룻기 2장 12절에 "여호와께서 네가 행한 일에 보답하시기를 원하며 이스라엘의 하나님 여호와께서 그의 날개 아래에 보호를 받으러 온 네게 온전한 상 주시기를 원하노라 하는지라."고 하였습니다.

그는 이웃을 진심으로 축복할 줄 아는 사람이었습니다. 이것은 룻에게 보내는 축복 중의 축복입니다. 흔히 사람들은 축복에 대한 개념을 이해하는 데 있어서 무엇인가 좋은 것을 받는 것이 축복이라고 알고 있습니다. 그러나 축복이라는 말은 '복을 빌어 주는 것'을 말합니다. 보아스는 복을 빌어 주는 사람, 즉 축복하는 사람이었습니다.

룻기 2장 4절에 보면 보아스가 밭에서 베는 자들에게 축복하고 있습니다. "여호와께서 너희와 함께하시기를 원하노라." 이렇게 축복하니 이들이 "여호와께서 당신에게 복 주시기를 원하나이다."라고 대답합니다. 얼마나 아름답습니까? 남을 축복하는 것도 베푸는 삶입니다. 성령의 역사는 입으로 시인하는 대로 이루어지기 때문입니다.

우리 교회 온 식구들은 이제 보아스와 같이 축복하는 자가 되시기를 바랍니다. 부정적이고 짜증내고 투정하고 원망하는 말은 이제 청산합시다. 여기에 무슨 평화가 있겠고 무슨 기쁨이 있겠습니까? 이제는 보아스와 같이 이웃의 복을, 성도의 복을 빌어 주는 축복자가 되십시다. 그런 축복의 말 속에, 그런 베푸는 삶 속에 너도나도 모두 복을 누리는 성도가 될 것입니다. 전도서 11장 1절에 "너는 네 떡을 물 위에 던져라. 여러 날 후에 도로 찾으리라."고 하였습니다.

베푸는 삶은 양보하는 삶입니다.

창세기 26장 15절 이하에 보면 아비멜렉은 블레셋의 왕으로 이삭의 일꾼들이 우물을 파면 파는 대로 흙으로 메우고 그 지역에서 이삭을 추방시킨 왕이었습니다. 그리고 추방당한 이삭이 우물을 팔 때마다 그 지역 사람들은 이삭의 우물을 빼앗았습니다. 당시 우물을 빼앗는다는 것은 목숨을 빼앗는 것과 같습니다. 우물이 없이는 가축도 사람도 살 수가 없기 때문입니다. 본토 사람들이 이삭을 얼마나 괴롭혔는지 모릅니다.

그러나 이삭은 이럴 때마다 순순히 양보하고 물러섰습니다. 아비멜렉이 보기에 자기 나라보다도 더 강성하였음에도 이삭은 싸우려 하지 않았고 순한 양처럼 물러섰습니다. 이삭은 양보했습니다. 순종했습니다. 이삭의 성품이 너그러웠습니다. 주님의 마음인 온유한 마음의 소유자였습니다. 그 결과 엄청난 복을 받았습니다. 하나님께서 만나 주셨습니다. 그리고 "네게 복을 주어 네 자손이 번성하게 하리라."는 복을 주셨습니다.

그뿐입니까? 아비멜렉의 눈에 이삭이 복을 받은 사람이라는 것이 확실하게 비춰졌습니다. 이삭은 하나님의 복을 굉장히 많이 받은 사람입니다. 특히 아버지가 죽고 나서 하나님은 더 많은 복을 부어 주셨습니다.

양보하고 베푸는 사람의 삶은 이렇게 복을 받게 됨을 알아야 합니다.

여러분, 이삭이나 보아스는 직접 실천하는 사람이었습니다. 말로써 축복만 하는 것이 아니라 직접 실천하는 사람입니다. 보아스는 배가 고픈 룻에게 먹을 것을 주었습니다. 룻기 2장 14절에 "식사할 때에 보아스가 룻에게 이르되 이리로 와서 떡을 먹으며 네 떡 조각을 초에 찍으라 하므로 룻이 곡식 베는 자 곁에 앉으니 그가 볶은 곡식을 주매 룻이 배불리 먹고 남았더라."고 하였습니다.

여기서 보아스는 배고픈 이웃을 초청하고 있습니다. 자상함을 베풀고 있습니다. 아낌없이 좋은 것을 주는 것을 봅니다. 식사시간에 배고프고 고생스럽게 사는 룻을 기억해 주었다는 것입니다. 룻은 고생스럽게 사는 시어머니를 기억해 주었습니다.

주의 이름으로 구제하는 것이 많을수록 좋겠습니다만 적어도 내 이웃을 기억해 줄줄 아는 그런 마음과 작은 정성으로 실천할 수 있는 그런 마음이 여러분에게 있기를 간절히 소원합니다.

이렇게 베푸는 삶에, 양보하는 삶에, 복을 빌어 주는 삶에 하나님의 복이 넘칠 줄 믿습니다.

행복한 가정이 되려면 베푸는 선한 삶을 살아야 합니다.

남에게 상처를 주면서 어찌 행복한 가정이 될 수 있겠습니까? 교만한 자, 신앙에 교만한 자는 하나님과의 만남도 없고 양보도 없고 복을 빌어 주지도 못합니다. 짜증만 냅니다. 원망, 불평만 있습니다. 모든 삶에 긍정적이기보다는 부정적입니다. 베풀기보다는 욕심을 부립니다. 챙겨 가기에 바쁩니다.

성경은 "심는 대로 거둔다."는 인생의 진리를 말씀하고 있습니다. 악을 심으면 악을 거두고, 선을 심으면 선을 거두고, 베풀면 하나님께로부터 큰 복을 받습니다. 하나님의 은총을 받아 날이 갈수록 번창해질 것입니다. 베푸는 삶, 선한 삶은 하나님의 보좌에 상달되어 메아리처럼 다시 돌아올 것입니다. 우리 모두 우리 이웃에, 한국, 아시아, 전 세계에 베풀 수 있는 교회가 되도록 힘쓰고 기도하십시다.

불쌍히 여기는 마음, 그에게 가까이 가는 발걸음, 자신이 가지고 있는 것을 나누어 주는 모습, 이렇게 베푸는 삶이야말로 생명이 꿈틀거리는 산 신앙입니다.

잠언 11장 24-25절; 고린도후서 9장 9절
**베푸는 삶과 축복 **

주님은 인애를 베푸는 삶을 살라고 하십니다. '내가 그들보다 못한데, 내가 더 못 배웠는데, 내가 더 가난한데, 내가 더 불쌍한데, 내가 그들에 비해서 없는 것이 더 많은데⋯.' 이런 생각을 하면서 이리 재고 저리 재는 사람은 인애를 베풀 수 없을뿐더러 인애를 받을 수도 없습니다.

성도 여러분, 여러분은 이 시대의 선한 사마리아인이 되어야 합니다. 보아스와 이삭이 되어야 합니다. 이 시대의 룻이 되어야 합니다.

잠언 11장 24-25절을 같이 읽으시겠습니다. "흩어 구제하여도 더욱 부하게 되는 일이 있나니 과도히 아껴도 가난하게 될 뿐이니라 구제를 좋아하는 자는 풍족하여질 것이요 남을 윤택하게 하는 자는 자기도 윤택하여지리라." 고린도후서 9장 9절에는 "기록된 바 그가 흩어 가난한 자들에게 주었으니 그의 의가 영원토록 있느니라 함과 같으니라." 아멘.

예쁜이가 되자

에베소서 4장 1-6절; 신명기 28장 1-6절

에베소서 4장 1-6절

1 그러므로 주 안에서 갇힌 내가 너희를 권하노니 너희가 부르심을 받은 일에 합당하게 행하여 2 모든 겸손과 온유로 하고 오래 참음으로 사랑 가운데서 서로 용납하고 3 평안의 매는 줄로 성령이 하나 되게 하신 것을 힘써 지키라 4 몸이 하나요 성령도 한 분이시니 이와 같이 너희가 부르심의 한 소망 안에서 부르심을 받았느니라 5 주도 한 분이시요 믿음도 하나요 세례도 하나요 6 하나님도 한 분이시니 곧 만유의 아버지시라 만유 위에 계시고 만유를 통일하시고 만유 가운데 계시도다

신명기 28장 1-6절

1 네가 네 하나님 여호와의 말씀을 삼가 듣고 내가 오늘 네게 명령하는 그의 모든 명령을 지켜 행하면 네 하나님 여호와께서 너를 세계 모든 민족 위에 뛰어나게 하실 것이라 2 네가 네 하나님 여호와의 말씀을 청종하면 이 모든 복이 네게 임하며 네게 이르리니 3 성읍에서도 복을 받고 들에서도 복을 받을 것이며 4 네 몸의 자녀와 네 토지의 소산과 네 짐승의 새끼와 소와 양의 새끼가 복을 받을 것이며 5 네 광주리와 떡 반죽 그릇이 복을 받을 것이며 6 네가 들어와도 복을 받고 나가도 복을 받을 것이니라

장애인이었지만, 인생을 풍족하게 산 위대한 믿음의 사람이요, 예쁜 사람이요, 큰 그림을 본 사람이었던 프랭크 루프 박사에 대한 이야기를 소개해 드립니다.

23년간 관절염으로 고생하고 있던 프랭크 루프 박사는 아파서 누워 있던 어느 날 조용히 하나님의 음성을 들었습니다.

"어떤 때도 어떤 일을 할 수 있다."

그는 조용히 하나님의 음성을 들으면서 그 음성에 순종하기로 작정하였습니다. 그는 이런 생각을 하였습니다. "내가 관절염으로 누워서 일생을 사느니 지금부터 내가 새로운 일을 하리라. 내 몸은 움직이지 못하지만 내가 누워 있는 자리에서 펜을 들어서 불신자에게 전도의 편지를 보내리라. 병상에 누워 있는 사람에게 위로의 편지를 보내리라. 그리고 낙심된 자에게 용기의 편지를 보내리라."

그래서 그는 편지를 쓰기 시작했습니다. 병상에 누운 다른 장애인들의 이름과 주소를 모아 가지고 그들에게 격려의 편지를 보냈습니다. 그리고 마침내 그는 전국적인 협회를 만들었습니다. 그는 침대에 누워서 매년 1만 4천여 통의 편지를 쓰고 방송과 집필로서 수천 명의 병자들을 위로하고 전도하였습니다.

이처럼 주님의 마음만 가지면 하나님의 소원인 전도를 열심히 하여 하나님의 마음에 합한 자가 될 수 있습니다. 주님은 복음이 땅 끝까지 전해지기를 원하십니다. 왜냐하면 모두 구원받아 천국 백성이 되기를 원하는 것이 주님의 마음이기 때문입니다. 예쁜 자녀는 부모의 마음을 알고 그 원하시는 바를 해 드리려고 힘씁니다. 마찬가지로 주님의 마음을 알고 힘쓰는 성도는 하나님 보시기에 예쁜 성도일 것입니다.

어떤 사람이 여러분에게 천국이 왜 좋으냐고 물으면 무엇이라고 대답하시겠습니까? 뭐 여러 가지로 말씀하실 수 있겠지요. 그런데 한 마디로 한다면 "천국에는 예수님이 계시니까 좋은 것입니다."라고 할 수 있을 것입니다.

대설교가인 스펄전 목사님은 천국과 지옥에 대한 설교를 하면서 "천국은 사랑과 희락과 기쁨이 충만한 곳이고, 지옥은 지금 여러분의 모습이 지옥이다."라고 했습니다.

마태복음 5장 3절에서 주님은 "심령이 가난한 자는 복이 있나니 천국이 그들의 것임이요."라고 하셨습니다. 여기 가난한 자가 누구입니까? 나는 하나님 없으면 못 산다는 사람입니다. 전적으로 하나님만을 의지하는 것을 말합니다. 마음이 가난해야 순종하게 됩니다. 마음이 가난해야 하나님을 바라보고 큰 그림을 볼 수 있는 것입니다. 하나님 보시기에 예쁜이가 될 수 있습니다.

예배의 자리에 나왔지만 정작 마음이 가난하지도 않고, 하나님을 보지도 못하고, 말씀을 들어도, 기도해도 예쁘지 않은 사람이 있습니다. 순종하지 않습니다. 얼굴을 마사지하며 아무리 화장을 해도 겉은 예쁘나 속은 반대인 사람이 많습니다.

나는 하나님 없으면 못 산다는 그 마음에 주님은 찾아오십니다. 그런 마음의 소유자가 예쁜 사람입니다. 바로 그것이 이 땅의 천국입니다. 이런 사람이 마음이 가난한 사람이요 천국이 그들의 것입니다. 이 천국을 사모하는 사람, 하나님을 기쁘게 해 드리려고 애쓰는 사람이 예쁜이가 되고 큰 그림을 볼 수 있습니다. 아브라함이 그랬습니다. 잊지 마세요. 말씀보다 자기 생각, 자기 마음이 앞서면 순종할 수 없고 마음이 가난해질 수가 없습니다. 물론 예쁜이도 될 수 없습니다.

"천국이 저희 것임이요." 이 말은 감탄사입니다. 천국이 내 마음에, 내 안에, 내 생활에 있으니 생각만 해도 얼마나 감사합니까? 그러니까 마음도 달라지고, 생활이 달라집니다. 천국이 내 안에 있으니 움켜 쥘 것이 없습니다. 움켰던 손을 주를 위해, 이웃을 위해 펼 수밖에 없습니다. 생각도 예쁘고, 마음도 예쁘고, 생활도 예쁘고, 신앙도 예쁩니다. 정말로 예쁜이입니다. 여러분 모두가 예쁜이가 되시기를 바랍니다.

예쁜이에게 복을 주시는 내용이 신명기 28장 1-6절에 나옵니다. "여호와의 말씀을 삼가 듣고 명령을 지켜 행하면 세계 모든 민족 위에 뛰어나게 하시며 복이 네게 임하며 자녀와 토지소산도 복을 받는다."고 하였습니다. 특별히 6절에 "네가 들어와도 복을 받고 나가도 복을 받을 것이니라."고 하였습니다.

"말씀을 삼가 듣고" 이 말씀의 원문 뜻은 "너는 듣고 또 들을지니라."는 뜻입니다. 소가 음식을 먹으면 되새김을 하듯이 말씀을 자꾸 들어야 한다는 말입니다. 이것이 예쁜 성도입니다. 또한 말씀을 들었으면 그대로 행해야 합니다. 수십 번 들어도 조금도 변화가 없다면 그것은 큰 문제입니다. 말씀을 삼가 듣고, 진심으로 회개하고 돌아서야 합니다.

"들어와도 나가도 복을 받는다."는 말씀은 내 마음대로 들어가고 나가는 것이 아니라 하나님 뜻대로 들어가고 나가야 한다는 말씀입니다. 즉 예쁜 성도가 되어야 한다는 말씀입니다.

제가 라스베가스 순복음교회 주최로 라스베가스 복음화 집회 강사로 갔을 때 점심 때 집회 임원들이 라스베가스에서 제일 좋은 식당으로 모시겠다고 하여 간 적이 있습니다. 라스베가스 스테이크 고기 음식점인데 네바다주와 캘리포니아주에서 제일 큰 음식점, 제일 맛있는 식당이라고 자랑합니다. 이 식당은 처음에는 아주 조그만 식당이었는데 주인이 철저하게 성경 말씀대로 영업했고, 기도도 열심히 하고, 십일조도 철저히 하는 정말로 예쁜 성도가 되더니 이렇게 크게 하나님께서 복을 주셨다는 것입니다.

그 식당 물 컵에는 "In and Out"이라는 글자가 쓰여 있었습니다. 식당 주인에게 무슨 뜻이냐고 물었더니 하나님 뜻대로 나가고 들어오면 나가도 복을 받고 들어와도 복을 받는다는 뜻이라고 하며 컵을 통해 복음을 전하고 있다는 것입니다. 저는 그 컵을 기념으로 가져와 제 서재실에 보관하고 있습니다.

하나님은 보시는 하나님, 여시는 하나님이십니다. 그냥 두시는 하나님이십니다. 하나님은 예쁜 성도나 가정에 열어 주심을 믿으시기 바랍니다. 아브라함, 요셉, 모세, 다윗, 룻 얼마나 예쁩니까? 여러분도 예쁜 성도, 예쁜이가 다 되시기를 바랍니다. 신앙의 예쁜이가 다 되시기를 바랍니다.

예쁜이가 되려면 오늘 성경 말씀대로 해야 합니다. 저와 여러분은 하나님으로부터 부름을 받았습니다. 세상에서 누가 부른 것이 아닙니다. 그러므로 불러 주신 하나님 마음에 합당하게 살아야 합니다. 예쁜이가 되어야 합니다.

에베소서 4장 2-3절에 "모든 겸손과 온유로 하고 오래 참음으로 사랑 가운데서 서로 용납하고 평안의 매는 줄로 성령이 하나

되게 하신 것을 힘써 지키라."고 하였고, 4-6절에 "성령 안에서 하나가 되라."고 말씀하십니다.

겸손은 자신을 자기의 가치 이하로 낮게 생각하며 남을 자신보다 낮게 여기는 마음 자세를 말합니다. 예수님은 자기를 비어 종의 형태로 오셨고 모든 사람을 섬기는 모범을 보이셨습니다. 이후로 겸손은 기독교 신앙의 미덕 가운데 매우 중요한 미덕으로 자리하게 되었습니다. 겸손은 성공의 선봉장이요, 교만은 패망의 선봉장이라고 했습니다.

물은 겸손합니다. 하나님이 정해 주신 길로만 갑니다. 싫다고 낮은 데서 높은 데로 올라가려고 하지 않습니다. 때로는 급하고 강하게 흐릅니다. 그러나 길로만 갑니다. 물은 참 겸손합니다. 그래서 큰 바다를 이루지 않습니까? 예쁜이는 겸손합니다.

온유는 친절하고 너그럽다는 뜻으로 강한 자가 자신을 억제하고 조절함으로 남을 부드럽게 대하고 섬기는 자세를 말합니다. 다시 말하면 하나님 앞에서나 사람들 앞에서 자신의 권리를 주장하지 않는 성품을 말합니다. 예쁜이는 온유합니다.

겸손과 온유는
자기 부정을 말합니다.

오래 참음은 상대의 나쁜 감정이나 노여움 혹은 잘못에 대해 응징할 수 있는 상황에서도 참는 것을 말합니다.

교회에서도 어느 분에게 당했다 해도 꾹 참으라는 말입니다. 특히 목사에 대해서 하고 싶은 말이 있어도, 목에까지 차도 함부로 말하면 안 됩니다. 참으면 은혜가 있습니다. 목사에게 감정대로 다 쏟아 놓고 목사 설교에 은혜를 받기는 어렵습니다. 그래서 참아야 합니다. 목사와 교회를 사랑하면 감기에 걸리지 않습니다. 영적 감기에 걸리지 않습니다. 모든 병의 근원은 감기라고 합니다. 교회 안에도 감기 종류가 참 많습니다.

"사랑 가운데서 서로 용납하고." 이 말씀은 상대의 잘못을 용서하는 것을 말하는데, 성도들은 형제들의 잘못에 대해 오래 참을 뿐 아니라 그리스도의 사랑으로 용서해야 한다는 말씀입니다. 주님 말씀대로 7번씩 70번이라도 용서해야 한단 말입니다. 주님은 십자가를 지시므로 다 용서하셨습니다. 이보다 큰 은혜가 어디 있습니까?

사랑이 무엇입니까? 에베소서 5장 25절에 "남편들아 아내 사랑하기를 그리스도께서 교회를 사랑하시고 그 교회를 위하여 자신을 주심 같이 하라."고 하였습니다. 남편은 아내를 사랑하되 희생의 사랑을 해야 합니다. 물론 아내도 희생의 사랑을 해야 합니다.

세상 사람의 사랑과 예수 믿는 사람의 사랑은 다릅니다. 세상에서 예쁜 것과 그리스도인의 예쁜 것은 다릅니다. 예수님은 고난받으시고 죽으신 헌신의 사랑을 보여 주셨습니다. 교회는 이 사랑을 가져야 합니다. 이 사랑으로 서로 사랑할 때 교회도, 가정도, 개인도 주님 보시기에 예쁜이가 될 수 있습니다. 큰 그림을 볼 수 있습니다. 큰 일을 할 수 있습니다. 주님은 신랑이고 우리 성도는 신부잖아요. 신부는 마음, 생각, 생활 등 모든 것에서 예쁜이가 되어야 신랑의 사랑을 받지 않습니까? 예쁜이가 되세요.

"평안의 매는 줄로" 이 말씀은 평화, 화평, 일치, 조화의 뜻을 말합니다. 여러분, 사랑이 없이는 어떤 평화도 없습니다. 오직 사랑만이 성도들을 하나로 묶어 평화와 조화를 이룩하며 궁극적으로 일치를 이룰 수 있는 것입니다. 성 프랜시스는 예쁜 사람입니다. 자기를 평화의 도구로, 사랑의 도구로 써 달라고 기도합니다. 참으로 예쁜 사람입니다.

또한 희생이 없이는
하나가 될 수 없습니다.

예수님께서 자기를 희생하는 사랑으로 하나님과 사람 사이의 원수 되었던 것을 화목하게 회복시켜 주셨습니다.

하나가 되게 하는 것은 곧 연합, 통일을 말하는데 이것은 예쁜 사람이 되고 큰 그림을 그리고 보는데 아주 중요합니다. 이 일은 사람의 힘으로 되는 것이 아니라 하나님의 구속의 은혜 속에서 성령의 역사에 의해서만 이루어지는 것입니다.

"힘써 지키라." 이 말씀은 서두르고 부지런히 해야 한다는 말씀입니다. 가정도 교회도 나라도 말씀을 지켜야만 부흥하고 하나님이 함께하십니다. 개인도 마찬가지입니다.

말씀을 듣고 깨닫고 순종의 행동이 따라야 합니다. 이것이 없는 가정은 불행합니다. 행동을 하되 열정적으로 해야 합니다. 세계에서 성공한 사람의 특징은 마음이 예쁘고 생각이 예쁘고 열정적이었다는 것입니다. 예수님도 열정적으로 일하셨습니다. 제자들도 그랬습니다. 열정적이되 말씀을 듣고 순종이 있어야 합니다.

이삭의 가정은 하나님을 잘 믿는 가정, 예수를 잘 믿는 가정이었습니다. 그런데 보세요. 하나님께서는 분명히 첫째가 둘째를 섬기게 될 것이라고 하셨습니다. 그런데도 창세기 27장을 보면 이삭은 첫째인 에서에게 축복하려는 자기 생각이 앞섭니다. 예수를 믿기는 하면서, 말씀을 들으면서도 자기 생각, 자기 주관이 하나님보다 앞섭니다. 하나님, 잠깐 뒤에 계세요. 내가 내 마음대로, 내 생각대로 좀 하겠습니다.

리브가를 보세요. 자기 남편에게 말할 수 있어야지요. 리브가는 둘째 야곱을 더 사랑합니다. 왜냐하면 뱃속에서 두 아이가 싸울 때 하나님께서 말씀하셨기 때문입니다. 첫째가 둘째를 섬기게 된다고 하셨습니다. 그것을 기억하고 있는 것입니다. 그러면 남편에게 이야기를 해서 이 사실을 상기시켜야 되는데 말은 하지 않고(즉 부부간에 소통이 안 되는 것입니다.) 자기 방법대로 자식에게 아버지 속이는 것을 가르칩니다. 아들이 안된다고 하는데도 자기 계획대로 합니다.

야곱을 보세요. 어머니의 일이 옳지 못하다는 것을 알면서도 자기 욕심을 이루기 위해서 아버지를 속이고 거짓말을 합니다.

에서를 보세요. 각종 우상숭배를 하는 가나안의 딸들과 결혼하지 말라는 하나님의 말씀에 순종하지 않습니다. 창세기 28장 9절에 보면 이스마엘의 딸을 아내로 데려옵니다. 이스마엘이 누구입니까? 아버지와 이복형제로 자기 할머니 사라의 마음을 괴롭게 한 사람입니다. 그러니 이삭과 리브가가 얼마나 속상했겠습니까?

성도 여러분, 이삭의 가정이 예수 잘 믿는 가정 맞지요? 그런데 말씀을 들어도 순종하지 않았습니다. 자기들의 욕심에 말씀을 버렸습니다. 이들의 가정 어디에도 하나님은 보이지 않습니다. 적어도 이 순간만큼은 맛이 간 가정의 모습입니다. 예쁜이가 없습니다.

사울 왕도 처음에는 예뻤습니다. 겸손한 마음도 예뻤습니다. 그러나 나중에는 교만하더니 말씀에 불순종하고 자기 방법대로 하다가 결국 망했습니다. 이삭의 가정도 가족들이 다 뿔뿔이 헤어져 고생하게 됩니다.

교회도, 가정도, 개인도, 성령님의 주 무대가 되어야 합니다. 성령님께서 주인되셔서 마음껏 역사하시는 주 무대가 되어야 합니다. 그래야 예쁜 교회, 예쁜 가정, 예쁜 성도가 되어 하나님이 주시는 복을 받으며 살 수 있습니다. 그래야 큰 그림을 볼 수 있고, 큰 일을 할 수 있게 됨을 믿으시기 바랍니다.

내 주관대로 하면 안 됩니다. 내 마음대로 하면 안 됩니다. 예뻐질 수가 없습니다. 맛이 갑니다. 여러분의 교회, 여러분의 가정, 여러분의 삶을 성령님의 주권에 맡기시기를 바랍니다. 그래서 예뻔이가 다 되시기를 바랍니다. 성령님께 주도권을 맡기세요. 성령의 주 무대가 되세요. 그러면 예쁜이가 되고 하나님이 함께하시고 인도하시는 복을 누릴 수 있습니다.

성령님께 주권을 맡기는 일은 그냥 되는 것이 아닙니다. 하나님을 바로 보아야 합니다. 하나님을 바로 보면 성령이 역사하고, 성령이 역사하면 새 사람이 됩니다. 새 사람이 되면 주님이 이 세상에 오신 목적인 "Change World"를 할 수 있습니다. 세상을 바꿀 수 있습니다. 이 큰 그림은 바로 하나님께서 여러분과 우리 교회에 주시는 큰 그림입니다. 초대교회와 성도는 예쁜 교회요, 예쁜 성도였기에 세상을 놀라게 하고, 12명의 사도가, 70명의 전도인이 세상을 바꾸는 대 역사가 일어난 것입니다.

목사와 교회의 의무는 사람을 새 사람으로 만들어서 구원을 얻게 하는 것입니다. 이것이 바로 목사가 할 일이고 교회가 할 일입니다.

로마서 8장 15절에 "너희는 다시 무서워하는 종의 영을 받지 아니하고 양자의 영을 받았으므로 우리가 아빠 아버지라고 부르짖느니라."고 하였습니다. 여러분은 예수를 믿으므로 하나님을 아버지라 부를 수 있는 복 받은 성도들입니다. 이것을 믿어야 합니다.

옳습니다. 좋으신 하나님, 전능하신 하나님, 만왕의 왕 되신 예수님, 못하실 것이 없으신 하나님, 좋은 것만 주시려는 하나님을 믿는 하나님의 자녀들입니다. 여러분은 이 사실을 온전히 믿습니까? 믿음이 있어야 예쁜 성도가 됩니다. 예쁜이가 됩시다. 이 하나님을 진심으로 믿으시기 바랍니다. 믿음이 없이는 하나님을 기쁘시게 할 수 없다고 하였습니다. 성경의 말씀입니다.

요즘에는 집에서 개나 고양이 등 애완동물을 많이 키웁니다. 개나 고양이가 주인의 마음에 예쁜 짓을 하면 주인에 따라 생활이 다른 것을 보게 됩니다. 어떤 개나 고양이는 병들고 죽을 때까지 주인이 잘 보살펴 주는가 하면 반대로 집에서 키우다가 버리기도 합니다. 잘 먹이지도 않고 병들면 거리에 버리는 개나 고양이를 많이 봅니다.

어떤 주인을 만나느냐에 따라서 엄청난 차이가 있습니다. 어떤 신을 섬기느냐에 따라 천국과 지옥으로 갈라집니다. 복과 저주가 있습니다.

사무엘상 15장 1-11절에 보면 하나님께서 사울 왕에게 아말렉을 치되 진멸하라고, 씨를 없애라고 명령하셨으나 사울 왕은 그렇게 하지 않았습니다.

아말렉이 무엇입니까? 육신의 생각, 육신의 정욕, 욕심입니다.

이것을 진멸하라는 것입니다. 쳐 부셔야 합니다. 복종하고 순종해야 합니다.

우리는 하나님을 만났습니까? 하나님을 아버지라 부르고 믿고 있습니까? 그 하나님을 진심으로 사랑합니까? 두려워하고 하나님의 섭리에 복종하고 순종합니까? 회개합니까? 말씀대로 따르고 있습니까? 하나님 없이는 못산다고 할 수 있습니까?

로마서 8장 6절에 "육신의 생각은 사망이요.",

로마서 8장 7절에 "육신의 생각은 하나님과 원수가 된다."고 하였고,

로마서 8장 8절에 "육신에 있는 자들은 하나님을 기쁘게 할 수 없느니라."고 하였으며,

로마서 8장 13절에 "너희가 육신대로 살면 반드시 죽을 것이로되 영으로써 몸의 행실을 죽이면 살리니."라고 하였습니다.

그래서 하나님은 사울 왕에게 아말렉을 진멸하라고 하신 것입니다. 이것이 이스라엘이 사는 길입니다. 이것이 예쁜 사람이 되는 길입니다. 이것이 복 받는 길입니다. 예쁜이가 되어 신명기 28장 1-6절에 하나님께서 약속하신 복을 받는 여러분이 다 되시기

를 축복합니다.

예쁜이가 되세요. 신앙의 예쁜이가 되세요. 하나님과 사람 앞에서 예쁜 교회, 예쁜 가정, 예쁜이가 되세요. 거듭 소원합니다. 여러분 모두 예쁜이가 되세요. 아멘.

불씨가 있어야 합니다

열왕기하 4장 1-7절

1 선지자의 제자들의 아내 중의 한 여인이 엘리사에게 부르짖어 이르되 당신의 종 나의 남편이 이미 죽었는데 당신의 종이 여호와를 경외한 줄은 당신이 아시는 바니이다 이제 빚 준 사람이 와서 나의 두 아이를 데려가 그의 종을 삼고자 하나이다 하니 2 엘리사가 그에게 이르되 내가 너를 위하여 어떻게 하랴 네 집에 무엇이 있는지 내게 말하라 그가 이르되 계집종의 집에 기름 한 그릇 외에는 아무것도 없나이다 하니 3 이르되 너는 밖에 나가서 모든 이웃에게 그릇을 빌리라 빈 그릇을 빌리되 조금 빌리지말고 4 너는 네 두 아들과 함께 들어가서 문을 닫고 그 모든 그릇에 기름을 부어서 차는 대로 옮겨 놓으라 하니라 5 여인이 물러가서 그의 두 아들과 함께 문을 닫은 후에 그들은 그릇을 그에게로 가져오고 그는 부었더니 6 그릇에 다 찬지라 여인이 아들에게 이르되 또 그릇을 내게로 가져오라 하니 아들이 이르되 다른 그릇이 없나이다 하니 기름이 곧 그쳤더라 7 그여인이 하나님의 사람에게 나아가서 말하니 그가 이르되 너는 가서 기름을 팔아 빚을 갚고 남은 것으로 너와 네 두 아들이 생활하라 하였더라.

오늘 성경 말씀은 선지자의 생도의 아내 중 한 여인이 엘리사에게 부르짖어 소원하는 내용입니다. 그 여인은 자기 남편이 이미 죽어서 홀로 두 아들을 데리고 살아가는 데 많은 빚을 졌으므로 채주가 와서 두 아들을 종으로 데려가겠다고 하니 어찌하면 좋겠느냐고 사정을 하였습니다. 성경학자 요세프스는 이 여인은 선지자학교 생도 100명을 숨겨 주고 생활하다가 빚을 졌다고 했습니다.

옛날부터 빚진 죄인이란 말이 있듯이 남에게 빚을 지고 못 갚을 때는 자녀들을 종으로 데려갈 수 있고 또 부인까지 종으로 데려다가 3년 동안 일을 시킬 수 있다는 내용이 함무라비 법전에 있다고 합니다.

이 여인은 빚을 많이 져서 고통과 고민 속에 있었지만 그래도 어린 두 아들이 있기에 소망을 가질 수 있었는데, 그 아이들을 종으로 데려가겠다고 하니 그야말로 절망에 빠질 수밖에 없었던 것입니다. 이러한 현실 속에서 여인은 엘리사를 찾아가게 됩니다. 그리고 하나님의 종 엘리사를 통하여 여인은 엄청난 축복을 받게 됩니다.

오늘 성경 말씀은 하나님의 사람이 하나님 앞에 설 때에 어떠한 모습으로 서야 하는지, 하나님 앞에서 어떻게 살아가야 하는지를 가르쳐 주고 있습니다.

엘리사 선지자는 엘리야 선지자의 후계자로서 그녀의 딱한 사정을 듣고 나서 그 해결책을 마련해 주었습니다. 엘리사 선지자의 말에 따라 그대로 행하자 빈 그릇마다 기름이 차서 많은 빚을 갚고도 생활비가 남을 정도의 기적이 일어난 것입니다. 이 여인은 하나님의 종 엘리사가 지시하는 말을 하나님의 말씀으로 믿고 그대로 순종하였습니다. 순종할 수 없는 일을 순종하는데서 하나님의 기적은 일어납니다.

만일에 그 여인이 엘리사가 지시하는 말을 믿지 아니하고 실행하지 아니하였다면 기적은 일어나지 않았을 것입니다. 그러므로 믿음으로 순종하는 것이 얼마나 중요한지 모릅니다.

허브 밀러라고 하는 분이 *Connecting with God*이라는 책을 썼습니다. 이 책에는 다음과 같은 일화가 기록되어 있습니다. 아주 평화롭고 한적한 작은 마을이 있었는데, 그 마을에 나이트클럽이 개업을 하게 되었습니다. 마을 사람들은 큰 걱정에 빠졌습니다. 이제 이 평화로운 마을이 시끄럽게 되었습니다. 젊은 사람들이 이 술집에 드나들면서 타락하게 될 것입니다.

이런 걱정에 휩싸여서 교회에서는 철야기도까지 하게 되었습니다. 그런데 철야기도 하는 가운데 좀 극성스러운 교인들은 "하나님 이 나이트클럽을 불태워 주십시오."라고 기도를 했습니다. 불을 질러 달라고 구체적으로 하나님 앞에 기도를 한 것입니다. "그래서 이 죄악으로부터 우리 마을을 건져 주십시오."라고 기도 했는 데 얼마 후 벼락을 맞고 나이트클럽이 그만 불타고 말았습니다.

나이트클럽 주인은 그 사실을 알고 교회를 상대로 고소를 했습니다. 교회에서는 그 불탄 것에 대해서 책임질 수 없다고 주장했습니다. "우리가 기도한 것은 사실이지만 그 기도 때문에 나이트클럽이 불탔다는 것은 말도 안 된다."라고 책임을 부정했습니다.

그런데 판사가 양쪽 이야기를 다 듣고 나서 하는 말이 "어느 쪽이 범죄 했든지 간에 분명한 것이 하나 있습니다. 나이트클럽의 주인은 기도의 능력을 믿고 있는데 교회의 교인들은 기도의 능력을 믿기는커녕 아예 부정하고 있군요. 내가 보기에는 나이트클럽 주인의 믿음이 훨씬 훌륭합니다."

사랑하는 여러분, 믿음이란 무엇입니까?

믿음이란 믿음의 주체이신 하나님을 인정하고 고백하고 순종하는 것입니다. 그리고 전적으로 나의 삶을 위탁하고 살아가는 것이 믿음의 삶입니다. 그런데 불행하게도 기도는 하면서도 믿지 않는 사람들이 있습니다. 말씀은 듣지만 믿지 않습니다. 선포는 하는데 믿지 않습니다. 기도하면 기도한 것을 믿고, 선포하는 것이 될 줄로 믿어야 합니다. 우리는 온전한 믿음을 가져야 합니다. 즉각적인 믿음을 가져야 합니다. 살아 있는 믿음을 가져야 합니다. 그리고 어떤 형편에서든지 순종할 수 있어야 합니다.

기도의 불씨가
있어야

사랑하는 여러분, 여러분은 어떤 하나님을 믿고 있습니까? 저 하늘 위에 계시면서 내 사정이나 형편 따위에는 신경도 쓰지 않는 그런 하나님을 믿고 있습니까? 우리 하나님은 절대로 그런 분이 아니십니다. 우리가 믿는 하나님은 나의 일거수일투족을 다 알고 계시고, 우리의 작은 신음까지도 들으시고 응답하시는 하나님이십니다. 내가 무엇 때문에 고민하는지, 무엇이 나를 고통스럽게 하는지 너무나 잘 아시는 하나님이십니다. 주야로 우리를 보호하시고, 좋은 것으로 우리에게 주시는 하나님이십니다. "나보다 나를 더 잘 아시는 주님"이십니다. "나를 나보다 더 잘 아시는 주님", 이 주님 앞에 설 때, 이 하나님 앞에 설 때, 우리는 아무 것도 숨길 것이 없습니다. 특별히 막다른 상황에 처했을 때 그 절박한 심정 그대로 하나님 앞에 나아가야 합니다. 뿐만 아니라 기도의 순간마다 막다른 상황에 처한 것 같은 심정으로 하나님 앞에 서야 합니다.

사람이 막다른 골목에 처하게 되면 어떻게 합니까? 쥐는 고양이를 문다고 했습니다. 사람은 어떻게 합니까? 사람에 따라 다르겠지만 포기해 버리는 사람, 자살하는 사람, 혼자 망하거나 죽지 않겠다고 발악하는 사람, 원망하거나 불평하는 사람 등이 있습니다.

그러나 하나님을 믿는 사람들이 취할 행동은 겸손히 하나님 앞에 무릎 꿇는 것입니다. 성도에게는 기도의 불씨가 있어야 합니다. 우리 스스로 할 수 없음을 깨닫고 하나님께서 하실 일임을 선포하면서 하나님께 맡기는 것입니다.

하나님은 우리가 막다른 상황에 처했을 때 일하십니다. 오늘의 이 여인과 같이 더 이상 아무 것도 할 수 없는 상황 가운데 하나님은 일하십니다.

홍해 사건을 보세요. 하나님께서 이스라엘 백성들을 홍해로 이끌어 내신 것은 저들을 사면초가에 빠뜨려서 자기들의 힘으로 어찌할 수 없다는 것을 깨닫게 하시기 위해서였습니다. 그리고 앞으로 가나안 땅을 얻기 위해 긴 여정이 자신들의 힘으로 되지 않는다는 사실을 알게 하고 하나님께서 인도하셔야만 된다는 사실을 철저하게 깨우쳐 주시기 위해서 그리로 인도하신 것입니다.

그 막다른 상황 속에서 하나님이 하신 일이 무엇입니까?

홍해가 갈라지는 것이었습니다. 누가 그것을 생각할 수 있었겠습니까? 누구도 상상할 수 없었던 방법으로 하나님은 저들을 구원하셨습니다. 그래서 하나님을 알게 하고 하나님만 의지하게 하시기 위해서입니다.

하나님의 말씀이때로는 우리 인간의 이성으로 이해할 수 없는 불합리한 이야기로 들릴 때가 많고, 너무나 허무한 이야기 같아서 우리는 그 말씀을 불순종하게 됩니다. 때문에 아무런 기적도 일어나지 않는 것입니다. 조그마한 어려움이 닥쳐도 쉽게 낙심하고 절망해 버립니다.

그러나 하나님 말씀에 순종하며 사는 성도들은 수많은 기적을 체험하면서 살아가므로 어떠한 어려움을 당해도 하나님의 기적을 믿어 결코 낙심하지 않습니다. 사랑의 하나님께서 더 좋은 것으로 채워주실 것을 믿으므로 그 믿음대로 기적이 일어납니다. 이러한 사실은 체험한 성도들만이 알 수 있는 신앙의 신비입니다.

여러분, 우리가 범하는 실수가 무엇입니까?

하나님을 찾고 하나님을 본다고 하지만 어느 순간엔가 내가 주인이 되어 있습니다. 내가 하고 있고 내가 뛰고 있습니다. 하나님은 뒷전으로 처져 있는 것이지요.

그러나 '오직 하나님만이 하십니다.'라는 심정으로 오직 하나님만 의지하고 바라볼 때, 하나님은 내 삶에 역사하시고 나를 통해서 일하시게 되는 것입니다. 나도 알 수 없는 방법으로 역사하심을 믿어야 합니다. 그러므로 기도해야 합니다.

'기도'는 나를 포기하고 나를 하나님께 맡기는 것입니다. 기도는 어떤 의미에서는 희생입니다. 즉 나 자신의 방법과 의지가 죽고 하나님의 뜻대로 하나님의 역사가 이루어지기를 구하는 것입니다. 기도는 우리 자신의 포기입니다. 생각과 방법과 목적에 있어서 나 자신의 것을 포기하고 하나님의 뜻대로 되기를 구하는 것입니다. 겸손한 믿음입니다. 반대로 기도하지 않으면 사람은 쉽게 교만해지고 영적 무지에 빠지게 됩니다.

사랑하는 여러분, 기도의 불씨가 꺼지지 않기를 소원합니다. 기도의 불씨가 있어야 하나님이 함께하심을 체험할 수 있습니다. 하나님의 능력을 체험할 수 있습니다. 나보다 나를 더 잘 아시는 주님께 무릎 꿇고 기도하는 기도의 불이 여러분의 심령에 활활 타오르기를 축원합니다.

순종의 불씨가
있어야

오늘 이 여인을 보세요. 절박한 상황이었습니다. 채무로 인해 종으로 넘어가야 하는 상황입니다. 무엇이 이보다 더 절박할 수 있겠어요. 여러분 이렇게까지 절박한 일을 겪어 보았습니까? 저는 이 여인과 같은 상황을 겪어 보았습니다.

사업하다가 실패하고 새 인생을 시작하려고 신학교에 가서 공부하는데 빚을 받기 위해 채권자가 강의실에까지 찾아온 적이 있습니다. 메모를 써서 맨 뒤에서 앞에 있는 저에게 전달했는데 같이 공부하던 학생들 모두가 알게 되었습니다. 그때 저는 수업이 끝난 후 옥상 기도실에서 얼마나 울며 기도하였는지 모릅니다. 그 내용은 다 말할 수가 없습니다. 이런 일을 경험해 본 사람만이 그 심정을 압니다.

이 여인의 심정이 지금 어떤가를 알고도 남습니다. 저는 알 것 같습니다. 이때에 엘리사가 "네 집에 무엇이 있는지 내게 고하라."고 하자 여인이 말합니다. "계집종의 집에 한 병 기름 외에는 아무 것도 없나이다." 그 여인에게는 기름 한 병뿐이었습니다. 엘리사는 기름 한 병을 가지고 나온 여인에게 말합니다. "너는 밖에 나가서 모든 이웃에게 그릇을 빌리라 빈 그릇을 빌리되 조금 빌리지 말고", 그릇을 빌리되 조금만 빌리지 말고 빌릴 수 있는 데까지 많이 빌리라는 것입니다.

주님께서 가나 혼인 잔치 집에 가셨는데 포도주가 떨어져 잔치 집에 큰 어려움이 있었습니다. 주님께서 빈 항아리에 물을 갔다 채우라고 하시고 그대로 하였더니 오히려 전보다 더 좋은 포도주가 되어 잔치 집에 큰 복이 임했습니다.

이렇게 순종의 불씨가 있어야 하나님의 복을 받을 수 있습니다.

열왕기하 5장을 보면 아람 장군 나아만이 문둥병에 걸려 엘리사에게 왔습니다. 엘리사가 나아만에게 말하기를 "너는 가서 요단 강에 몸을 일곱 번 씻으라 네 살이 회복되어 깨끗하리라."고 하였습니다. 이에 나아만 장군이 노하여 몸을 돌이켜 분한 모양으로 떠나려고 하니 그 종들이 와서 간곡히 말하였습니다. 결국 나아만은 엘리사의 말대로 요단강에 일곱 번 몸을 씻었고, 그러자 그의 문둥병이 깨끗이 낫게 되었습니다. 만일 나아만이 엘리사의 지시대로 하지 아니하고 분하여 돌아갔다면 하나님의 기적은 일어날 수 없었을 것입니다. 억지로라도 순종할 때 기적이 일어났습니다.

오늘 이 여인도 주의 종 엘리사의 말씀에 순종하니 기름병에 기름이 다 차서 팔아 빚을 갚고 평생 살아가는 데 부족함이 없는 기적을 체험하였습니다.

여러분 순종의 불씨가 꺼지지 않게 되기를 소원합니다.

헌신의 불씨가
있어야

기름 한 병, 그것이 그 여인이 가지고 있는 유일한 것이었습니다. 이것을 하나님은 사용하셨습니다. 하나님께서는 엘리사를 통해 그냥 하늘에서 물질과 양식을 쏟아지게 해서 주실 수도 있었습니다. 그러나 그렇게 하지 않으셨습니다. 그 여인이 가지고 있는 것이 무엇인지를 묻습니다. 기름 한 병이 있습니다. 그 기름 한 병을 앞에 놓았을 때 하나님은 일하셨습니다. 하나님이 원하시는 것은 먼저 우리의 작은 헌신입니다.

하나님의 기적과 하나님의 능력을 보이시기 전에 한 사람의 헌신을 원하시는 것입니다. 우리가 하나님 앞에 겸손히 서서 해야 할 일은 지금 내가 가지고 있는 것을 하나님 앞에 내어 드리는 것입니다.

오병이어의 기적은 우연히 일어난 것이 아닙니다. 한 꼬마의 도시락, 보리떡 다섯 개와 물고기 두 마리, 보잘 것 없지만 정성이 담긴 작은 헌신이 있었기 때문입니다. 그 작은 것이 오천 명을 먹이는 축복의 음식이 될 수 있었습니다.

사랑하는 성도 여러분, 하나님의 능력을 체험하고 하나님의 역사를 체험하는 여러분이 다 되시기를 축원합니다. 그러나 그것을 위하여 먼저 작은 헌신이 필요합니다. 아무 것도 준비하지 않은 마음으로, 아무 것도 준비하지 않은 가운데서 무슨 일이 일어나기를 기대해서는 안 됩니다. 비록 낙심의 순간이라 할지라도 우리는 좌절하고 포기해서는 안 됩니다. 내게 남아 있는 것이 무엇인가를 생각하셔야 합니다.

나에게는 아무 것도 없다고 말하지 마십시오. 나에게 왜 아무 것도 없습니까? 우리에게는 선물로 받은 믿음의 불씨가 있지 않습니까? 그 작은 믿음의 불씨, 그 작은 기도의 불씨, 그 작은 순종의 불씨, 그 작은 헌신의 불씨를 꺼뜨리지 말고 나아가는 자에게 하나님은 은혜를 베푸십니다. 기적을 베푸십니다.

여러분! 하나님의 기적을 원하십니까? 불씨가 있어야 합니다. 불씨를 꺼뜨리지 말고 나가면 반드시 기적의 역사가 일어날 것입니다. 아멘.

어떠한 사람이 되시렵니까?
What kind of person would you be?

· 나의 인생 길에서(삿 16:15-30)
· 예수님 밖에 없습니다(딤후 3:10-17)
· 프리즘 같은 삶(약 3:13-18)
· 어떠한 사람이 되시렵니까?(갈 6:7-10)

나의 인생 길에서

사사기 16장 15–30절

15 들릴라가 삼손에게 이르되 당신의 마음이 내게 있지 아니하면서 당신이 어찌 나를 사랑한다 하느냐 당신이 이로써 세 번이나 나를 희롱하고 당신의 큰 힘이 무엇으로 말미암아 생기는지를 내게 말하지 아니하였도다 하며 16 날마다 그 말로 그를 재촉하여 조르매 삼손의 마음이 번뇌하여 죽을 지경이라 17 삼손이 진심을 드러내어 그에게 이르되 내 머리 위에는 삭도를 대지 아니하였나니 이는 내가 모태에서부터 하나님의 나실인이 되었음이라 만일 내 머리가 밀리면 내 힘이 내게서 떠나고 나는 약해져서 다른 사람과 같으리라 하니라 18 들릴라가 삼손이 진심을 다 알려 주므로 사람을 보내어 블레셋 사람들의 방백들을 불러 이르되 삼손이 내게 진심을 알려 주었으니 이제 한 번만 올라오라 하니 블레셋 방백들이 손에 은을 가지고 그 여인에게로 올라오니라 19 들릴라가 삼손에게 자기 무릎을 베고 자게 하고 사람을 불러 그의 머리털 일곱 가닥을 밀고 괴롭게 하여 본즉 그의 힘이 없어졌더라 20 들릴라가 이르되 삼손이여 블레셋 사람이 당신에게 들이닥쳤느니라 하니 삼손이 잠을 깨며 이르기를 내가 전과 같이 나가서 몸을 떨치리라 하였으나 여호와께서 이미 자기를 떠나신 줄을 깨닫지 못하였더라 21 블레셋 사람들이 그를 붙잡아 그의 눈을 빼고 끌고 가사에 내려가 놋 줄로 매고 그에게 옥에서 맷돌을 돌리게 하였더라 22 그의 머리털이 밀린 후에 다시 자라기 시작하니라 23 블레셋 사람의 방백들이 이르되 우리의 신이 우리 원수 삼손을 우리 손에 넘겨 주었다 하고 다 모여 그들의 신 다곤에게 큰 제사를 드리고 즐거워하고 24 백성들도 삼손을 보았으므로 이르되 우리의 땅을 망쳐 놓고 우리의 많은 사람을 죽인 원수를 우리의 신이 우리 손에 넘겨 주었다 하고 자기들의 신을 찬양하며 25 그들의 마음이 즐거울 때에 이르되 삼손을 불러다가 우리를 위하여 재주를 부리게 하자 하고 옥에서 삼손을 불러내매 삼손이 그들을 위하여 재주를 부리니라 그들이 삼손을 두 기둥 사이에 세웠더니 26 삼손이 자기 손을 붙든 소년에게 이르되 나에게 이 집을 버틴 기둥을 찾아 그것을 의지하게 하라 하니라 27 그 집에는 남녀가 가득하니 블레셋 모든 방백들도 거기에 있고 지붕에 있는 남녀도 삼천 명 가량이라 다 삼손이 재주 부리는 것을 보더라 28 삼손이 여호와께 부르짖어 이르되 주 여호와여 구하옵나니 나를 생각하옵소서 하나님이여 구하옵나니 이번만 나를 강하게 하사 나의 두 눈을 뺀 블레셋 사람에게 원수를 단번에 갚게 하옵소서 하고 29 삼손이 집을 버틴 두 기둥 가운데 하나는 왼손으로 하나는 오른손으로 껴 의지하고 30 삼손이 이르되 블레셋 사람과 함께 죽기를 원하노라 하고 힘을 다하여 몸을 굽히매 그 집이 곧 무너져 그 안에 있는 모든 방백들과 온 백성에게 덮이니 삼손이 죽을 때에 죽인 자가 살았을 때에 죽인 자보다 더욱 많았더라.

현대캐피탈 배구 감독인 최태웅 감독에게 유명한 어느 여자 배구선수가 어느 팀에서 은퇴를 해야 좋겠느냐고 묻자 최 감독은 말하기를 어느 팀에서 은퇴하는 것이 중요한 것이 아니라 어떻게 은퇴하느냐가 더 중요하다고 말했다고 합니다.

사람은 자신이 걸어가는 삶의 여정이 있습니다. 그리고 각자에게 정해진 길이 있습니다. 곧 하나님의 뜻을 이루기 위한 소명이 있습니다. 이것을 알고 이 의식 안에서 살아가는 것이 필요합니다. '지금 나는 하나님의 인도하심 가운데 있다. 하나님께서 내 걸음을 인도하신다. 그리고 나를 향한 하나님의 부르심의 뜻이 있다.'는 의식을 가지고 살아갈 때 우리는 분명한 삶을 살아가게 되고, 하나님의 길을 따라 목적의식을 가지고 하나님의 사람으로 더욱 능력 있게 살아가게 됩니다.

토미 컴플로라는 미국의 존경받는 사회학자가 미국의 95세 이상 노인 500여 명을 모시고 진지하게 설문을 했습니다. 그 가운데 이러한 질문이 있었습니다. "당신에게 생애가 한 번 더 주어진다면 어떻게 사시겠습니까?" 이 질문에 많은 대답들이 나왔지만 그 대답들을 압축해 보니 두 가지로 말할 수 있었다고 합니다.

첫 번째는 "좀 더 진지하게 살겠다." 두 번째는 "죽음 이후에도 계속될 일을 위하여 영원을 준비하면서 살겠다."였습니다. 95세

이상 긴 인생 여정을 걸어온 인생의 경험이 풍부한 분들의 대답이
었습니다.

여러분은 지금 어떻게 살아가고 있습니까?

무엇을 위하여 어떻게 살아가고 있습니까?

예수 그리스도를 알고 그분 안에서 살아가고 있다고 하는 우리
그리스도인들, 우리는 지금 어떻게 살고 있습니까? 앞으로 남은
여생의 의미가 여러분에게는 무엇이며 그 남은 여생을 어떻게 생
각하며 어떻게 살아갈 계획입니까?

사람이 살아가는 모습을 보면 세 종류의 인생이 있다고 합니
다.

첫 번째는 연명하는 수준의 삶을 사는 사람이 있습니다.

하루하루 마지못해 살아가는 사람들, 하루하루 쫓기듯이 살아
가는 사람들이 있습니다.

두 번째는 성공과 출세를 목표로 살아가는 사람이 있습니다.

이것은 연명하는 수준의 삶과는 다릅니다. 이들은 현재에 매여
사는 것이 아니라 미래를 생각하며 미래를 사는 사람들입니다. 때
문에 진취적이요, 발전적입니다. 그러나 영원한 것을 보지는 못
합니다. 눈에 보이는, 손에 잡히는 미래를 위해서 살아갈 뿐입니
다.

세 번째로는 영적인 성공을 위한 삶이 있습니다.

육체적, 이성적으로만 사는 것이 아니라 영적으로 사는 것입니다. 인간은 영적인 동물입니다. 단지 육체적으로 육체의 끌림에 의해서만 살아가는 것이 아닙니다. 그리고 이성적으로 합리적인 삶을 사는 것만도 아닙니다. 물론 이치에 맞고 합리적인 사고 속에서 도덕적으로 흠 없이 살려고 노력해야 합니다. 그러나 그것이 다는 아닙니다. 영적으로 살아가야 합니다. 우리에게는 영이 있습니다. 하나님의 영과 교통하는 영이 있습니다. 고린도전서 2장 11절에 "사람의 일을 사람의 속에 있는 영 외에 누가 알리요 이와 같이 하나님의 일도 하나님의 영 외에는 아무도 알지 못하느니라."고 기록되어 있습니다.

영이 있기에 우리는 하나님을 알게 됩니다. 합리적인 이성으로는 눈에 보이지 않는 세계를 알 수 없습니다. 들리지 않는 음성을 들을 수 없습니다. 그러나 영이 있기에 하나님의 세계를 알고 하나님의 음성을 들으며 하나님 나라를 바라보고 살아가는 것입니다. 땅에만 매이지 않고, 현실에만 매이지 않고, 터널 밖의 세상을 보면서 다른 사람과 달리 참 자유와 안식과 평안과 만족과 기쁨을 누릴 수 있습니다. 영적인 성공이 없이는 성공했다고 할 수 없습니다. 영적인 성공이 있을 때 비로소 후회 없는 삶을 살아갈 수 있습니다. 우리의 남은 여생을 아름답고 복되게 준비하면서 살아가게 됩니다.

그런데 성경은 인간의 실패를 기록한 책이라고 해도 과언이 아닙니다. 아브라함의 실패, 야곱의 실패, 다윗의 실패, 베드로의 실패, 바울의 실패 등 많은 사람들의 실패의 이야기가 기록되어 있습니다. 이처럼 실패한 인간에게 새로운 기회와 능력을 주시는 하나님에 관한 말씀이 성경입니다. 그러므로 성경을 늘 묵상하여야 합니다. 시편 1편 2-3절에 "오직 여호와의 율법을 즐거워하여 그의 율법을 주야로 묵상하는도다 그는 시냇가에 심은 나무가 철을 따라 열매를 맺으며 그 잎사귀가 마르지 아니함 같으니 그가 하는 모든 일이 다 형통하리로다."라고 하였습니다. 이 사람은 복 받은 사람이요 성공하는 사람입니다.

어느 누구도 실패를 원하는 사람은 없지만 그렇다고 실패를 경험하지 않는 사람도 없습니다. 실패는 우리 인생에서 가장 보편적인 경험입니다. 성공했다는 것은 한 번도 실패한 경험이 없다는 말이 아닙니다. 몇 번의 실패를 했든 최종적으로 성공한 사람을 말합니다.

지금도 참으로 어렵고 힘듭니다. 지금까지 어려움을 경험하며 힘들어한 여러분과 함께 오늘 성경 속에서도 특히 실패를 경험했던 삼손의 인생을 통하여 큰 은혜를 나눌 수 있기를 바랍니다.

오늘 성경에는 삼손의 실패가 기록되어 있습니다. 삼손은 육체의 자랑을 따라 살다가 처절한 실패로 비참한 삶을 살았지만 하나님께서 주신 마지막 기회를 하나님께 드림으로 삶의 마무리를 잘했던 사람입니다.

두 눈이 뽑힌 채로 감옥에서 맷돌질을 하고 있는 삼손의 모습을 생각해 보세요. 그의 눈에서는 처절한 피눈물이 떨어지고 있습니다. 그 동안 삼손에게 일방적으로 당했던 블레셋 사람들은 복수심과 호기심에 들떠서 비참한 모습으로 맷돌을 돌리고 있는 삼손의 모습을 좋아라 구경하고 있습니다. 그뿐입니까? 하나님의 이름을 조롱하며 승리에 취해 있는 사람들을 생각해 보세요.

수많은 기적과 힘과 재주를 가진 삼손이 지금 이렇게 철저하게 패배하여 절망의 나락으로 떨어진 원인이 어디에 있습니까? 삼손의 실패를 보면서 여러분의 인생의 길을 한 번 생각해 보시기 바랍니다.

**형식적인 껍데기 신앙에다
세상 유혹에 약했습니다.**

　　　　삼손은 하나님 앞에 일생을 바친 나실인으로서 성
결한 삶을 살아야 했습니다. 그는 포도주와 독주를 마시면 안 되
었고, 부정한 것을 먹어서도 안 되었으며, 또한 머리에 삭도를 대
지 않아 하나님께 헌신한 상징을 유지하고 있어야 했습니다.

　삼손은 하나님께 구별된 상징으로 머리에 삭도를 대지 말라는
약속은 지켰습니다. 머리를 깎지 않았습니다. 그러나 머리만 깎
지 않은 것은 형식입니다. 하나님께서 원하시는 것은 성별된 삶을
사는 것입니다. 그러나 삼손은 하나님께 헌신한 표시로 머리를 길
게 늘어뜨리고 다니면서 실제의 삶은 블레셋의 타락한 문화를 그
대로 따랐습니다. 술 마시고, 부모 말씀 거역하고, 정욕의 지배를
받아 생활했습니다.

　사사기 16장 1절에 "삼손이 가사에 가서 거기서 한 기생을 보고
그에게로 들어갔더니."라고 기록되어 있습니다. 이것을 보면 그
는 여자에게 아주 약했습니다. 혈기 왕성한 젊은 나이에 힘은 있
었으나 그 힘을 다스릴 줄은 몰랐습니다.

　삼손은 나실인으로 구별된 자였음에도 자신이 어떤 여자를 아

내로 삼아야 하나님께서 좋아하실지에 대해 전혀 신경 쓰지 않았습니다. 더욱이 삼손은 하나님이 원하시는 바를 염두에 두지 않았습니다. 아버지가 반대하는데도 순종하지 아니하고 자신이 원하는 대로 했습니다. 삼손은 절제하지도 못했습니다. 삼손은 껍데기뿐인, 형식적인 신앙인이었습니다. 세상에 너무 약했습니다. 삼손의 이런 모습이 그를 실패하게 만든 것입니다.

여러분은 이런 삼손을 비판하고 정죄합니까? 여러분은 어떤 모습으로 살고 있습니까? 주일날 한 번 겨우 교회에 나오는 것이 전부인 사람은 삼손을 어떻게 평하겠습니까? 손가락질하며 "하나님을 제대로 믿었어야"라고 비판할 수 있겠습니까?

주일 아침에 예배드리는 것은 참으로 아름다운 일입니다. 그리스도인으로서 당연히 지켜야 할 의무입니다. 그러나 그 이상의 삶이 없다면 그 신앙은 문제 있는 신앙입니다. 아니 형식적인 신앙이요 껍데기 신앙이라고 할 수 있습니다.

여러분의 가정이나 직장, 사업터, 일터에서 그리스도인답게 말씀의 원리를 따라서 생활하고 있습니까? 만일 주일날 교회에 나오는 것 이외에 불신자와 다를 바 없는 생활을 한다면 삼손과 마찬가지로 하나님 앞에 전혀 구별되지 않은 삶을 사는 형식적인 신앙이요 껍데기뿐인 신앙입니다.

사랑하는 여러분, 우리가 이 세상에서 실패하는 것은 믿음대로 살지 않기 때문임을 명심하시기 바랍니다. 삼손처럼 모태 신앙이라는 것만 자랑하고 예수님을 믿기는 믿되 형식적인 신앙, 껍데기뿐인 신앙으로 일관하고, 정결하고 진실되게 믿음으로 살려는 노력을 하지 않는다면, 순종하지 않는다면, 세상에서 실패하게 됨을 명심하시기를 바랍니다.

힘들고 어려워도 우리가 평생 하나님을 섬기겠다고 했으면 삶의 현장에서 말씀대로 사는 모습을 보여야 합니다. 주일날 예배 드리고 성경 조금 읽고 기도 잠깐 하면 신앙의 형식은 유지되지만 내용이 부족합니다. 주님을 향한 뜨거움도, 하나님께 바치는 헌신도 없는 냉랭한 삶이 됩니다. 그러면 결국은 삼손과 같이 될 수밖에 없습니다.

이에 바울 사도는 갈라디아서 2장 20절에서 "내가 그리스도와 함께 십자가에 못 박혔나니 그런즉 이제는 내가 사는 것이 아니요 오직 내 안에 그리스도께서 사시는 것이라 이제 내가 육체 가운데 사는 것은 나를 사랑하사 나를 위하여 자기 자신을 버리신 하나님의 아들을 믿는 믿음 안에서 사는 것이라."고 했습니다. 삼손의 형식적이요 껍데기뿐인 신앙이 아니라 바울처럼 자신의 삶을 하나님께 드리는 내용이 있는 신앙의 소유자가 되시기를 소원합니다.

잊지 말아야 할 것을
잊어버렸습니다.

옛날 다뉴브 강가에 루돌프라는 멋진 기사와 페르타라 불리는 아리따운 여인이 살고 있었습니다. 두 사람은 서로를 끔찍하게 사랑하는 연인이었습니다. 어느 날 밤 두 사람은 한적한 다뉴브 강둑을 거닐고 있었는데 문득 강둑에 피어 있는 아름다운 꽃을 보았습니다. 페르타는 그 꽃을 가리키며 혼잣말로 "어머, 어쩌면 저리 곱기도 하지 나도 저 꽃처럼 아름답고 언제까지나 사랑을 받을 수 있었으면…."이라고 하였습니다.

페르타의 마음을 알아들은 루돌프는 페르타를 영원히 변함없이 사랑하고 잊지 않겠다는 증거로 그 꽃을 꺾으려 강둑으로 내려가서 꽃 한 송이를 꺾는 순간에 그만 발을 헛디뎌 강물 속으로 떨어졌습니다. 루돌프는 거센 물결에서 빠져 나오려고 아무리 노력을 해도 안 되자 꺾은 꽃을 온 힘을 다해 강둑으로 던지며 "나를 잊지 말아 주오." 하고 물속으로 빠져들어 갔습니다. 그래서 그 꽃은 그때부터 '물망초'라고 불리우게 되었습니다. 물망초는 한자어로 하지 말라는 뜻의 '말 물'자와 '잊을 망'자와 '풀 초'를 사용합니다. 결코 잊지 말아 달라, 잊어서는 안 된다는 뜻을 가지고 있습니다.

생명을 걸고 꽃 한 송이를 꺾으려다 목숨을 잃은 루돌프의 행동은 현실적으로는 경거망동에 해당하고 이해할 수 없는 것입니다. 그러나 사랑은 늘 그렇게 이성적인 이해를 요구하는 것이 아닙니다. 때로는 도저히 이해할 수 없는 맹목적인 것이 사랑이기 때문입니다. 사랑하기 때문에 바보 같은 것, 그것이 바로 사랑입니다. 그래서 사랑은 손해를 보면서도 행복해 합니다. 희생을 하면서도 보람을 느낍니다. 자신의 생명을 주면서도 기뻐할 수 있습니다. 그것이 사랑입니다.

이렇게 아름다운 사랑의 근원적인 진원지는 바로 하나님이십니다. 하나님은 이 지구의 중심이 되는 인간을 하나님께 최고의 사랑 받는 존재로 만드신 것입니다. 하나님의 사랑은 맹목적인 사랑입니다. 이러한 하나님의 사랑이 구체적으로 나타난 사건이 바로 성탄입니다. 독생자 예수 그리스도를 이 땅 위에 보내셨습니다. 그리고 주님은 저와 여러분 같은 죄인을 구원하시기 위해 고난 받으시고 십자가에서 죽으시고 부활하셨습니다. 주님의 이 은혜를 잊지 말고, 잊어서도 안 되는 것입니다. "잊지 말자." "잊어서는 안 된다." 우리 힘으로 된 것은 아무 것도 없습니다. 우리가 할 수 있는 것은 노력뿐입니다. 노력 위에 하나님이 은혜를 주신 것입니다.

삼손이 하나님으로부터 이렇게 귀하게 택함 받은 것은 전적으로 하나님의 은혜였습니다. 그러나 삼손은 잊지 말고 잊어서도 안 될 하나님의 말씀을, 하나님의 은혜를 잊어버리고 결국 들릴라의 거짓된 눈물에 천기를 누설하고 말았습니다. 사사기 16장 17절을 보세요. "삼손이 진심을 드러내어 그에게 이르되 내 머리 위에는 삭도를 대지 아니하였나니 이는 내가 모태에서부터 하나님의 나실인이 되었음이라 만일 내 머리가 밀리면 내 힘이 내게서 떠나고 나는 약해져서 다른 사람과 같으리라 하니라."

삼손은 하나님의 말씀을 잊어버렸습니다. 하나님을 섬기지도 않는 이방 여인에게 정신이 팔린 나머지 하나님의 사랑과 은혜를 다 잊어버렸습니다. 세상에 정신 팔려 말씀도 잊어버렸고 하나님의 은혜도 잊어버렸습니다. 삼손은 여기서 실패하게 되었습니다.

사랑하는 여러분, 여러분은 지금까지 살아오시면서 말씀을 잊어버린 일은 없습니까? 내 뜻대로 안되었다고 하나님의 은혜와 사랑을 잊어버린 일은 없습니까? 진심으로 회개하고 되돌아보아야 합니다. 하나님께서 우리에게 맡겨 주신 직분, 맡겨 주신 일에 충성을 다했습니까? 세상에 정신 팔려 하나님의 은혜도 잊어버리고 맡겨진 일에도 충성 못한 분은 없습니까?

영적인 일에
무관심했습니다.

자신의 영적 상태에 대해서 무지했다는 것입니다. 사사기 16장 20절을 다 같이 읽으시겠습니다. "들릴라가 이르되 삼손이여 블레셋 사람이 당신에게 들이닥쳤느니라 하니 삼손이 잠을 깨며 이르기를 내가 전과 같이 나가서 몸을 떨치리라 하였으나 여호와께서 이미 자기를 떠나신 줄을 깨닫지 못하였더라."

삼손은 여호와께서 이미 자기를 떠나신 줄을 깨닫지 못하였습니다. 하나님이 더 이상 자신을 사용하지 않음을 알지 못한 것이 삼손의 가장 큰 불행입니다. 이 얼마나 안타까운 일입니까? 이보다 더 큰 불행이 어디 있습니까?

삼손이 자신의 상태를 깨닫지 못한 것은 그의 신앙이 서서히 무너져 갔기 때문입니다. 내 인생의 길에서 영적으로 하나님과 점점 멀어졌다면 이보다 더 큰 불행이 없는 줄 깨달으시고 오늘 바로 돌아서시기를 간절히 소원합니다.

하나님께 열정을 바치지 않고 주님께 온전한 삶을 바치지 않아도 될 것 같고 괜찮은 것 같아 조금씩 주님 곁에서 멀어지는 것이 바로 지옥을 향해 내리막길을 가고 있는 것임을 깨달아야 합니다.

영적 무지를 깨달아야 합니다.

주일날 교회에 안 나가도 별 탈 없다고 느끼고, 기도 안 해도 잘 만 된다고, 내가 계획한 일이 잘 된다고 생각하는 것이 서서히 신앙의 자리에서 벗어나는 징조입니다. 자기의 영적 상태를 자각하지 못하는 이런 상태가 비극입니다. 영적인 둔감성이 우리 삶을 파괴하는 주범임을 깨달으셔야 합니다.

오늘날 그리스도인들은 자신의 메마른 영혼에 대해 안타까워하지도 않습니다. 통곡하며 금식하며 기도할 줄도 모릅니다. 적당히 살아가는 데 너무도 익숙해 있습니다. 혹시 여러분 가운데 신앙생활을 적당히 하는데 너무 익숙한 분은 안계십니까? 혹시 이것이 여러분의 인생길에서 나타날 현상은 아닙니까? 형식적인 신앙, 껍데기 신앙은 우리 영혼에 힘을 주지 못하고 오히려 영적으로 둔감하게 함을 깨달으시기 바랍니다.

잘못을 깨닫고 무너진 인생을 회개하고 기도함으로
다시 일어나야 합니다.

삼손이 마지막에 하나님께 부르짖은 것은 순전히

하나님의 은혜입니다. 두 눈이 뽑힌 상태에서 하나님을 찾고 주님을 의지하는 신앙으로 돌아갔던 것입니다. 사사기 16장 28절을 다 같이 읽으시겠습니다. "삼손이 여호와께 부르짖어 이르되 주 여호와여 구하옵나니 나를 생각하옵소서 하나님이여 구하옵나니 이번만 나를 강하게 하사 나의 두 눈을 뺀 블레셋 사람에게 원수를 단번에 갚게 하옵소서."

삼손은 하나님 앞에 헌신된 나실인이면서도 헌신하지 않았고 기도하지 않았습니다. 혹시 여러분의 인생길에 헌신하지 못하고 기도하지 않고 살다가 주일 예배 때 겨우 형식적으로 눈감고 있는 것은 아닙니까? 그런 분이 없기를 소원합니다.

아직도 자신의 힘과 의지로 살고 있다고 믿는 사람은 기도하지 않습니다. 그러나 삼손을 생각하시기 바랍니다. 이제 삼손은 두 눈이 빠져 앞을 볼 수가 없습니다. 머리카락을 잘려 힘도 없었습니다. 철저하게 자신이 부서진 삼손은 비로소 여호와께 부르짖었습니다. 사사기 16장 28절을 보니 "하나님 구하옵나니 구하옵나니."라고 하며 애절하고 간곡하게 부르짖고 있습니다.

삼손은 늦게나마 하나님만이 자신의 주인이심을 깨달았습니다. 이제라도 기도를 들어주실 것을 믿으며 하나님을 의지했습니다. 삼손이 젊고 힘이 있을 때 늘 기도하고 주님의 사랑과 은혜를 잊지 않고 헌신하고 순종하며 기도하는 생활을 했더라면 얼마나 좋았겠습니까?

여러분, 여러분의 인생길에서 청산할 것은 청산하시고 새롭게 시작하고 몸을 드려 헌신하고 하나님께 부르짖어 기도하시기 바랍니다. 지금 회개하고 하나님께 헌신하는 성도님이 되시기를 축원합니다. 그리하여 내 인생이 하나님께 보다 아름답게 쓰임 받는 삶을 사시길 바랍니다. 아멘.

예수님밖에
없습니다

디모데후서 3장 10-17절

10 나의 교훈과 행실과 의향과 믿음과 오래 참음과 사랑과 인내와 11 박해를 받음과 고난과 또한 안디옥과 이고니온과 루스드라에서 당한 일과 어떠한 박해를 받은 것을 네가 과연 보고 알았거니와 주께서 이 모든 것 가운데서 나를 건지셨느니라 12 무릇 그리스도 예수 안에서 경건하게 살고자 하는 자는 박해를 받으리라 13 악한 사람들과 속이는 자들은 더욱 악하여져서 속이기도 하고 속기도 하나니 14 그러나 너는 배우고 확신한 일에 거하라 너는 네가 누구에게서 배운 것을 알며 15 또 어려서부터 성경을 알았나니 성경은 능히 너로 하여금 그리스도 예수 안에 있는 믿음으로 말미암아 구원에 이르는 지혜가 있게 하느니라 16 모든 성경은 하나님의 감동으로 된 것으로 교훈과 책망과 바르게 함과 의로 교육하기에 유익하니 17 이는 하나님의 사람으로 온전하게 하며 모든 선한 일을 행할 능력을 갖추게 하려 함이라.

'샤르니'라는 한 프랑스인이 나폴레옹 황제에게 밉게 보여 감옥에 갇히는 신세가 되었습니다. 오랜 세월이 흘러 그는 친구들로부터 잊혀졌습니다. 처음에는 자주 면회를 오던 가족들도 점점 멀어졌습니다. 그는 너무나 쓸쓸했습니다. 그는 돌 조각으로 벽에 이렇게 적었습니다. "아무도 돌보지 않는다." 소망을 잃어버리는 순간이었습니다.

그러던 어느 날 감옥 바닥에 있던 돌 틈에서 푸른 싹 하나가 고개를 들고 나왔습니다. 샤르니는 간수가 매일 주는 물을 조금씩 남겨서 푸른 잎사귀에 부어 주곤 했습니다. 그 싹에서 마침내 꽃봉오리가 생기더니 아름다운 꽃을 피웠습니다. 정말 아름다운 꽃이었습니다. 그는 먼저 썼던 글을 지웠습니다. 그리고 다시 이렇게 썼습니다. "하나님이 돌보신다." 소망이 생기는 순간이었습니다.

그러던 어느 날 감옥 옆방에 면회 왔던 죄수의 딸이 이 감옥 안을 들여다보다가 꽃이 핀 것을 보았습니다. 이 소문은 입에서 입으로 전달되어 조세핀 왕비의 귀에까지 들어갔습니다. 왕비는 말했습니다. "꽃을 진심으로 사랑하고 돌보는 이는 결코 나쁜 사람이 될 수가 없다." 그래서 황제에게 건의했고 샤르니는 석방되었습니다. 샤르니는 감옥에서 핀 꽃을 집으로 가지고 와서 잘 가꾸었습니다.

　그에게 소망은 생명이 되었습니다. 어떤 경우에도 소망을 잃지 않고 전진한다면 누구라도 새로운 역사를 이루어 낼 수 있는 것입니다.

예수님은
누구이십니까?

　　　　　예수님은 소망과 생명이 되시는 우리의 주인이십니다. 예수 믿는 사람들이 가장 먼저 외우는 것 두 가지가 있습니다. 주기도문과 사도신경입니다. 주기도문은 기도문이고, 사도신경은 신앙 고백입니다. 기도와 신앙 고백은 차이가 있습니다. 기도는 하나님께 드립니다. 신앙 고백이란 하나님께 드리기도 하지만 다른 사람들에게 분명하게 알려 주는 것을 의미하기도 합니다. 예수 믿다가 정신적인 질환을 앓는 이에게 신앙 고백을 하라고 하면 전능하사 천지를 만드신 하나님 아버지까지는 하는데 믿사오며는 안하는 것을 보게 됩니다.

　불신자들이 "당신이 예수 믿는다고 들었는데 예수 믿는 것이

뭡니까?"라고 물으면 사도신경을 말해 주면 됩니다. 사도신경은 우리가 믿는 신앙의 내용이기 때문입니다.

사도신경은 원래는 아주 짧았습니다. 바로 "예수는 주이시다."는 고백이 그것입니다. 초대교회에서 "예수는 주이시다."라고 고백하면 세례 받을 자격을 인정했습니다. 이 고백을 할 수 있다는 사실은 그 사람 안에 성령이 함께하신다는 증거로 받아들여졌습니다. 이 근거는 고린도전서 12장 3절에 있습니다. "그러므로 내가 너희에게 알리노니 하나님의 영으로 말하는 자는 누구든지 예수를 저주할 자라 하지 아니하고 또 성령으로 아니하고는 누구든지 예수를 주시라 할 수 없느니라."

"예수는 주님이시다." 이렇게 말할 수 있으면 천국에 갈 수 있는 티켓을 가진 사람이라는 것입니다. 성령님이 함께하시지 않은 사람들은 이 말을 할 수 없다는 것입니다.

로마서 10장 9-10절에는 이렇게 명시되어 있습니다. "네가 만일 네 입으로 예수를 주로 시인하며 또 하나님께서 그를 죽은 자 가운데서 살리신 것을 네 마음에 믿으면 구원을 받으리라 사람이 마음으로 믿어 의에 이르고 입으로 시인하여 구원에 이르느니라."

"예수는 주시라."는 말은 예수는 하나님이라는 뜻이고, 나의 주인이라는 뜻입니다. 주님은 우리의 생각의 주가 되셔야 합니다. 내 생각을 주님의 생각이 지배해야 합니다. 또한 예수님은 우리의 시간의 주인이십니다. 인간에게 가장 공평한 것은 시간입니다. 하나님 앞에서는 시간이 없다고 핑계를 댈 수 없습니다. 나의 시간의 주인도 주님이시기 때문입니다. 내 것은 없습니다. 헌금도 주님의 것을 주님께 드리는 것뿐입니다.

그런데 나도 모르는 사이 내가 주인이 되고 주님이 종이 되게 할 때가 있습니다. 자신이 원하는 계획과 목적을 세워놓고 주님을 자신의 뜻에 끼워 맞추려고 하는 것입니다. 이런 모습에서 이제는 바뀌어야 합니다.

자기의 계획과 목적과 꿈을 주님을 위하여 버리고 오직 주님의 뜻을 찾는 사람들이 예수님을 주님으로 섬기는 사람들입니다. 예수님을 주님으로 모시고, 주님으로 대접하고, 예수님이 내 생각의 주인이 되고, 내 인생의 주인이 될 때에 주님이 모든 것을 책임지십니다.

망해 가던 회사가 주인이 바뀌면서 크게 성장해 가는 것을 종종 보게 됩니다. 주인이 바뀌니까 좋은 회사로 거듭나는 것입니다.

만왕의 왕이신 예수님이 내 인생의 주인이 되면 내 삶은 달라집니다. 내 인생은 달라집니다. 여러분의 인생을 바꾸는 길은 주인을 바꾸는 것입니다. 더 이상 내가 주인이 아니고 주님이 나의 주인이 되게 하는 것입니다. 나를 완전히 주님께 맡기고 말씀대로 살면 예수님께서 나를 변화시키십니다. 예수님은 우리 교회와 여러분으로 하여금 위대한 일을 하게 하십니다.

예수님만이
우리의 소망입니다.

이사야 9장 1–2절 말씀을 읽어 드립니다. "전에 고통 받던 자들에게는 흑암이 없으리로다 옛적에는 여호와께서 스불론 땅과 납달리 땅이 멸시를 당하게 하셨더니 후에는 해변 길과 요단 저쪽 이방의 갈릴리를 영화롭게 하셨느니라 흑암에 행하던 백성이 큰 빛을 보고 사망의 그늘진 땅에 거주하던 자에게 빛이 비치도다."

그렇습니다. 우리의 '주'가 되시는 예수님은 우리에게 희망의 빛을 비추시고 사람들을 세워 영화롭게 하시는 분이십니다. 예수님은 우리에게 부유함과 풍성함을 더해 주시겠다고 약속하셨습니다. 그 약속이 지금 바로 이루어지는 사람도 있지만 어떤 사람에게는 나중에 이루어지는 일도 있습니다.

여러분, 왜 예수님만이 우리의 소망입니까?

그분만이 우리를 구원하시고, 그분만이 우리에게 복을 주시고, 그분만이 우리를 부유하게 하시고, 풍성하게 하실 수 있는 분이기 때문입니다. '예수' 그분만이 우리의 즐거움이 되십니다.

한 심리학자가 이 시대를 표현하는데 "진정한 즐거움을 잃어버린 세대"라고 했습니다. 그 가장 큰 이유는 "이 시대 사람은 환경을 통해, 조건을 통해 즐거움을 얻으려 하지 인간의 내면적 즐거움에는 관심이 없기 때문"이라는 것입니다.

어느 날 영국 왕이 민정을 살피기 위하여 나라 안을 순시하고 있었습니다. 어느 조그마한 동네에 갔을 때 동네 모퉁이에 있는 물레방앗간에서 아름다운 노래 소리가 들렸습니다. 물레방앗간을 들여다보니 한 할머니가 혼자 일을 하면서 부르는 노래였습니다. "세상 사람 날 부러워 아니하여도 나 역시 세상사람 부럽지 않네. 하나님의 은혜를 생각할 때 할렐루야 찬송이 절로 나네."

성경 이사야 9장 3-4절에 보면 "주께서 이 나라를 창성하게 하시며 그 즐거움을 더하게 하셨으므로 추수하는 즐거움과 탈취물을 나눌 때의 즐거움 같이 그들이 주 앞에서 즐거워하오니 이는 그들이 무겁게 멘 멍에와 그들의 어깨의 채찍과 그 압제자의 막대기를 주께서 꺾으시되 미디안의 날과 같이 하셨음이니이다."라고 기록되어 있습니다.

이 말씀처럼 예수님은 우리에게 즐거움을 주실 뿐 아니라 우리의 대적을 꺾으시는 분이시기에 예수님만이 우리의 소망이 되십니다. 예수는 나를 억압하는 자들과 그런 환경을 꺾으신다고 했습니다. 얼마나 힘이 됩니까? 그런데 내 스스로가 나를 꺾을 때가 있습니다. 왜 그럴까요? 하나님이 함께하신다는 사실을 잊어버렸기 때문입니다.

우리 하나님은 전능하신 하나님이십니다. 홍해를 가르시고 애굽을 굴복시킨 분이십니다. 홍해를 가르신 주님, 오병이어로 5천 명을 먹이신 주님, 각종 질병을 고쳐 주신 주님, 죽은 자를 살리신 주님, 십자가에서 죽으셨다가 다시 살아나신 주님, 그 예수님이 지금 여러분과 함께하십니다.

그 주님은 "주여 내 손 잡아 주소서."라고 부르짖는 자의 손을 잡아주십니다. "내 기도의 손을 내밉니다. 내 믿음의 손을 내밉니다. 순종의 손을 내밉니다. 주여, 내 손 잡아 주소서!" 이렇게 울부짖으며 내미는 저와 여러분의 손을 잡아 주시는 주님이십니다. 그렇기에 그분은 우리의 소망이십니다. 그분은 우리의 꿈과 소망도 이루어 주십니다.

여러분, 터무니없는 꿈도 이루어집니다.

토크쇼의 대명사인 오프라 윈프리가 자신이 진행하는 토크쇼에서 방청객 전원에게 승용차를 선물한 적이 있습니다. 여러분 중에 아시는 분도 있겠지만 276명의 방청객들이 대당 2만 8,000달러, 한국 돈으로 약 2,600만 원짜리 승용차를 거저 받았습니다. 쇼의 제목은 "아무리 터무니없는 꿈이라도 이루어진다"였습니다. 윈프리는 방청객 중 11명을 무대 위로 불러내 이들에게 승용차 열쇠 1개씩을 나누어 준 뒤 나머지 방청객들에게 선물 상자를 1개씩 나누어 주었습니다. "상자 중 하나에 12번째 자동차 열쇠가 있다."고 말했을 때 모든 방청객은 기도하는 마음으로 상자를 열어 보았습니다.

상자 속에서 열쇠를 발견한 방청객은 엄청난 행운에 감격하며 소리쳤습니다. "열쇠가 여기 있다!" 그러나 자신만 소리를 지른 것이 아니었습니다. 방청객 모두가 상자를 열면서 감격에 겨워 소리쳤습니다. "열쇠다!" 토크쇼장은 이 세상 어느 곳에서도 볼 수 없는 환희의 장이 되었습니다. 모두가 깜짝쇼의 주인공들이 되었습니다.

물론 방청객들은 그냥 무작위로 선정된 것은 아니었습니다. 모두 차가 필요한 각자의 사정을 간절하게 적어서 쇼 담당자에게 보냈습니다. 엄마와 선생님을 위해서 편지를 보낸 어린이들의 사연도 있었고, 64만 킬로미터를 달린 고물차를 몰고 다닌 부부의 이야기도 있었습니다.

차를 후원한 제너럴 모터스 사는 이 행사를 위해서 770만 달러, 약 70억이라는 거금을 들였지만 그 금액보다 훨씬 더한 광고 효과를 보았다고 합니다. '따뜻한 기업'이라는 이미지 형성에도 큰 도움이 됐다고 합니다.

그런데 우리 주님은 해를 멈추시고, 달을 멈추시고, 아말렉과의 전쟁을 승리로 이끄신 분이요, 온 우주를 말씀으로 창조하신 전지전능하신 하나님이십니다. 위대하신 하나님이십니다. 그분께서 약속하셨습니다. 하나님의 말씀대로 복종하고 지키고 행하면, 특히 주일을 잘 지키는 자에게 복을 주시겠다고 약속하셨습니다. '건강의 복, 물질의 복, 생명 구원의 복, 영생 구원의 복'을 주시겠다고 하셨습니다.

터무니없는 꿈도 이루게 하시는 분이신데 예수를 열심히 믿고 "예수를 주라."고 고백하는 여러분에게, 기도의 손을 내밀며 "주여, 내 손 잡아 주소서."라고 부르짖는 여러분에게 주님께서 반드시 함께하실 것입니다. 주님은 그 능력의 손으로 기도하는 여러분의 손을 잡아 주시고, 여러분의 꿈도 이루어 주실 것을 믿으시기 바랍니다. 이 시대의 소망은 예수님밖에 없습니다. 아멘.

예수를 배우고
확신해야 합니다.

다니엘서 6장에 보면 다니엘을 시기하고 질투하던 다른 총리들과 방백들이 다니엘이 하나님 앞에 기도하는 것을 보고 고소할 틈을 찾아 다리오 왕에게 고합니다. 다리오 왕 외에 어느 누구에게도 절을 하거나 기도를 해서는 안 된다는 왕명을 다니엘이 어긴 것입니다. 이에 다니엘은 사자 굴에 던져질 수밖에 없는 운명이 되고 말았습니다.

왕명이 내려졌을 때 잠시 기도를 중단할 수도 있을 것이고, 아니면 창문을 닫고 기도할 수도 있지 않겠어요? 그러나 다니엘은 계속 기도했습니다. 그것도 창문을 열고 전에 하던 대로 하루에 세 번씩 기도했습니다.

다니엘은 확신했습니다. 하나님께서 지켜 주실 것을 확신했습니다. 하나님께서는 다니엘을 통해서 하나님의 역사를 나타내시고 증거 하셨습니다. 이 일을 위해 하나님은 그를 보호하시고 구원하셨습니다. 하나님께서 천사들을 보내 사자를 순하게 하셨고 입을 봉하시므로 어디 하나 다치지 않게 하셨습니다.

그러나 다니엘을 참소한 총리들과 방백들은 자신들의 꾀에 오히려 말려들어 자신을 비롯해 온 가족들까지 심판을 당하는 참담함을 얻게 됩니다. 굶주린 사자들은 저들이 사자 굴에 들어가자마자 달려들어 뼈까지도 부수었다고 했습니다.

좋은 마음을 가져야 합니다. 그리고 좋은 마음은 변하지 말아야 합니다. 이들도 처음에는 좋은 마음으로 잘 해 보자고 했을 것입니다. 그러나 그 마음이 변했습니다. 애굽의 바로 왕이나 아나니아와 삽비라도 좋은 마음이 변하니까 망했습니다. 하나님에 대해, 교회에 대해, 목사에 대해, 성도에 대해, 식구에 대해 좋은 마음이 변하면 안 됩니다.

여러분, 세상을 두려워하지 마세요. 사람을 두려워하지 마세요. 우리가 두려워하고 바라보아야 할 분은 오직 하나님이십니다. '예수님'을 '주'라고 믿는 이들은 세상을 두려워해서는 안 됩니다. 하나님의 눈으로 보실 때 하나님을 떠난 인간의 세계는 짐승과 같은 존재에 불과합니다. 하나님을 떠난 역사, 하나님을 벗어난 세상은 의미가 없습니다.

여러분, 하나님에 대한 확신을 가져야 합니다.

사람은 무엇이든지 확신이 있어야 성공합니다. 확신을 가지고 있는 사람과 될지 안 될지 모른다고 생각하는 사람들은 분명히 무엇을 하든지 그 태도에 차이가 있습니다.

에베레스트 산을 정복한 이에게 어떤 사람이 묻기를 "어떻게 그 높은 산을 오를 수 있었습니까?"라고 묻자 그는 말하기를 간단합니다. 확신을 갖고 한 발 한 발 옮기는 것입니다.

신앙생활도 마찬가지입니다. 우리는 확신을 갖고 예수를 믿어야 합니다. 오늘 성경 디모데후서 3장 14-15절을 다 같이 읽으시겠습니다. "그러나 너는 배우고 확신한 일에 거하라 너는 네가 누구에게서 배운 것을 알며 또 어려서부터 성경을 알았나니 성경은 능히 너로 하여금 그리스도 예수 안에 있는 믿음으로 말미암아 구원에 이르는 지혜가 있게 하느니라."

기왕 예수 믿을 거면 말씀을 잘 배워서 확신을 가지고 믿어야 합니다. 그런데 문제는 예수 믿는 사람들이 교회는 다니지만 성경대로 살지는 않는다는 데 있습니다. 하나님의 말씀인 성경과 목사님의 설교가 내 지식이나 경험에 빗나가면 '이게 아닌데' 하는 생각이 들 때가 있습니다.

문제는 오늘 예수님을 믿기는 믿지만 예수님이 가라는 대로 안 가는 데 있습니다. 예수님이 하라는 대로 하지 않습니다. 왜 그렇습니까? 하나님에 대한 확신이 없기 때문입니다.

　　여러분, 부탁합니다. 성경은 우리에게 모든 것을 가르쳐 주는 인생지침서입니다. 항해의 인생 나침반입니다. 그대로만 살면 망하지 않습니다. 그대로만 믿으면 지옥가지 않습니다. 성경은 하나님의 말씀입니다. 예수 믿으면 구원받아 천국 간다는 확신이 필요합니다. 이 세상에 믿을 분은 예수님밖에 없습니다. 아멘.

프리즘 같은 삶

야고보서 3장 13-18절

13 너희 중에 지혜와 총명이 있는 자가 누구냐 그는 선행으로 말미암아 지혜의 온유함으로 그 행함을 보일지니라 14 그러나 너희 마음 속에 독한 시기와 다툼이 있으면 자랑하지 말라 진리를 거슬러 거짓말하지 말라 15 이러한 지혜는 위로부터 내려온 것이 아니요 땅 위의 것이요 정욕의 것이요 귀신의 것이니 16 시기와 다툼이 있는 곳에는 혼란과 모든 악한 일이 있음이라 17 오직 위로부터 난 지혜는 첫째 성결하고 다음에 화평하고 관용하고 양순하며 긍휼과 선한 열매가 가득하고 편견과 거짓이 없나니 18 화평하게 하는 자들은 화평으로 심어 의의 열매를 거두느니라.

여러분, 배추가 몇 번 죽어야 김치가 되는 줄 아십니까? 김치가 제대로 맛을 내려면 배추가 다섯 번 죽어야 합니다.

배추가 땅에서 뽑힐 때 한 번 죽고, 배추의 배가 갈라지면서 죽고, 소금에 절여지면서 죽고, 매운 고추 가루와 짠 젓갈이 범벅이 되면서 죽고, 마지막으로 장독이나 김치 통에 담겨 냉장고에 들어가면서 죽어야만 제대로 김치 맛이 나는 것입니다. 믿음교회에서 시무할 때 김치를 냉장고에 넣어 두었다가 다음 해 여름에 꺼내 먹은 적이 있습니다. 맵지도 않고, 짜지도 않고, 완전 발효가 되어 그 김치 하나로 밥 한 그릇을 뚝딱 비우곤했던 기억이 있습니다. 얼마나 맛이 있었던지 지금도 그 김치 맛을 잊을 수가 없습니다. 이처럼 완전히 죽어야 아름다운 맛을 낼 수 있는 것입니다.

야고보서 3장은 성도의 신앙 성숙과 교회 공동체에서 성도의 삶에 대한 교훈과 비결을 말씀하고 있습니다. 성도란 예수그리스도를 믿음으로 의롭다 함을 얻은 하나님의 은총을 받은 자이나 여전히 죄성을 지닌 사람으로 성도의 개인적 삶이나 공동체의 생활에 여러 가지 문제를 가지고 있는 것이 사실입니다.

세상 죄악 가운데 속하여 살다가 그리스도의 복음을 통하여 하나님의 백성이 된 성도로서 합당한 삶을 살기 위해서는 삶의 가치관 자체가 변하여야 합니다. 다시 말하면 생명의 향기, 예수 그리스도의 향기를 발할 수 있느냐는 것입니다. 그래서 오늘 성경에서는 어떻게 해야 생명의 향기, 예수 그리스도의 향기를 발할 수 있는지, 즉 프리즘 같은 삶을 살 수 있는지를 말씀해 주고 있습니다.

오늘 말씀을 간단하게 정리하면 다음과 같습니다. 우주와 인간의 역사 전체를 주장하시는 성자 하나님이시면서 비천한 인간의 몸을 입으시고 죄인들을 대속하시기 위해 십자가에 죽으신 예수 그리스도의 지혜를 항상 배우고 익히며 그것을 우리 삶의 유일의 기준으로 살 때 우리의 악한 생각들을, 세상적인 것들을, 마귀적인 것들을 버릴 수 있으며, 선한 행실, 아름다운 행실, 아름다운 빛을 드러낼 수 있는 것입니다.

여러분, 빛은 원래 색이 없는 무색입니다. 그런데 그것이 프리즘을 통할 때 아름다운 빛깔이 발생합니다. 오늘 성경 말씀대로 저와 여러분은 이 땅에 사랑과 용서와 화평의 선을 이루는 프리즘과 같은 성도가 되어 땅 위에 것으로 인해 어둡고 험한 이 세상을 하나님의 사랑과 마음으로 아름답게 바꾸어 나갈 수 있기를 바랍니다. 희망과 기쁨과 용기를 주는, 화평을 이루는 우리 모두가 되어야 하겠습니다.

먼저 야고보서 3장 1-12절은 인격의 성숙을 위한 말의 절제와 마음속의 생각을 다스리는 지혜의 소유에 대해 말씀하고 있습니다. 야고보서 3장 2절에 "우리가 다 실수가 많으니 만일 말에 실수가 없는 자라면 곧 온전한 사람이라 능히 온 몸도 굴레 씌우리라."고 하였습니다.

그렇습니다. 우리는 예외 없이 다 실수가 많은 사람들입니다. 그러나 신앙인이 적절하고 상대를 바른 길로 인도하는 아름다운 말을 한다면 그 사람의 신앙은 온전하다 할 수 있습니다. "온전하다"는 의미는 죄성이 하나도 없는 상태보다는 신앙이 매우 성숙되어 있음을 의미합니다.

그리고 자신의 말을 다스릴 줄 아는 사람은 그의 모든 행동까지도 스스로 복종시킬 수 있습니다. "온 몸도 굴레 씌우리라."는 말씀의 뜻은 바로 이와 같습니다.

또한 야고보서 3장 14-16절에 보시면 "땅 위에 것, 귀신의 것"이라는 표현이 나옵니다. 야고보서 3장 14절에 "그러나 너 마음속에 독한 시기와 다툼이 있으면 자랑하지 말라 진리를 거슬러 거짓말하지 말라."고 하였습니다. '독한 시기'는 온유의 반대되는 것으로 동기가 순수하지 못한 열정을 말합니다. 다른 성도를 비방하거나 흠잡음을 말합니다. '다툼'은 교회 내에서 서로 당을 지어 분 냄을 말합니다.

"자랑하지 말라 진리를 거슬러 거짓말하지 말라." 독한 시기와 다툼이 있는 삶은 하나님과 전혀 관련이 없는 삶입니다. 이것은 자기 우월감에서 나오는 것이므로 잠잠해야 합니다. 교회 안에서 머리에 뿔이 난 사람은 분쟁만 일으킵니다. 화평을 깨는 사람입니다.

마음속에 시기와 다툼이 있으면서도 자신을 자랑하는 것은 자신의 수치를 드러내는 일이요 하나님의 진리를 정면으로 거스르는 추악한 것입니다. 이러한 지혜는 하나님께서 주신 지혜가 아니라는 것입니다.

야고보서 3장 15절에 "이러한 지혜는 위로부터 내려온 것이 아니요 땅 위의 것이요 정욕의 것이요 귀신의 것이니."라고 하였습니다. '이 지혜'는 멸망할 세상만 바라보는 지혜요 하늘의 일에 대해서는 전혀 알지 못하는 어리석은 지혜입니다.

"정욕의 것이요."라는 말씀은 동물들이 자기 본능에 이끌려 사는 것과 같이 이 세상에서 안위와 쾌락만을 추구하여 오직 육신적인 열매를 맺는 삶을 말합니다.

"귀신의 것이라."고 했는데 마귀의 행동과 다를 바 없다는 것입니다. 사탄은 언제나 망하게 하는 일만 합니다. 하나님으로부터 복 받는 일은 방해하여 복을 못 받게 하고 망하게 하는 것이 사탄이 하는 일입니다.

이런 헛된 지혜, 귀신의 것은 혼란과 모든 악한 일로 결론지어
질 뿐입니다. 요란, 혼란은 헛된 지혜의 결과를 말합니다.

이 세상에 참 평화가 있습니까? 가정에 참 평화와 사랑이 있습
니까? 있다 해도 불완전한 것입니다. 불안한 것입니다. 이 세상에
서의 사랑은 다 자신의 욕구에서 오는 사랑입니다. 미안하지만 부
부 간에도, 부모와 자식 간에, 형제간에도, 친구 간에도, 인간 사
회에서 온전한 사랑은 없습니다. 다 상대적입니다. 온전한 화평
은 없습니다.

돈이 있다고, 가지고 싶은 것 다 가졌다고 사랑할 수 있고 화평
합니까? 그렇지 않다는 것을 여러분이 더 잘 아실 것입니다. 지금
우리 사회의 모습을 보세요. 교회에서도 마찬가지입니다. 헛된
말, 그릇된 열심, 파당을 짓는 일이 원인이 되어 시기와 다툼의 쓰
디쓴 열매를 맺고 있지 않습니까? 이런 것은 모두 마귀적이요 땅
위에서 나온 지혜입니다.

땅위에서 나온 지혜, 정욕의 것, 귀신의 것 가지고는 절대로 우
리가 바라는 사랑과 평화를 맛볼 수 없습니다. 프리즘 같은 삶, 프
리즘 같은 아름다운 빛을 나타낼 수가 없습니다.

그러면 어떻게 해야 합니까?

방법이 있습니다. 비결이 있습니다. 야고보서 3장 17절에 있는

말씀대로 위로부터 난 지혜가 있으면 됩니다. 17절에 "오직 위로부터 난 지혜는 첫째 성결하고 다음에 화평하고 관용하고 양순하며 긍휼과 선한 열매가 가득하고 편견과 거짓이 없나니."라고 하였습니다.

참된 지혜의 근원이 하나님께 있다는 것입니다. 성결은 하나님 말씀의 특성입니다. 시편 12편 6절에 "여호와의 말씀은 순결함이여 흙 도가니에 일곱 번 단련한 은 같도다."라고 하였습니다. 성도는 깨끗해야 합니다. 말이나 생각, 계획, 마음, 생활이 깨끗해야 합니다.

그런데 인간이 세상의 그 무엇으로 깨끗해질 수 있습니까? 아무 것도 없습니다. 오직 한 가지 방법뿐입니다. 그것은 예수의 피로 깨끗함 받는 것입니다. 예수님 보혈의 공로로, 성령의 역사로 깨끗해질 수 있습니다. 그 은혜를 우리는 다 받았습니다. 그렇다면 그리스도인 된 저와 여러분은 도덕적으로나 영적으로 결함이 없도록 해야 합니다.

오래 전에 이탈리아에 갔을 때 로마 시내를 관광하던 중에 있었던 일입니다. 어느 지점에 도착하기 전에 버스 안에서 가이드가 이야기합니다. "지금 우리는 아주 중요한 곳에 이르렀습니다. 여기는 목사님과 장로님들만이 계시는데 저 앞에 사자가 입을 벌리고 있는 것 보이시지요? 죄를 짓거나 나쁜 마음, 나쁜 생각을 한 사람은 저 사자 입에 손바닥을 집어넣으면 손가락이 잘립니다. 얼마 전에도 그런 일이 있었습니다." 그러면서 버스에 제일 좋은 자리에 앉으신 분부터 내려가서 손을 넣으라고 하는 것입니다. 그러니까 아무도 안 내려갑니다. 결국 어쩔 수 없이 제가 먼저 내려가서 손을 넣기로 했는데, 진짜 회개 좀 했어요. 물론 손을 넣으니 아무 일도 일어나지 않았지만 말입니다. 그때 목사님, 장로님들이 다들 회개했다고 하며, 그 다음부터는 여행의 분위기가 너무 좋아졌습니다. 서로 버스에 먼저 타라고 양보하고 식당에 가서도 먼저 들어가라고 배려하며 분위기가 아주 달라졌습니다.

다음으로 위로부터 난 지혜는 '화평'입니다. 위로부터 난 지혜는 온유하고 다른 사람을 존중하는 마음을 말합니다. 땅 위의 지혜, 마귀의 지혜는 분쟁, 시기, 다툼, 미움, 자기 자랑인데 어떻게 다른 사람을 존중하겠습니까? 할 수 없습니다. 안 됩니다.

교회 안에서나 가정에서나 모임에서나 어디서나 주님과 같은 마음을 가지면 화평케 되고 그 모임이 달라집니다. 부흥합니다. 화목하게 됩니다. 생기가 돌게 되고 프리즘 같은 아름다운 빛이 나타나게 됩니다.

그 다음은 '관용'인데 이것은 용서를 말합니다. 자신에게 엄청난 피해를 주었는데 그 사람을 용서해 주는 것입니다. 용서하는 사람은 대인(大人)이라고 합니다.

예수님은 아무 죄가 없으신 데도 시기, 질투하는 제사장, 바리새인들을 통해 말할 수 없는 고통을 당하고 십자가에서 고통 가운데 돌아가시면서도 저들의 죄를 용서해 달라고 하나님께 기도하셨습니다. 예수님의 용서는 조건적인 용서가 아닙니다. 흥정한 용서가 아닙니다. 온전한 용서, 완전한 용서입니다. '그럼에도' 하는 용서입니다.

스데반도 돌에 맞아 피투성이가 되어 죽으면서도 저들의 죄를 용서해 달라고 기도하였습니다. 사도행전 7장 60절에 "무릎을 꿇고 크게 불러 이르되 주여 이 죄를 그들에게 돌리지 마옵소서 이 말을 하고 자니라."고 하였습니다.

스데반은 이미 용서의 마음을 가졌기에 놀라운 것을 보았습니다. 사도행전 7장 55절에 "스데반이 성령 충만하여 하늘을 우러러 주목하여 하나님의 영광과 및 예수께서 하나님 우편에 서신 것을 보고"라고 하였습니다. 스데반을 죽이는데 앞장섰던 사울이 이 광경을 보고 놀란 것입니다. 어떻게 저 사람은 돌에 맞아 죽으면서 저럴 수가 있는가 마음에 감동이 온 것입니다. 스데반은 프리즘 같은 삶을 살아서 땅위에서 나온 지혜로 가득한 사람들에게 그리스도의 아름다운 빛을 보였던 것입니다.

우리나라에도 손양원 목사님은 두 아들을 죽인 사람을 용서하고 양자로 삼아 오늘날까지도 많은 사람들에게 사랑의 원자탄이라고 불리며 감동을 주고 있지 않습니까? 이것이 바로 하나님의 사랑의 빛, 주님의 빛을 이 세상에 아름답게 비친 프리즘 같은 삶을 산 것입니다.

여러분, 교회, 가정, 이 사회의 어떤 공동체, 어떤 인간관계라 할지라도 용서가 있으면 화평해집니다. 세상이 바뀔 수 있습니다. 세상을 바꾸기 위해 예수님이 오신 것입니다.

공산주의자였던 솔제니친이 미국으로 와서 한 말이 있습니다. "공산주의에는 두 단어가 없다. 감사라는 단어가 없고 용서라는 단어가 없다." 주님도 베드로가 남을 용서해 주기를 일곱 번씩 할까요 라고 물을 때 일곱 번을 일흔 번까지라도 하라고 마태복음 18장 22절에서 말씀하셨습니다.

또 위로부터 난 지혜는 '양순'입니다. 순종을 말합니다. 하나님의 말씀을 온전히 받아들이고 순종한다는 의미입니다. 순종하는 자가 복을 받습니다. 예배드리면서 순종하지 않으면 그것은 미련한 사람입니다. 그래서 사무엘 선지자는 사무엘상 15장 22절에 "순종이 제사보다 낫다."고 하였습니다.

예수님도 겟세마네 동산에서 십자가의 고난을 앞에 두고 번민이 가득하여 기도하는 가운데 "아버지여 할 수만 있으면 이 잔을 내게서 멀리하여 주옵소서 그러나 내 뜻대로 하지 마옵시고 아버지의 뜻대로 하옵소서."라고 기도하셨습니다. 예수님이 십자가를 지고 죽어야 죄인 된 우리가 구원받을 수 있다는 것이 하나님의 뜻이기에 그 뜻에 순종하셨던 것입니다. 그 결과로 예수를 믿는 자는 다 구원을 받게 된 것입니다. 요한복음 3장 16절에 "하나님이 세상을 이처럼 사랑하사 독생자를 주셨으니 이는 그를 믿는 자마다 멸망하지 않고 영생을 얻게 하려 하심이라."고 하셨습니다.

여러분, 우리 모두 하나님의 말씀을 받아들이고 순종하여 다 구원을 받고 프리즘 같은 삶을 살 수 있기를 소원합니다.

그리고 위로부터 난 지혜는 '긍휼'입니다. 긍휼은 시기와 반대되는 것으로 남의 비참한 형편에 동정과 함께 참여하는 것입니다. 실제적인 도움을 실천하는 것입니다.

어떤 사람이 길을 가다가 강도를 만나 신음하고 있는데 하나님의 말씀에 익숙한 제사장이나 서기관은 혀를 차며 어떻게 하다가 이렇게 되었나 하며 그냥 지나갑니다. 말로만 생각으로만 불쌍하다고 여길 뿐입니다. 이것은 긍휼이 아닙니다. 오늘날 제사장이나 서기관이 누구입니까? 이것은 프리즘 같은 삶의 모습이 아닙니다.

제가 마포구 망원동 시장 안에 있는 칼국수 집에서 점심에 칼국수(3천 원)를 먹고 있는데 어떤 분이 오시더니 콩국수를 주문하고 돈을 내려고 하니 콩국수는 5천 원이니까 포기하고 칼국수를 주문하는 것을 보고 그때 저는 돈이 있으면서도 그냥 먹고 나왔는데 그것이 계속 마음에 걸리는 것입니다. 2천 원 드렸으면 그분이 더운 여름에 콩국수를 먹을 수 있었을 텐데 사실 저는 서기관의 삶이었습니다.

그러나 한 사마리아인은 그 모습을 보고 그 사람을 데리고 주막에 가서 주인에게 그를 보살펴 달라고 부탁합니다. 필요한 경비를 주고 모자라면 돌아가는 길에 다 주겠다고 합니다. 이 사람이 긍휼을 베푼 것입니다. 이것이 프리즘 같은 삶입니다.

오늘 우리 사회에 얼마나 많은 사람이 고통 가운데 있습니까? 40대 후반이나 50대 초만 되어도 언제 직장에서 나가게 될까 하루하루 걱정하며 지내야 하는 현실입니다. 심지어 20대 젊은이들도 명예퇴직을 강요당하는 일이 일어납니다. 얼마나 많은 사람들이 정신적으로 육적으로 질병으로 고통 받고 있습니까? 예수를 믿는 그리스도인이라면 저들의 고통에 동참하는 마음으로 기도라도 해야 되지 않습니까?

그것이 말과 같이 쉬운 것이 아닙니다. 저는 이사를 13번 하였는데 특히 집 구할 돈이 부족한데 집을 비워 줘야 할 시간은 다가옵니다. 목사이면서도 남을 위한 기도를 먼저 해야 하는데도 내가 급하니까 남을 위해 기도하는 것은 뒤로 하고 내 기도를 먼저 합니다. 그런데 스데반을 보세요. 얼마나 고통 가운데 있습니까? 고통 가운데 죽어가고 있습니다. 자기 영혼, 자기를 위한 기도를 먼저 할 텐데 그렇지 않고 자기를 돌로 쳐 죽이는 그 사람들을 위해 먼저 기도하는 스데반은 정말로 대단한 사람입니다. 저는 코앞에 닥친 이사 때문에 남을 위한 기도를 뒤로 하고 내 기도를 먼저 한 것이 부끄러웠습니다. 스데반 같은 목회자가 되어야지 하면서도 그 마음이 무너질 때가 참 많습니다. 이제 저와 여러분은 스데반 같은 마음과 신앙으로 살아 갈 수 있기를 소원합니다.

여러분, 하나님에게 못 고칠 병이 어디 있습니까? 죽은 자도 살리시는 전능하신 하나님이십니다. 온 우주를 말씀으로 만드신 전능하신 하나님, 기묘자이신 주님에게 해결 못할 일이 어디 있습니까? 혹시 여러분들 가운데 고질적인 문제로, 고질병으로 고통 중에 계신 분들이 계십니까? 혹은 여러분들 주위에 그러한 문제로 오랜 고통에 시달리는 이웃이 있습니까? 우리는 기도합시다. 고통당하는 이들이 기묘자이신 주님을 만나 고침 받고 해결 받는 역사가 일어나게 해 달라고 기도하십시다. 오늘 여러분 모두가 기묘자이신 주님을 만나는 역사가 있기를 소원합니다.

브라질에 유명한 축구 선수인 펠레가 있습니다. 펠레의 아버지는 아기 이름을 기묘자라고 지었습니다. 브라질 말로 기묘자가 펠레라는 뜻이라고 합니다. 그 결과 유명한 펠레가 되었다고 합니다.

다음으로 위로부터 난 지혜는 "편견과 거짓이 없나니"라고 했는데, 이것은 사람을 외모로 보고 판단하며 구별하지 않는다는 뜻입니다. 사람은 얼마나 외모를 많이 봅니까? 그래서 성형수술도 하고 눈꺼풀 수술도 하고 좋은 옷, 명품을 가지려고 하는 것 아니겠습니까? 물론 바빠서도 그러겠지만 젊은이나 어른이나 버스나 전철에서 화장하느라고 바쁜 모습을 종종 봅니다. 어떤 사람은 화장하다가 정류장을 놓치는 사람도 있습니다.

외모 단장도 중요하지만 그보다 하나님 앞에 믿음과 신앙생활이 예쁜이가 되세요. 믿음과 신앙생활이 예쁜이가 되는 사람, 프리즘 같은 삶을 사는 사람이 더 귀합니다.

야고보서 3장 18절에 "화평하게 하는 자들은 화평으로 심어 의의 열매를 거두느니라."고 하였습니다. 여기 "의의 열매를 거둔다."는 말씀은 하나님의 말씀에 순종하는 삶에서 얻어지는 영생이나 성화 그 자체를 말합니다.

여러분, 프리즘 같은 삶을 살려면 매일 같이 주님의 보혈로 씻어 깨끗한 사람이 되어야 합니다. 즉 회개하는 사람이 되어야 하는 것입니다. 사무엘상 15장 23-35절에 보면 회개하지 않는 사울 왕의 모습을 볼 수 있습니다. 그는 선지자의 책망을 받을 때도, 심지어 선지자로부터 하나님께서 당신을 버렸다는 청천벽력 같은 말씀을 들어도 끝내 회개하지를 않았습니다. 우리는 이같이 살면 안 됩니다. 비록 연약하고 부족하여 매일 죄를 지어도, 거짓말을 해도, 매일 주님 용서해 주세요 하고 회개 기도해야 합니다. 회개 기도하면 예수님의 피로 우리 속이 깨끗이 씻음 받을 수 있습니다.

회개하지 않으면 땅위의 지혜로, 정욕의 지혜로, 마귀의 지혜로 맛이 간 사람이 됩니다. 사울은 맛이 가니까 다시는 사무엘과 만나지 못하는 비극이 생겼습니다. 그뿐입니까? 하나님과의 관계도 끝나고 말았습니다. 하나님께서 끝하면 끝입니다. 이것은 개인이나 가정이나 교회나 나라에 있어서 가장 큰 비극입니다. 이보다 더 큰 비극은 없습니다. 사울 왕은 회개한 일이 없습니다. 그의 삶에는 온통 자기만 있을 뿐입니다. 자기 옹호, 자기 변명, 자기 연민, 자기 체면, 자기 자랑만 있을 뿐입니다.

사무엘하에서 보면 다윗은 사울 왕보다 더 엄청난 죄를 짓습니다. 그런데 하나님께서 사울과 다윗을 대하실 때 완전히 다릅니다. 하나님은 사울에 대해서는 후회하신다고 하셨습니다. 이것이 끝입니다. 그러나 다윗에게는 네 후손이 대를 어어 왕이 될 것이라고 하셨습니다. 이것은 다름 아닌 회개에서 비롯된 차이였습니다. 회개 후에 다윗은 프리즘 같은 삶을 살았습니다.

구약의 사울 왕은 회개하지 않다 망했고, 신약의 사울은 회개하여 대사도가 되었습니다.

여러분, 성경은 전체가 하나님과 사랑 두 단어로 요약될 수 있습니다. 하나님은 사랑이시기에 용서해 주십니다. 어떤 죄도 회개하면 다 용서하십니다.

여러분, 자기로 가득한 삶은 성도의 삶이 아닙니다. 자기를 죽이고 예수님이 사시는 삶이 진정한 성도의 삶입니다. 자기를 죽이는 첫걸음이 바로 회개입니다. 자기가 죽지 않으면, 회개하지 않으면 온전한 맛과 온전한 향기를 낼 수 없습니다. 맛이 가 버리고 맙니다.

배추 같이 죽어야 하늘의 지혜로 살 수 있고 맛을 내는 성도가 될 수 있습니다. 여러분, 배추 같이 죽어야 합니다. 내가 죽어야 할 것이 어떤 것입니까? 여러분 자신이 더 잘 알 것입니다. 잘 모르시면 하나님 앞에 기도하세요. 그러면 성령께서 가르쳐 주십니다. 하늘의 지혜로 살면 구원과 영생을 소유하고 참된 평안과 소망을 소유하며 능력과 도움을 받아 프리즘 같은 삶을 살게 됩니다.

여러분, 지금 이 시대는 과학혁명은 이루어졌으나 정신 혁명은 이루어지지 않고 있습니다. 이제 위로부터 난 지혜로 프리즘 같은 삶을 살아 아름다운 빛으로 생명의 향기, 그리스도의 향기를 발하는 여러분이 되시기를 바랍니다. 어두운 이 세상을 환하고 아름답게 변화시키는 프리즘 같은 여러분이 되시기를 소원합니다. 예수님이 바로 결정체이십니다. 예수님은 이 세상을 변화시키려고 오셨습니다. Change World. 아멘.

어떠한 사람이 되시렵니까?

갈라디아서 6장 7-10절

7 스스로 속이지 말라 하나님은 업신여김을 받지 아니하시나니 사람이 무엇으로 심든지 그대로 거두리라 8 자기의 육체를 위하여 심는 자는 육체로부터 썩어질 것을 거두고 성령을 위하여 심는 자는 성령으로부터 영생을 거두리라 9 우리가 선을 행하되 낙심하지 말지니 포기하지 아니하면 때가 이르매 거두리라 10 그러므로 우리는 기회 있는 대로 모든 이에게 착한 일을 하되 더욱 믿음의 가정들에게 할지니라.

이승만 대통령 시대에 장관직을 수행했던 양성봉 장로는 어느 날 이승만 대통령에게 장관직 사직서를 내면서 그 이유를 이렇게 말했다고 합니다. "내가 장관직을 수행하다 보니 주일학교 일을 제대로 할 수 없어서 사임합니다." 그러자 이승만 대통령이 "이 사람아 남들은 장관 한 번 하고자 돈을 싸들고 오는데 자네는 주일학교 때문에 장관직을 그만 두는가?"라고 하며 사표를 받았다고 합니다. 양성봉 장로는 행복을 찾기 위한 분명한 목적이 있었습니다.

그렇습니다. 인간은 누구나 변하지 않는 영원한 행복을 추구합니다. 그래서 그리스의 철학자 아리스토텔레스는 인간은 행복하기 위해서 태어났다고 했습니다. 실제로 우리가 살아가는 행동 하나하나에는 더 나은 행복을 얻기 위한 목적이 있습니다. 돈을 벌고 부자가 되려는 것도 행복하기 위해서입니다. 병이 걸린 사람이 의사를 찾는 것도 행복하기 위해서입니다. 아이들에게 공부를 하라고 성화를 하는 것도 어른이 되어서 좀 더 행복하게 살게 해 주기 위함입니다.

신년 초에 어느 여 성도가 담임 목사님에게 편지를 보내왔는데 금년에는 제 지갑은 뚱뚱하게, 제 몸은 날씬하게 해 달라고 기도해 주세요. 목사님 작년에도 똑같이 기도했는데 제 몸은 뚱뚱하게, 제 지갑은 날씬하게 해 주셨어요 라고 편지를 썼더랍니다. 이 역시 행복을 누리기를 원하는 것 아니겠습니까?

많은 사람들이 무엇이든지 쌓기만 하면 행복할 거라고 생각합니다. 하지만 그것은 큰 착각입니다. 사람의 행복은 쌓는데 있는 것이 아니고 누리는 데 있음을 알아야 합니다. 우리는 많이 누리는 복을 받아야 합니다. 그런데 문제는 아무나 누릴 수 있는 것이 아니라는 것입니다. 돈을 가진 사람, 큰 집을 가지고 있는 사람 중에 즐겁고 행복하게 살고 싶지 않은 사람이 어디 있습니까? 그런데 그것이 마음대로 안 됩니다. 중요한 것은 "어떠한 사람이 될 것이냐?"입니다.

14년 전에 미국에 살던 제 바로 밑에 동생이 교통사고로 죽고 장례를 마치고 그 다음 주일에 동생이 다니던 카본데일 타운에 있는 침례교회에서 주일 예배를 드리는 가운데 "어떤 사람이 되겠는가?"라는 설교를 들은 적이 있습니다. 그 설교에서 목사님은 인간의 세계가 세 개의 동사로 표현된다고 하였습니다. To want, To have, To run이 그것입니다. 먼저 To want(욕망)은 일에 대한 욕심이고, To have(소유)는 무엇을 가질까, 무슨 일을 할까에 대한 고민이며, To run(달린다)은 욕망과 소유를 얻기 위해 달려가는 것을 의미합니다.

그러나 이 세 개의 동사가 끝날 때 그 인간의 생애는 허무해집니다. 안개가 되어 버립니다. 그런데 빼놓고 살아서는 안 될 중요한 동사가 하나 더 있습니다. 바로 'To be, 어떤 인간이 될 것이냐? 어떤 성도가 될 것이냐?'입니다. 이것에 따라서 행복하게 살 수 있고 불행하게 살 수 있다는 설교 내용이었습니다.

온갖 수단 방법을 동원해서 돈을 모으고 관직에 앉은 사람도 많습니다. 하지만 누리는 것은 하나님의 선물입니다. 누리는 것은 인간의 노력으로 되는 것이 아닙니다.

디모데전서 6장 17절에 "모든 것을 후히 주사 누리게 하시는 하나님"이라고 하셨습니다. 전도서 6장 2절에 "어떤 사람은 그의 영혼이 바라는 모든 소원에 부족함이 없어 재물과 부요와 존귀를 하나님께 받았으나 하나님께서 그가 그것을 누리도록 허락하지 아니하셨으므로 다른 사람이 누리나니 이것도 헛되어 악한 병이로다."라고 하였습니다. 전도서 5장 19절에 "어떤 사람에게든지 하나님이 재물과 부요를 그에게 주사 능히 누리게 하시며 제 몫을 받아 수고함으로 즐거워하게 하신 것은 하나님의 선물이라."고 하였습니다.

분명한 것은 예수 잘 믿는 사람들에게 누리는 복은 확실하게 주신다는 사실입니다. 작은 것들이지만 그것들을 통하여 큰 기쁨을 누리게 하십니다. 감사가 있게 하십니다. 믿으시기 바랍니다. 여러분 모두가 누리는 복을 받으시기를 소원합니다.

누리는 복을 받으려면 어떻게 해야 합니까?

좋은 씨를 심어야 합니다.
즉 말씀을 심어야 합니다.

시편 1편은 "복 있는 사람은"이라는 주어로 시작합니다. 그리고 그 사람이 어떤 사람인지에 대해 설명하고 있습니다. 그렇습니다. 진정 복 있는 사람은 말씀에 기록된 그 길을 똑바로 가는 사람입니다. 오직 하나님 중심, 말씀 중심으로 살아갑니다. 환경에, 사람에 흔들리지 않고 하나님만 바라보고 똑바로 가는 것입니다. 다니엘서에 보면 다니엘과 세 친구들이 바로 그렇게 살았습니다. 다니엘 3장 13-18절에서 그들은 똑바로 하나님 중심, 말씀 중심으로 살았던 것을 볼 수 있습니다. 그리고 그들은 결국 여호와의 이름을 거룩하게 해 드리고 영화롭게 해 드리고 영광스럽게 해 드렸습니다. 그 결과 하나님께서 물댄 동산 같은 은혜와 샘물이 마르지 않는 복을 주셨고 누리는 복을 주셨습니다. 어떤 사람이 될 것이냐? 에 달려 있음을 명심하시기 바랍니다.

이 세상의 어떤 지식도, 누구의 말도 참된 구원과 생명에 이르는 진리가 되지 못합니다. 오직 주님의 말씀만이 참된 구원과 생명에 이르는 길을 가르쳐 주는 것입니다.

좋은 씨가 무엇입니까? 좋은 씨를 심는다는 것은 예수 그리스도를 전하는 것입니다. 말씀을 전하는 것입니다. 우리는 예수 그리스도를 믿어 하나님 나라의 백성이 되었습니다. 천국 백성이 되었다면 천국을 건설하는 사람이 되어야 합니다. 가만히 있으면서 하나님 나라가 멋지게 이루어진다고 생각해서는 안 됩니다. 시편 126편 5절에 "눈물을 흘리며 씨를 뿌리는 자는 기쁨으로 거두리로다."라고 하였습니다.

이 사명을 감당하는 전도는 그냥 되는 것이 아닙니다. 주님과 같은 고통과 번뇌와 피와 땀방울이 있어야 하고 기도가 있어야 합니다. 주님의 마음을 가져야 합니다. 주님의 마음이 무엇입니까? 모든 사람이 구원 받는 것입니다. 에스겔 3장 11절에 "사로잡힌 네 민족에게로 가서 그들이 듣든지 아니 듣든지 그들에게 고하여 이르기를 주 여호와의 말씀이 이러하시다 하라."고 말씀하셨고, 요한복음 3장 16-17절에 "하나님이 세상을 이처럼 사랑하사 독생자를 주셨으니 이는 그를 믿는 자마다 멸망하지 않고 영생을 얻게 하려 하심이라 하나님이 그 아들을 세상에 보내신 것은 세상을 심판하려 하심이 아니요 그로 말미암아 세상이 구원을 받게 하려 하심이라."고 하셨습니다. 이 주님의 마음, 하나님의 마음만 가지면 됩니다. 그런데 이 일은 사람의 힘과 능력으로 안 됩니다. 이 일은 성령이 역사하셔야 됩니다.

많은 이들은 성령 충만하면 된다고 생각하는 데 충만한 것만 가지고서는 안 됩니다. 충만은 있다가도 없다가도 합니다. full이 아니라 fill이 되어야 합니다. 한 번 성령 충만한 것(full)으로만 되는 것이 아니라 늘 성령이 존재해야 됩니다. 즉 성령 충만한 상태가 늘 유지되어야 하는 것입니다(fill). 이 일을 위해서는 기도가 있어야 함을 명심하시기 바랍니다.

예수님이 누구십니까? 예수님도 피와 땀을 흘리며 기도하셨습니다. 기도는 능력을 얻고 사탄의 권세를 물리치는 가장 중요한 방법입니다.

여러분 누리는 복을 위해 좋은 씨를 많이 심으시기를 소원합니다.

누리는 복은 희생을
심어야 합니다.

많은 열매를 맺기 위해서는 죽는 희생이 있어야 합니다. 예수님도 요한복음 12장 24절에서 "내가 진실로 진실로 너희에게 이르노니 한 알의 밀이 땅에 떨어져 죽지 아니하면 한 알그대로 있고 죽으면 많은 열매를 맺느니라."고 하셨습니다.

현대는 자기중심주의, 이기주의가 팽배해 있는 시대입니다. 사실 교회 안에서도 자기중심주의가 팽배합니다. 천국에 가고 싶어하는 사람은 많으나 고통당하고 희생하고 죽는 것은 받아들이지 않으려고 합니다. 예수님은 십자가에서 희생하고 죽으셨습니다. 예수님이 힘이 없어서입니까? 요한복음 3장 16절 말씀처럼 희생하지 않으면, 죽지 않으면 구원이 없기 때문입니다.

좋은 씨는 희생이 없으면 뿌릴 수가 없습니다.

제가 초등학교, 중학교 때 시골에서 농사를 짓는데 희생이 없이는 농사가 안 됩니다. 가물면 둠벙에서 물을 퍼 논에 대야 합니다. 그것도 밥이라도 제대로 먹고 푸면 좀 낳은데 꽁보리밥도 제대로 못 먹고 푸니 힘들었습니다. 희생해야 농사도 됩니다.

15년 전 테러로 뉴욕의 무역센터가 무너지고 나서 일주일 후에 뉴욕에 있는 카터 콜론 목사는 "Run, Come out"이라는 설교를 하였습니다. 테러가 나고 큰 건물이 무너지는데 소방관들은 오히려 그 안에 뛰어 들어가면서 "Run, Run, come out for you life"라고 외쳤습니다. 카터 콜론 목사님은 이 용기 있는 소방관들의 예를 들면서, 우리 그리스도인들의 사명을 상기시켰습니다. 그렇습니다. 지금도 이렇게 외쳐야 합니다. 이 세상의 욕심에서, 정욕에서 빨리 나오라고, 죄악 된 삶에서 빨리 빠져 나오라고, 당신의 생명을 위해, 당신을 위해 빨리 뛰라고, 빨리 나오라고, 빨리 나가라고 외쳐야 합니다. 오늘날 세계는 소돔과 고모라 성보다 더 깊은 죄악의 밤에 물들어 있지 않습니까? 이 죄악 된 세상에서 빨리 나와야 한다고 외쳐야 합니다.

어떤 분은 기억하실 것입니다. 1970년대 여의도 광장에서 열렸던 빌리 그레이엄 목사 전도 집회에 백만 성도가 모였고, 한국 기독교 백주년 기념대회도 백만이 모였습니다. 엑스포 대학생 선교대회가 있었고, 천주교에서도 1981년 천주교 조선교구 150주년 기념 신앙대회에 백만이 모인 가운데 대 집회가 계속 이어졌습니다. 한국 기독교 청년협의회(초교파) 주최로 대광고등학교에서 수만 명의 청년들이 모였고, 전국에서 교회 청년 회장단 수련회로 삼천 명 이상이 영락교회에서 모였습니다. 청주 공설 운동장에서는 한경직 목사님을 강사로 충북 복음화 전도대회에 매일 3만 명 이상이 모였습니다. 대구에서도 신명여고 운동장에서 학개 목사를 강사로 전도대회가 열렸습니다.

이때 무엇을 했습니까? 눈물의 기도가 있었고, 부흥의 역사가 있었고, 말씀이 역사했습니다. 비가와도 떠나지 않고 꿇어 기도했습니다. 이때 놀라운 역사가 있었습니다. 집회 강단에 무지개가 떴고, 십자가가 하늘에 나타났던 것입니다. 대 변화가 일어났습니다. 하나님은 살아 계십니다. 지금도 역사하십니다. 이때부터 한국 경제는 부흥하기 시작했습니다. 그때에 청년, 노인 할 것 없이 수많은 이들이 헌신 봉사했습니다. 그리고 대 회개운동이 일어났습니다. 사회 모든 분야에서 정의와 정직과 섬김과 배려가 싹트기 시작했습니다. 협력, 통합이 있었습니다.

어떤 나라가 될 것이냐? 어떤 교회가 될 것이냐? 어떠한 사람이 되시렵니까?(What kind of person would you be?), 어떤 성도가 될 것이냐? 에 달려 있습니다.

여러분, 누리는 복은 희생을 심어야 한다는 것을 명심하시기 바랍니다.

누리는 복은
하나님을 만나야 합니다.

복을 누리게 하시는 분을 만나야 합니다. 누리는 것은 하나님의 선물입니다. 선물 주실 분을 만나야 합니다. 그분은 하나님이십니다. 우주와 만물을 창조하시고 섭리하시고 역사를 주관하시고 인간의 생사화복을 주관하시는 하나님이십니다.

여러분, 분명한 것은 인간은 하나님을 만나기 전에는 그 무엇으로도 행복할 수 없다는 것입니다. 인간은 모든 것을 갖추어도 하나님이 없으면 참된 행복을 찾을 수가 없습니다. 하나님을 만나야 합니다. 우리만 만나는 것이 아니라 사람들을 인도하여 하나님을 만나게 해 주고 누리는 복을 받도록 해 주어야 합니다. 하나님을 만나기 위해서는 쉬지 말고 기도해야 함을 잊지 마세요.

여러분, 확실히 해야 합니다.

'주여'를 인정하는 자가 천국의 자녀입니다. 하늘에 속한 자입니다. '선한 선생'이라고 해서는 구원을 받을 수가 없습니다. 예수님을 '주님'으로 확실하게 믿어야 합니다.

누가복음 18장에 나오는 부자 관리는 "선한 선생이여"라고 하며 주님을 찾아왔습니다. 그러나 누가복음 19장에 나오는 삭개오는 예수님을 "주여"라고 부릅니다. 누가복음 19장 8절에 "삭개오가 서서 주께 여짜오되 주여 보시옵소서 내 소유의 절반을 가난한 자들에게 주겠사오며 만일 누구의 것을 속여 빼앗은 일이 있으면 네 갑절이나 갚겠나이다."라고 했습니다. 예수님은 그의 고백을 들으시고 "오늘 구원이 이 집에 이르렀으니 이 사람도 아브라함의 자손임이로다."라고 말씀하셨습니다. 반면 예수님을 "선한 선생"이라고 불렀던 부자 관리는 소유를 팔아 가난한 자들에게 나누어 주라는 말씀을 듣고 "심히 근심"하며 돌아갑니다.

여러분, 어떠한 사람이 되시렵니까?(What kind of person would you be?)

하나님의 자녀로, 천국 백성으로 영생을 소망하며 사는 여러분이 다 되시길 바랍니다. 우리만 그렇게 살 뿐 아니라, 우리 주위에 힘든 인생길을 걸어가는 이웃들에게 이 기쁜 소식을 전해야 합니다. 어렵고 힘든 세상일지라도 하나님이 주시는 복을 누리며 사는 복된 인생이 되도록 해 줄 이 사명이 우리와 교회에 있는 것입니다. 이 사명을 기쁨으로 감당하십시다.

아브라함, 요셉, 모세, 다윗, 다니엘 등 성경에 많은 이들이 하나님을 만나므로 복을 누리는 사람이 되었습니다. 가난한 자, 병든 자, 슬픔이 있던 가정도 예수를 만나므로 행복하고 누리는 사람이 되고, 가정이 되었습니다. 죄인이 예수님을 만나므로 구원 받아 행복하고 천국 백성으로 누리는 복을 받았습니다. 분명히 아셔야 할 것은 구원은 하나님의 선물이라는 사실입니다. 예수를 만나면 부활의 복을 받습니다. 부활은 이 지구의 어느 꽃보다 아름답습니다. 예수를 만나야 합니다. 만나면 그들을 복을 누리는 자로 하나님께서 세워 주십니다. 이들은 모두 하나님을 유일한 자산으로 삼고 후원자이신 예수 그리스도를 굳게 의지하였습니다. 예수님이야말로 그들이 있게 한 힘이요 원동력이었습니다.

감사를
심어야 합니다.

누리는 복은 감사를 심어야 합니다. 감사는 우리 생활에 윤활유와 같습니다. 자동차 엔진의 힘을 내게 하는 것은 경유나 휘발유이지만, 기계가 돌아가도록 부분 부분에 들어가 있는 것이 윤활유입니다. 이 윤활유가 없으면 기계를 깎아 먹고 엔진은 타버리고 맙니다. 윤활유가 없으면 엔진이 타서 못쓰게 되는 것처럼 감사를 모르는 사람들은 삶이 메말라 갑니다. 우리는 하나님께 감사하며 살아가야 합니다.

항상 감사한 마음을 품고 살아가야 합니다. 빌립보서 4장 6절에 "아무 것도 염려하지 말고 다만 모든 일에 기도와 간구로, 너희 구할 것을 감사함으로 하나님께 아뢰라."고 하였습니다. 마음에만 품고 있는 감사는 오래 가지도 못하고 다른 사람에게 감동을 주지 못합니다.

감사는 힘들어도 해야 합니다. 미국의 개척자 청교도들은 환경이, 당한 형편이 아주 나쁜 가운데서도 감사를 심었습니다. 그 결과 그 후손들이 누리는 복을 받았습니다. 우리도 잘 심어서 자손이 누리는 복을 받게 해 주어야 합니다. 감사를 심으면 불행한 것도 행복한 것으로 바뀝니다. 누리는 복을 주십니다.

어떤 이는 큰 것을 바랐는데 조그마한 것이 이루어졌다고 하며 서운한 마음을 가지고 후에 큰 것이 이루어지면 크게 감사하겠다는 사람이 있습니다. 여러분은 그 반대로 하시기 바랍니다. 감사를 하되 선불 감사를 하는 사람이 되어 보세요. 어떤 소원이 이루어진 후에 감사하는 것도 물론 중요합니다. 하지만 이루어질 줄 믿고 미리 감사하는 것이 우리가 지향해야 할 믿음의 정수일 것입니다. 눈앞에 조그마한 것이 있다고 할지라도 큰 것을 이루어 주실 하나님을 믿음으로 바라보며 감사하는 것입니다. 문제는 "어떠한 사람이 될 것이냐?"입니다.

누리는 복은 마음과 몸과 물질을 심어야 합니다.

갈라디아서 6장 9절에 "우리가 선을 행하되 낙심하지 말지니 포기하지 아니하면 때가 이르매 거두리라"고 하였습니다. 교회를 위해 봉사하고, 어려운 이들을 찾아보고, 힘들 때는 도와주고, 병들 때는 심방하고 보살펴 주어야 합니다. 예배를 열심히 드리고 주님의 말씀을 실천하고 살아야 합니다. 이것이 몸으로 하나님의 은혜를 감사하는 삶입니다.

이스라엘의 별인 다윗은 어려운 환경, 사망의 음침한 골짜기 가운데서도 감사했습니다. 미국의 청교도들은 그 어려운 환경에서도 제일 먼저 감사했습니다.

성도는 1년 열두 달 잊어서는 안 될 것이 있습니다. 감사입니다. 환경이 조금 변하거나 곤란한 일이 생기면 제일 만만한 것이 주님에게 바칠 감사헌금입니다. 비록 환경이 변해도 주님에게 바칠 감사는 예외가 되어야 합니다.

의로운 삶, 덕이 있는 삶, 섬기는 삶, 희생하는 삶, 헌신하는 삶을 살아야 합니다. 배려하는 삶, 정직한 삶, 긍정적인 삶, 사랑하는 삶, 사명 있는 삶, 정신 혁명이 일어나는 삶을 살아야 합니다.

여러분, 우리나라 사람들이 남과 비교하기를 잘 하는데 이것은 유교의 배경입니다. 그러나 기독교는 창조의 신앙입니다. 창조의 신앙은 분명히 달라야 합니다. 하나님은 지금도 계속 살아 계시고 역사하십니다. 우리가 어려움을 당할 때 그 어려움 한복판에 이미 와 계십니다. 그리고 함께하십니다.

다니엘의 세 친구들이 신앙의 정조를 지키다가 왕의 명령에 의해 풀무불 속에 던짐을 받을 때 그 불이 어느 정도였습니까? 다니엘의 세 친구를 집어넣으려고 하던 사람들이 불에 타 죽을 정도로 뜨거운 불이었습니다. 하지만 그들이 불 속에 던져질 때 하나님은 이미 그곳에 계셨습니다. 왕이 불속을 들여다보니 분명히 세 사람을 던졌는데 네 사람이 불 속에서 다니는 모습이 보였습니다. 하나님께서는 그들의 머리카락 하나 타지 않도록 온전히 지켜 주셨습니다. 우리가 믿는 하나님은 지금도 여러분의 고통 가운데서 역사하시고 함께하시는 창조의 하나님이십니다. 여러분은 그 하나님의 자녀들임을 믿으시기 바랍니다. 하나님을 위해 몸과 마음과 물질을 심으면 놀라운 은혜로 갚아주시고 역사하십니다. 심어야 됩니다.

갈라디아서 6장 7절에 "스스로 속이지 말라 하나님은 업신여김을 받지 아니하시나니 사람이 무엇으로 심든지 그대로 거두리라."고 하였습니다.

특히 십일조를 심어야 합니다. 물질로 감사하면 행복도 커집니다. 행복해지기를 원하십니까? 불평하지 말고 무엇에든지 마음과 몸과 물질로 심으세요. 그러면 모든 것이 기쁨으로 바뀝니다.

세계적인 부자 록펠러는 7살 때부터 십일조를 했다고 합니다. 나중에는 십일조만 계산하는 사람이 20여 명이 되었다고 합니다.

작은 것으로도 기쁨을 누릴 수 있습니다. 올바로 심으면, 말씀대로 심으면, 슬픔도 기쁨으로 바뀝니다. 해로운 것이 득이 되는 것으로 바뀝니다. 무익한 것이 유익한 것으로 바뀝니다. 하나님께서 누리는 복을 주십니다. 문제는 '어떠한 사람이 될 것이냐?'에 달려 있습니다.

누릴 수 있는 복은 주어진 환경에
만족할 줄 아는 것입니다.

　　　　아무리 큰 집에서 살고 돈이 많아도 만족하지 않으
면 누리지 못합니다. 그러나 아무리 적게 가졌어도 만족할 줄 아
는 사람은 행복합니다. 돈과 지식을 쌓고 명예나 권력을 얻는다고
해도 반드시 행복한 것은 아닙니다.

　여러분, 부자가 되십시오. 그러나 쌓고 누리지 못하면 아무 소
용이 없다는 것을 잊지 마시기 바랍니다. 적게 가져도 누리고 살
아야 합니다.

　디모데전서 6장 17–19절에 "네가 이 세대에서 부한 자들을 명
하여 마음을 높이지 말고 정함이 없는 재물에 소망을 두지 말고
오직 우리에게 모든 것을 후히 주사 누리게 하시는 하나님께 두며
선을 행하고 선한 사업을 많이 하고 나누어 주기를 좋아하며 너그
러운 자가 되게 하라 이것이 장래에 자기를 위하여 좋은 터를 쌓
아 참된 생명을 취하는 것이니라."고 하였습니다.

　성도는 좋은 생각을 가져야 합니다. 옳지 못한 생각은 아예 갖
지 말아야 합니다. 성도는 땅의 식물만으로 만족해서는 안 됩니
다. 우리는 땅의 식물뿐 아니라 하늘의 양식을 얻기 위해 힘써야

하며, 이러한 하늘의 양식으로 영혼이 자라 주의 일을 해야 합니다.

감자는 줄기만 위로 나오고 정작 영양 있는 열매는 땅 밑에 있습니다. 감자의 줄기는 땅 위에 아무리 무성하고 좋아도 별 가치가 없습니다. 이 땅에서 비교도 안 될 만큼 영화로운 상급으로 하늘 창고에 준비되어 있음을 깨달아야 합니다.

인생이란 짧고 그림자 같고 안개와 같습니다. 이 인생을 어떻게 살아야 하는가? 정말 잘 살아야 합니다. '어떠한 사람이 될 것이냐?'가 중요한 것입니다.

앞에서도 말씀드렸지만 모든 사람은 To want, 일에 대한 욕심이 있습니다. To have, 무엇을 가질까? 소유에 대한 욕심이 있습니다. To run, 욕망과 소유를 얻기 위해 달려가고 있습니다. 그러나 이 세 개의 동사가 끝날 때 그 인간의 세계는 허무해집니다. 안개가 되어 버립니다. 그래서 '어떠한 사람이 될 것이냐?'가 중요한 것입니다.

여러분, 쌓는 것은 사람의 수고로 가능할지 몰라도, 누리는 것은 하나님의 선물입니다. 기독교인이라면 하나님이 주신 은혜를 마음껏 누려야 합니다. 누리십시오.

토이 아데 몰라가 쓴 『성경 속의 백만장자들』이라는 책을 보면 하나님은 우리가 부자가 되기를 바라시며 부자가 되는 것은 우리의 권리라고 기술되어 있습니다. 그러면서 성경에 바탕을 둔 백만장자들의 비결을 다음과 같이 제시하고 있습니다. "하나님을 첫 재산으로 삼으라. 꿈꾸는 사람이 되라. 목적을 달성하기 위해 전략을 세워라. 성실의 삶을 지표로 삼아라. 끝가지 믿음을 지켜라. 돈을 지혜롭게 관리하라. 씨 뿌리는 사람이 되어라."

요한 웨슬레는 90세까지 열심히 봉사하고 기도하고 성경 연구하고 전도하였습니다. 1791년에 죽었는데 그의 담당 의사는 이렇게 말했습니다. "웨슬레는 병들어 죽은 것이 아니라 달아서 없어졌다." 그는 죽을 때까지 심은 사람입니다.

마지막으로 누리는 복은
하나님에 대한 믿음이 있어야 합니다.

인간은 짐승과 달리 소유한 특별한 세 가지가 있습니다. 이성, 양심, 영혼이 그것입니다. 영혼의 부르짖음은 하나님께서 계시다는 것을 우리에게 제시합니다.

좀 더 깊은 영적 삶을 향하여 믿음의 문을 열어야 합니다. 이스라엘 사람들은 그들의 발바닥으로 밟는 땅을 요구해야 했습니다. 믿으면 보게 될 것입니다. 의지하면 승리할 것입니다. 마태복음 9장 29절에서 예수님은 "너희 믿음대로 되라."고 하셨고, 마가복음 11장 24절에서는 "무엇이든지 기도하고 구하는 것은 받은 줄로 믿으라 그리하면 너희에게 그대로 되리라."고 하셨습니다.

하나님은 전능하신 분이십니다. 가장 복된 사람은 예수님 앞에서 마음의 문, 믿음의 문을 여는 사람입니다. 예수님을 구주로 모시고 자신의 허물을 고백하는 사람이 가장 복된 사람입니다. 신앙은 회개에서부터 시작합니다.

하나님을 기쁘게 하는 사람이 누리는 복을 받습니다. 히브리서 11장 6절에 "믿음이 없이는 하나님을 기쁘시게 하지 못하나니 하나님께 나아가는 자는 반드시 그가 계신 것과 또한 그가 자기를 찾는 자들에게 상 주시는 이심을 믿어야 할지니라."고 하였습니다.

여러분, 열심히 믿음을 심으세요. 그리고 활용하세요.

갈라디아서 6장 8-10절에는 "자기의 육체를 위하여 심는 자는 육체로부터 썩어질 것을 거두고 성령을 위하여 심는 자는 성령으로부터 영생을 거두리라 우리가 선을 행하되 낙심하지 말지니 포기하지 아니하면 때가 이르매 거두리라 그러므로 우리는 기회 있는 대로 모든 이에게 착한 일을 하되 더욱 믿음의 가정들에게 할 지니라."고 하였습니다.

여기서도 '어떠한 사람이 될 것이냐?'가 얼마나 중요한지 모릅니다.

사도행전 5장 10-11절에서 아나니아와 삽비라 부부가 하나님을 업신여기다가 자기들이 심은 대로 거두는 일이 벌어졌습니다. 그들 부부가 하루에 다 죽임을 당했습니다.

하나님은 살아 계십니다. 저와 여러분이 뿌린 만큼 주십니다. 심은 것 그 이상으로 주십니다. 이제 신앙의 땀을 흘려야 합니다. 예배의 땀, 기도의 땀, 전도의 땀, 봉사의 땀, 사랑의 땀, 배움의 땀, 섬김의 땀, 헌신의 땀 등 신앙의 땀을 열심히 심으세요. 믿음이 있어야 이 땀을 흘릴 수 있습니다.

제가 영락교회에 다닐 때 가장 더운 8월에 수유리에 있는 영락 기도원에서 산상기도회를 3차에 걸쳐서 했습니다. 그때는 큰 밥솥에 장작을 때서 천 명 이상의 밥을 하는데 얼마나 더운지 모릅니다. 최창근 장로님, 김치복 장로님, 오제도 장로님 등 장로님 모두와 식사 준비위원들은 목에 수건을 걸치고 장작으로 불을 때고 권사님, 집사님들이 밥과 반찬을 만듭니다. 또 화장실은 그때는 수세식이 아니었기에 구더기가 많고 또 밤사이에 변을 바깥에

다 보면 안수집사님, 집사님들이 물과 빗자루로 아침마다 깨끗이 청소를 했습니다. 기도원 입구 도로는 비만 오면 파여서 사람이나 차들이 다니기 힘들어서 삽과 곡괭이로 길을 다듬는 일을 하고, 밤에는 도둑이 많은 때이므로 성도들의 물품을 지키기 위해 기도원 산 주변에 경비를 섰습니다. 모든 일을 그렇게 힘들게 땀을 흘리며 감당하면서도 모두 불평 없이 감사하며 일했습니다. 나이 어린 집사가 말해도 겸손하게 순종하고 기쁨으로 봉사하셨습니다. 진행자와 수고한 이들을 위해 권사님들이 설탕을 누룽지에 쳐서 주시면 그것이야 말로 최고의 간식이었습니다. 거기다가 커피가 귀할 때인데 누룽지와 커피 한 잔씩 주시면 금상첨화였습니다. 모두 한 마음이 되었고 기쁨이 충만했었습니다. 문자 그대로 신앙의 땀을 흘렸고 물질, 마음, 몸, 모든 것을 믿음으로 참 열심히 심었습니다.

그 결과 영락교회는 불일 듯 부흥의 역사가 일어나고, 그 수고를 심은 모든 이들 뿐만 아니라 자손들까지 큰 은혜와 복을 하나님께로부터 받았습니다.

사랑하는 여러분, 하나님은 약속을 지키시는 분이십니다.

심은 것 이상 주시는 분이십니다.

여러분, 신앙생활을 해도 어떠한 성도가 될 것인가? 가 중요합니다.

하나님이 기뻐하시는 신앙이 있는가 하면, 하나님이 기뻐하시지 않는 신앙도 있습니다.

무엇을 보는가에 따라서 To be는 달라집니다.

죄인 된 자기를 보아야 합니다. 고난 뒤에 숨은 복을 보세요. 신실하신 하나님을 보아야 합니다. 하나님의 사랑을 보아야 합니다. 예수님의 십자가 너머 생명, 능력, 부활의 소망을 보아야 합니다. 이사야 40장 9절에 "너희의 하나님을 보라 하라."고 하였습니다. 즉 선하신 하나님을 보라는 것입니다. 또한 로마서 1장 19절에는 "이는 하나님을 알만한 것이 그들 속에 보임이라 하나님께서 이를 그들에게 보이셨느니라."고 하였습니다. 즉 하나님을 알만한 것이 그들 속에 보인다는 말입니다. 이미 모든 사람은 하나님을 볼 수 있게 만드셨습니다.

사랑하는 여러분, 지평선 저 너머를 바라보세요. 벽은 없습니다. 기쁨이 있고 생명이 있고 희망이 있고 소망이 있습니다. 십자가의 예수를 보세요.

어떠한 가정이 될 것인가?

어떠한 사람이 되시렵니까?(What kind of person would you be?)

어떠한 성도가 되시렵니까?

어떠한 교회가 될 것인가?

어떠한 나라가 될 것인가?

출애굽기 3장 12절에 하나님께서 말씀하신 대로 "내가 반드시 너와 함께 있으리라." 이 말씀대로 하나님이 함께하시는 가정, 교회, 우리 대한민국이 되기를 간절히 소원합니다.

부디 하나님이 원하시고 기뻐하시는 사람이 되고, 교회가 되고, 성도가 되고, 가정이 되고, 우리 대한민국이 되어 하나님께로부터 누리는 복을 선물로 받는 모두가 되시기를 축원합니다. 아멘.

새로운 삶을 위하여

· 진실한 회개가 필요합니다 (회개와 정신 혁명) (호 10:11-15)
· 믿음의 장부가 되자(창 15:1-7)
· 의로운 소원(시 84:8-12)
· 나는 여호와로 인하여 기뻐하고 즐거워하리로다(합 3:17-19)

진실한 회개가 필요합니다(회개와 정신 혁명)

호세아 10장 11~15절

11 에브라임은 마치 길들인 암소 같아서 곡식 밟기를 좋아하나 내가 그의 아름다운 목에 멍에를 메우고 에브라임 위에 사람을 태우리니 유다가 밭을 갈고 야곱이 흙덩이를 깨뜨리리라 12 너희가 자기를 위하여 공의를 심고 인애를 거두라 너희 묵은 땅을 기경하라 지금이 곧 여호와를 찾을 때니 마침내 여호와께서 오사 공의를 비처럼 너희에게 내리시리라 13 너희는 악을 밭 갈아 죄를 거두고 거짓 열매를 먹었나니 이는 네가 네 길과 네 용사의 많음을 의뢰하였음이라 14 그러므로 너희 백성 중에 요란함이 일어나며 네 산성들이 다 무너지되 살만이 전쟁의 날에 벧아벨을 무너뜨린 것 같이 될 것이라 그때에 어머니와 자식이 함께 부서졌도다 15 너희의 큰 악으로 말미암아 벧엘이 이같이 너희에게 행하리니 이스라엘 왕이 새벽에 정녕 망하리로다.

지금의 현실을 생각할 때 가슴 한 구석이 답답해져 오는 것을 막기가 어려운 것이 사실입니다. 지금 한국은 영적으로 혼탁하고, 경제적으로 침체되어 있으며, 국가적으로는 지도자들의 신뢰가 실추되는 등 여러 가지로 어려운 상황에 직면해 있습니다. 사상이 혼란스럽고 희망까지도 점점 꺼져 가는 것 같은 실정입니다. 게다가 세계 최악의 인권 상황을 보이고 있는 북한의 우리 동족들은 신앙의 자유조차 박탈된 채 압제와 기근 속에서 신음하고 있습니다.

성장이네 복지네 경제와 관련해 이런저런 논란은 많지만 막상 국민들의 고통을 어루만질 만한 뾰족한 해법은 보이지 않습니다. 희망을 가지고 사회에 진출해서 열정적으로 일해야 할 젊은이들이 일자리가 없어 신음하고 있습니다. 고용 없는 경제 성장이 커다란 문제가 되고 있습니다. 도덕적, 윤리적, 정신적으로 해이해진 상황에서 가정이 파괴되고, 학생들은 왕따와 폭력을 두려워하고 있습니다. 각종 대출이다 뭐다 해서 빚을 지지 않고 살아가는 가정을 찾아보기 어려울 지경입니다. 선용해야 할 카드는 사람을 죽이고, 가정을 파괴하고 있습니다. 이혼율은 세계 상위권을 계속 유지하고 있습니다.

이 참담한 현실 앞에서 먼저 목회자들이 선지자적 사명을 다하지 못했음을 통회해야 합니다. 하나님께서는 이사야 56장 10절에서 "이스라엘의 파수꾼들은 맹인이요 다 무지하며 벙어리 개들이라 짖지 못하며 다 꿈꾸는 자들이요 누워 있는 자들이요 잠자기를 좋아하는 자들이니."라고 하셨습니다. 이 꾸짖음은 바로 저와 한국 교회 목회자들의 회개와 각성을 촉구하는 말씀이라고 생각됩니다. 지금 우리나라에서는 무엇보다도 선지자의 사명을 회복하는 일이 급선무인 것으로 보입니다. 더불어 온 성도들의 진실한 회개가 있어야 합니다. 이렇게 하여 진실한 믿음으로 재무장한 성도들이 이 민족을 깨우기 위하여 일어나야 할 것입니다. 아무리 "바꿔. 바꿔."라는 구호를 외쳐도 진정한 정신 혁명이 일어나기 전에는 근본적인 변화가 이루어지기 어려울 것입니다. 공무원, 관리들의 정신, 정치를 하겠다고 하는 이들의 정신에 혁명이 일어나야 합니다. 기업인들의 정신 혁명이 일어나야 합니다.

김지하의 담시 중에 오적이라는 시가 있습니다.

"고급 공무원 나온다. 어허 저놈 뒤 좀 봐라 낯짝 하나 더 붙었다. 피둥피둥 유들유들 숫기도 좋거니와 이빨 꼴이 가관이다. 썩다 못해 문드러져 오리(부패 관리, 탐관오리)가 분명쿠나. 되는 것도 절대 안돼 안될 것도 문제없어. 책상 위엔 서류 뭉치 책상 밑엔 지폐 뭉치, 공금은 잘라먹고 뇌물은 청(請)해 먹고."

이것이 담시 중 오적(五賊)의 한 대목입니다. 과거 정권의 고질적 병폐였던 공직 사회의 부정부패를 신랄하게 꼬집는 말입니다. 지금은 많이 좋아졌다고 하지만 여전히 사회 곳곳에서 부정이 행해지고 있는 것이 현실입니다. 심지어는 가장 깨끗해야 할 교육계도 여러 가지 부정으로 물들어 있습니다. 학문의 전당인 대학에 첫 발을 내딛는 신입생들의 오리엔테이션이 온통 술 먹는 모임으로 물들어버린 지도 오래되었습니다. 교육감을 뽑는 선거는 교육에 대한 비전보다는 정치 논리로 가득해져 있습니다.

그런데 죄로 타락한 인간의 부패는 절대로 없어지는 법이 없습니다. 아프리카에서는 지금도 하루에 수천 명씩 굶어 죽어 가는데, 자연적으로 굶어 죽어 가는 것보다는 구호품을 나누어 주지 않고 뒤로 빼돌리는 현지 관리들 때문이라고 합니다.

어느 곳이나 죄로 타락한 인간이 있는 곳에는 부패와 비리가 얼마나 많은지 모릅니다. 국가에서 부정부패 방지법을 만들어서 강력히 규제를 하지만 그 규제를 하는 사람이 썩었는 데 일이 되겠습니까?

누가 깨끗합니까? 정도의 차이는 있을지 몰라도 모든 인간은 다 같습니다. 인간은 죄인이라는 것입니다. 어느 한 사람도 빠짐 없이 모든 사람은 다 죄인입니다. 어떤 사람은 깨끗하게 보이고 정직하게 보이지만 아직 발각되지 않았을 뿐이지 그도 캐 보면 역시 죄인이요, 부정과 비리 앞에 깨끗하지 못한 타락한 인간인 것이 사실입니다.

이런 죄인이 구원받으려면 어떻게 해야 합니까? 한 마디로 방법이 없습니다. 그러나 하나님께서는 이렇게 전적으로 부패하고 타락한 인간이 구원받을 수 있는 길을 열어 놓으셨습니다. 전적으로 부패하고 타락한 인간이 구원받는 길은 자신이 죄인임을 인정하고 하나님 앞에 나오는 것입니다.

역사를 가만히 살펴보면 하나님께서는 완전한 회개를 재촉하시기 위해서 직접 혹은 간접으로 징계를 하시기도 하고 어떤 때는 알아들을 만큼 경고도 하십니다. 지금도 하나님께서는 여러 가지 모양으로 경고하고 계십니다. 이런 경고가 있음에도 얼마나 더 계속해서 머뭇머뭇 하며 악을 행하겠느냐고 책망하십니다.

사랑하는 여러분, 우리는 분명히 명심하여야 합니다. 하나님께서 비록 오래 참으시지마는 하나님의 인내에도 결정이 있습니다. 하나님께서는 노아 시대 사람들의 죄악을 보시고 오래 참으셨습니다. 그러나 최후에는 홍수의 심판을 내리신 것을 기억하여야 합니다.

하나님께서는 크신 자비와 긍휼로 소돔과 고모라 성 사람들의 죄악을 오래 참으셨습니다. 그러나 끝내 회개하지 아니하는 그들에게 최후로 불과 유황의 심판을 내리신 것을 우리는 기억하고 있습니다. 지금도 옛 유적지인 그 성 부근에는 유황 냄새가 나는 것을 맡을 수 있습니다.

하나님께서 경고하실 때 그 기회가 지나가기 전에 진실로 회개해야겠다는 결단이 하나님을 먼저 믿는 우리 성도에게 있어야 하겠습니다. 성경 말씀대로 지금이야말로 은혜 주실 때요, 지금이야말로 구원의 날입니다. 진실한 회개야말로 이 민족이 살길임을 깨달아야 합니다.

그런데 우리가 깊이 생각해 보면 오늘 우리가 사는 이 시점이야말로 우리 겨레가 여호와냐? 물질이냐? 우상이냐? 중 어느 하나를 택하지 않으면 안 될 때가 되었습니다. 영적인 방면 뿐 아니라 정치적 또는 사상적 방면에서도 이 민족이 하나님을 섬길 것이냐 그렇지 않으면 우상을, 세상을 섬길 것이냐를 결단할 수밖에 없는 때를 당하였습니다.

우리는 겨레가 살 수 있는 길, 안전이 보장될 수 있는 길을 확립해야 합니다. 여러분은 하나님이 주시는 자유를 선택하시겠습니까 아니면 세상의 노예가 되는 길을 선택하시겠습니까? 우리 겨레가 사는 길이 어디에 있습니까? 바로 하나님 편에 있습니다.

그러므로 진실한 회개가 있어야 합니다. "나는 죄인입니다."라는 고백이 없이는 '하나님의 도,' '그리스도 십자가의 도,' '오직 믿음'이라는 방식도 불필요하다는 말씀입니다.

의사가 치료할 때 가장 힘든 사람은 자신이 건강하다고 생각하는 사람이라고 합니다. 의사가 몸의 이상을 확인하고 말해 줘도 인정하지 않는 사람은 정말 치료할 수 없을 것입니다. 의사의 말을 듣지 않는 사람도 치료하기 힘든 사람입니다. 치료하는 의사보다 더 아는 척하고 불평하고 자기 나름대로 진단법을 개발하여 의사가 시키는 대로 하지 않으면 치료할 수 없습니다.

신앙도 마찬가지입니다. 성경은 "너는 죄인이다."라고 하는데 나는 아니라고 합니다. 이런 사람 역시 정말 하나님을 믿기 힘듭니다. 바른 신앙은 나를 아는 신앙입니다. 그래서 칼빈은 "하나님을 아는 지식과 나를 아는 지식은 같다."고 했습니다. 하나님을 안 것만큼 나를 알아 간다는 말입니다. 즉 "내가 죄인임을 안 것만큼 하나님을 안 것"이라는 말입니다.

로마서 3장 10-11절에 "기록된 바 의인은 없나니 하나도 없으며 깨닫는 자도 없고 하나님을 찾는 자도 없고"라고 말씀합니다. 또한 예레미야 5장 1절에도 "너희는 예루살렘 거리로 빨리 다니며 그 넓은 거리에서 찾아보고 알라 너희가 만일 정의를 행하며 진리를 구하는 자를 한 사람이라도 찾으면 내가 이 성읍을 용서하리라."고 하셨습니다. 모두가 다 죄인이라는 말입니다.

여러분, 우리 기독교는 인간은 죄인이라는 사실을 분명하게 진단합니다. 그리고 그 죄인의 회복과 치료 방법까지 가르쳐 주고 있습니다. 소생하는 방법, 사는 방법, 축복 받는 방법까지, 영생 얻는 방법까지 가르쳐 주고 있습니다. 호세아 10장 12절에 "너희가 자기를 위하여 공의를 심고 인애를 거두라 너희 묵은 땅을 기경하라 지금이 곧 여호와를 찾을 때니 마침내 여호와께서 오사 공의를 비처럼 너희에게 내리시리라."고 하였습니다.

여러분, 여러분 자신이 죄인임을 고백하십니까?

우리 민족 모두가 죄인임을 고백해야 살 수 있음을 믿으시기 바랍니다.

모세는 불붙은 떨기나무에서 자기 자신을 발견했습니다. 왜 다른 나무도 많은데 하필이면 아무 쓸모없는 떨기나무에 불이 붙었을까요? 우리는 수많은 나무 가운데 유독 떨기나무에 불이 붙었다는 사실, 즉 인생의 떨기나무 같은 나에게 하나님의 소명이 임하시는 사실에 대하여 놀라지 않을 수가 없습니다.

"아 하나님의 은혜로 이 쓸데없는 자 왜 구속하여 주는지 난 알 수 없도다."라는 찬송 구절 그대로입니다. 하나님의 역사는 가난하고 병들고 보잘 것 없는 인생 떨기나무로 엮어집니다. 그렇기에 모세도 40년간 광야에서 재훈련을 받았습니다. 바울도 광야에서 재훈련을 받았습니다. 정신 혁명이 필요하기 때문입니다. 하나님께서는 똑똑한 사람, 자랑하는 사람은 쓰시지 않습니다. 교만한 사람도 쓰시지 않습니다.

오늘 우리는 떨기나무와 같습니다. 사도 바울이 말한 대로 우리는 치면 부서지는 질그릇과 같은 존재들입니다. 그런데 여러분, 이 떨기나무 불꽃 속에 하나님이 계신 것처럼 보잘 것 없고 약한 질그릇 같은 우리 안에 보배이신 그리스도를 소유하고 있다는 사실을 믿으시기 바랍니다.

땅은 묵은 것을 갈아 부드러운 땅으로 만들어야 다시 씨를 뿌리고 곡식을 거둘 수 있습니다. 전에 시골에서 모를 심거나 보리를 심을 때는 논과 밭을 갈아엎고 얼마쯤 있다가 잘고 곱게 갈아서 모를 심고 보리를 심었습니다. 새로운 생명, 새로운 열매를 위해서는 반드시 묵은 것을 갈아엎어야 합니다. 땅이라는 생명체는 기경해야만 제대로 된 열매를 낼 수 있습니다.

우리의 마음도 마찬가지입니다. 우리는 야생 동물이 아닙니다. 인격을 가지고 사회라는 범주 안에서 살아가는 사람들입니다. 여기서 교육을 받고 경험하고 일하며 살아가는 데 변화가 있고 성숙이 있으며 열매를 냅니다.

따라서 우리가 더 나은 변화와 더 나은 성숙의 열매를 내기 위해서는 마음을 기경해야 합니다. 마음을 기경하지 않고는 제대로 된 열매를 낼 수 없습니다. 마음을 기경하기 위해서는 무엇보다도 먼저 마음의 쓰레기를 청소하여야 합니다. 정신 혁명이 일어나야 합니다.

요즈음 TV나 언론에서 "바꾸자." "바꿔야 한다."라는 구호를 자주 듣게 됩니다. 그런데 한 번 더 깊이 생각해 보면 진짜 바꿔야 할 사람들은 바꿔를 주장하는 사람들일 것입니다. 시민 단체나 언론 매체에 관계하는 사람들이 먼저 마음이 바뀌고 정신 혁명이 일어나야 합니다. 남을 비판하기에 앞서 나 자신부터가 먼저 바뀌어야 진정한 변화가 일어날 수 있습니다. 우리나라의 정치, 경제, 교육, 종교 등 사회 각 분야에 정신 혁명이 일어나야 합니다. 대통령을 비롯한 지도자들의 마음을 기경해야 합니다.

지도자들의 마음의 쓰레기를 청소해야 합니다. 그들의 마음을 갈아엎고 부드럽게 해야 합니다. 정신 혁명이 일어나야 이 나라 정치, 경제, 사회, 교육, 종교 각 분야에서 새싹이 돋고 새 열매를 맺을 수 있음을 깊이 깨닫고 진실된 회개가 있어야 합니다.

특히 영적인 삶을 살아가는 하나님의 백성들이 먼저 마음을 갈아엎어야 합니다. 호세아 선지자가 예언하던 시대는 북 이스라엘의 여로보암 2세 때입니다. 이때는 북 이스라엘 역사 이래로 가장 번성한 시대였습니다. 그러나 이런 시대에 북 이스라엘은 영적으로는 타락의 극치를 달리기 시작했습니다.

정치 지도자들은 하나님을 의뢰하기보다는 당시 국제 정세를 살피면서 앗시리아에 붙었다가 애굽에 붙었다 하면서 두 다리 외교로 갈팡질팡했습니다. 지금 우리나라는 어떻습니까? 미국과 중국 사이에서 두 다리 외교로 갈팡질팡하고 있지 않습니까?

종교 지도자들은 죄를 말씀으로 지적하기보다는 수수방관하며 백성들과 함께 범죄 하였습니다. 저들은 하나님의 말씀을 외치나 하나님 없는 말씀을 외쳤고, 하나님보다 세상을 더 사랑하였습니다. 예배는 드리되 형식적인 예배요, 봉사를 해도 성령의 역사가 없는 봉사였습니다. 비양심적인 신앙생활을 하면서도 하나님을 두려워하지 않았습니다.

초대 교회에서도 이런 행동이 있자 사도 바울은 단호하게 그들을 경계하는 말씀을 전하고 있습니다. 빌립보서 3장 2절에 "개들을 삼가고"라고 했습니다. '개'는 유대인 사회에서 가장 멸시되고 천시되는 존재로 성경에서는 비양심적이고 탐욕스러우며 더러운 것을 지칭할 때 주로 사용되었습니다. 바울은 자신의 이기적 만족을 위해서라면 수치도 아랑곳하지 않는 형식적인 율법주의자들을 지칭하는 말로 '개'를 사용하였습니다.

신령과 진정으로 예배하지 않고 종교적으로 형식적인 예배를 드리는 바리새인적인 신앙생활을 회개해야 합니다. 마음을 갈아엎어야 한다는 말입니다. 그리고 오직 성령으로 봉사하며 그리스도 예수로 자랑하여야 한다는 것입니다.

다시 성경으로 돌아가 봅시다. 영적으로 타락했던 시대에 호세아 선지자는 하나님의 말씀을 받아 이스라엘의 죄를 지적하면서 하나님께 돌아오기를 촉구했습니다. 오늘 성경에서 저들에게 "묵은 땅을 기경하라."고 하였습니다. 이스라엘이 가지고 있는 모든 마음을 갈아엎고 새 땅으로 만들라는 것입니다.

오늘 우리의 시대가 바로 이 호세아 선지자가 예언하던 그때의 모습과 같을지 모르겠습니다. 우리 민족, 우리 개인의 삶이 어쩌면 이 시대의 사람들과 같을지도 모릅니다. 우리 주변을 보세요. 묵은 땅이 되어 있지는 않습니까? 에베소서 4장에서도 '옛 사람,' '옛 성품'의 마음을 말했는데 교만과 편견과 고집들이 갈아엎어져야 합니다.

여러분, 왜 묵은 땅을 갈아엎어야 합니까?

묵은 땅에는 짐승들이 들끓습니다.

자신과 세상을 의지하게 됩니다.

그 결과는 심판입니다. 하나님 나라를 얻지 못합니다. 하나님 나라인 의와 평강과 희락을 이루지 못합니다. 장차 천국에 이르지 못합니다.

여러분, 회개치 아니하면 어떻게 됩니까? 마음을 갈아엎지 못하면 어떻게 됩니까? 호세아 2장 3-4절에 보면,

첫째, "그를 벌거벗기겠다."고 하셨습니다.

태어날 때처럼 아무 것도 가진 것이 없는 모습, 아무 것도 누릴 것이 없는 모습, 아무 것도 자랑할 수 없고 수치만 가득한 모습으로 돌려보내겠다는 말씀입니다. 너무 불쌍한 존재가 될 수밖에 없습니다. 주님께 순종하는 자는 축복의 잔이 넘칠 것이요, 불순종하는 자는 벌거벗겨지는 인생이 된다는 것을 명심하시기 바랍니다.

둘째, 회개하지 않으면 "광야 같이 되게 하겠다."고 하셨습니다.

삭막한 광야로 내몰리는 인생이 되는 것을 알아야 합니다.

셋째, "마른 땅 같이 되게 하겠다."고 하셨습니다.

식물도 살 수 없고 동물도 살 수 없고 어느 생명도 살 수도, 남을 수도 없는 무서운 땅, 그곳으로 너를 쫓아내겠다는 것입니다.

그러면 인간의 묵은 마음을 어떻게 갈아엎을 수 있습니까?

회개로 기경을 해야 합니다. 우리 마음의 완악함, 우리 마음속에 잘못 심어져 있는 잡초와 엉겅퀴들, 육신의 소욕들을 밭 가는 것은 진실한 회개입니다. 형식적인 회개가 아니라 진실한 회개가 필요합니다. 회개한 마음은 구원받는 마음이요, 복 받는 마음입니다.

여러분, 복 받을 마음이 준비되셨습니까? 우리 마음속에 엉뚱한 것으로 가득 차 있지는 않습니까? 우리 마음의 밭을 갈아야 합니다. 거기에 축복과 보물과 하나님 나라를 얻을 수 있는 열쇠가 있습니다. 개인적으로나 교회적으로나 국가적으로나 너무나도 중요한 시기입니다. 이제 진실한 회개로 시작하는 저와 여러분 되길 바랍니다. 회개한 심령으로 주님의 십자가 고난을 묵상하며 구원의 감격과 새 생명의 은혜를 누리는 여러분이 되시기를 바랍니다. 아멘.

믿음의 장부가 되자

창세기 15장 1~7절

1 이 후에 여호와의 말씀이 환상 중에 아브람에게 임하여 이르시되 아브람아 두려워하지 말라 나는 네 방패요 너의 지극히 큰 상급이니라 2 아브람이 이르되 주 여호와여 무엇을 내게 주시려 하나이까 나는 자식이 없사오니 나의 상속자는 이 다메섹 사람 엘리에셀이니이다 3 아브람이 또 이르되 주께서 내게 씨를 주지 아니하셨으니 내 집에서 길린 자가 내 상속자가 될 것이니이다 4 여호와의 말씀이 그에게 임하여 이르시되 그 사람이 네 상속자가 아니라 네 몸에서 날 자가 네 상속자가 되리라 하시고 5 그를 이끌고 밖으로 나가 이르시되 하늘을 우러러 뭇별을 셀 수 있나 보라 또 그에게 이르시되 네 자손이 이와 같으리라 6 아브람이 여호와를 믿으니 여호와께서 이를 그의 의로 여기시고 7 또 그에게 이르시되 나는 이 땅을 네게 주어 소유를 삼게 하려고 너를 갈대아인의 우르에서 이끌어 낸 여호와니라.

한 농부가 밭에 가려고 집을 나섰습니다. 집을 나설 때 비가 오고 있었습니다. 한낮인데 하늘에 먹구름이 잔뜩 끼어 있어서 저녁이 된 것 같았습니다. 하늘을 보아서는 비가 한참 쏟아질 것 같았습니다. 그래서 농부는 다시 집에 들어가서 인터넷으로 일기예보를 보았습니다. 일기예보는 하늘의 상태와 정반대였습니다.

하늘은 엄청난 비가 쏟아질 것처럼 찌푸려 있었는데 일기예보는 흐린 날씨가 계속 되겠지만 비는 많이 내리지 않을 것이고, 혹 내리더라도 지나가는 비가 내릴 것이라고 하였습니다. 농부가 들로 나갈 것인가 안 갈 것인가, 그 기준이 믿음입니다.

먹구름이 잔뜩 끼어 있어서 비가 쏟아질 것 같은 자신의 예감을 믿으면 들에 안 나갈 것입니다. 그러나 일기예보를 믿으면 들에 나갈 것입니다. 믿음은 행동의 동기와 기준이 됩니다. 농부는 일기예보를 믿고 들에 나갔습니다. 만약 하늘을 보고 느낀 것처럼 비가 많이 오는 날에는 왔다 갔다 시간만 낭비하고 몸만 피곤하게 될 것입니다.

농부는 일기예보를 믿고 길을 떠나는 결심은 했지만 눈에 보이는 형상이 너무 달랐기 때문에 마음 한구석에는 걱정이 되었습니다. 일기예보대로 되지 않고 내 마음에 든 느낌대로 비가 오면 어떻게 하나? 비가 올 것 같은 하늘보다는 비가 오지 않을 것이라는 일기예보를 믿고 행동은 시작했지만 비가 올지도 모른다는 두려움은 사라지지 않습니다. 일기예보를 믿으면서도 비가 올지 모른다는 걱정이 계속해서 남아 있으니까요. 그러면 믿음이 없는 것입니까? 아닙니다. 그러나 농부는 그 두려움을 무시하고 일기예보대로 행동한 것입니다. 비가 올 것 같은 하늘의 상태를 믿지 않고 일기예보를 믿은 것입니다. 일기예보를 따라 행동을 했으니까요.

믿음은 행동이 결정합니다.

마음의 느낌이나 맹목적인 확신이 아닙니다.

믿음은 자기 체면도 아니고, 맹목적인 확신도 아니고, 이룰 수 없는 꿈이 이루어질 것이라고 믿는 것도 아닙니다. 믿음은 행동의 동기요 행동의 기준입니다. '눈에 보이는 것을 따를 것인가 아니면 하나님의 말씀을 따를 것인가?' 이것이 바로 믿음입니다. 무엇을 기준으로 행동하느냐에 따라 세상을 믿을 수 있고 하나님을 믿는 자가 될 수 있습니다.

여러분, 믿음은 구체적이고 실체가 있습니다.

믿음은 손으로 만져지는 물건처럼 실존하는 것입니다. 믿음은 우리의 삶 속에 구체적으로 매일 적용되고 있습니다. 우리가 하는 모든 행동의 뒤에는 믿음이 존재합니다. 누가복음 17장 5-6절은 이렇게 기록하고 있습니다. "사도들이 주께 여짜오되 우리에게 믿음을 더하소서 하니 주께서 이르시되 너희에게 겨자씨 한 알만한 믿음이 있었더라면 이 뽕나무더러 뿌리가 뽑혀 바다에 심기어라 하였을 것이요 그것이 너희에게 순종하였으리라."

열심히 믿고 싶은데 자신은 다른 사람들처럼 믿음이 없다고 생각하는 분들이 많습니다. 좀 더 큰 믿음을 갖고 싶은데 믿음이 자라지 않는다고 고민합니다. 예수님의 제자들도 같은 고민을 했습니다.

예수님께서 제자들을 자주 꾸짖으신 것은 그들의 믿음이 없기 때문이었습니다. 제자들도 자신들이 믿음이 없는 것을 항상 고민해 왔습니다. 그래서 예수님에게 요구합니다. "우리에게 믿음을 더하소서." 이에 대해 예수님은 겨자씨 한 알만 한 믿음만 있으면 이 나무가 뿌리 채 뽑혀서 바다에 심기어라고 하여도 너희에게 순종할 것이라고 하셨습니다.

이 말씀은 육지에 서 있는 뽕나무가 뿌리 채 뽑혀서 바다에 심기우게 되는 기적이 불가능한 것 같지만, 겨자씨만한 믿음만 있으면 사람들 생각에 도저히 불가능해 보이는 일들을 이룰 수 있다는 말씀입니다. 바로 그 믿음이 행동의 기준이 될 때에 가능한 것입니다.

이루어질 가망성이 없는 일이지만 하나님의 말씀이기에, 하나님의 약속이기에 지치지 않고 꾸준히 그 일을 하는 것이 믿음입니다. 그렇게 실천하면 반드시 믿음은 산을 옮기게 됩니다.

노아를 보세요. 한 달, 두 달, 1년, 2년도 아닌 120년 동안 하나님의 말씀을 믿고 꾸준히 산에서 배를 만들었습니다. 순종했습니다.

여호수아를 보세요. 아말렉과의 전쟁에서 "해야 멈추어라, 달아 멈추어라."고 외쳤습니다. 이게 가능한 일입니까? 자연을 넘는 기도요 상상을 초월한 기도입니다. 그러나 그대로 되었지요. 이것이 믿음입니다.

창세기 15장 1절을 다같이 읽으시겠습니다. "이 후에 여호와의 말씀이 환상 중에 아브람에게 임하여 이르시되 아브람아 두려워하지 말라 나는 네 방패요 너의 지극히 큰 상급이니라."

처음에 "이후에"라는 말씀이 나옵니다. 창세기 14장에 보면 조카 롯이 포로로 잡혀갔고 그 재물까지 다 빼앗겼다는 소식을 들은 아브람이 집에서 길리고 훈련된 자 318명을 거느리고 가서 북부 연합군을 상대로 싸워 통쾌한 승리를 거두고 빼앗겼던 재물과 조카 롯, 또한 부녀와 친척을 모두 찾아온 이야기가 나옵니다.

그러나 이후에 아브람은 공포에 떨었습니다. 그들이 보복해 올 것을 두려워했습니다. 북부 연합군이 언제든 쳐들어올지 모른다는 두려움과 공포에 떨고 있을 때 하나님께서 아브람에게 나타나서서 "두려워 말라, 나는 너의 방패라, 너의 지극히 큰 상급이라." 고 말씀하십니다. 충분한 대가를 지불하시겠다는 것입니다.

주님을 사랑하고 교회를 사랑하고 이웃을 사랑하기 위해 자신을 희생하고 봉사하면 반드시 하나님께서 대가를 지불하심을 알아야 합니다.

아브람은 조카와 이웃을 위해 적군과 싸웁니다. 자신이 죽을지도 모르는 희생을 합니다. 봉사를 합니다. 이것은 바로 사랑의 용사가 아니면 할 수 없는 일입니다. 이런 아브람에게 "두려워 말라, 나는 너의 방패라, 너의 지극히 큰 상급이라."고 말씀하신 하나님은 여기에 더해 아브람에게 엄청난 약속을 하십니다.

창세기 15장 4-5절에 "여호와의 말씀이 그에게 임하여 이르시되 그 사람이 네 상속자가 아니라 네 몸에서 날 자가 네 상속자가 되리라 하시고 그를 이끌고 밖으로 나가 이르시되 하늘을 우러러 뭇별을 셀 수 있나 보라 또 그에게 이르시되 네 자손이 이와 같으리라."고 말씀하셨습니다. 아브람은 하나님의 이 말씀을 믿었습니다. 그러면 하나님은 이 믿음을 어떻게 보셨습니까? 창세기 15장 6절을 보면 "아브람이 여호와를 믿으니 여호와께서 이를 그의 의로 여기시고"라고 기록되어 있습니다. 또한 창세기 15장 7절을 보면 하나님께서는 그에게 물질의 복도 더해 주십니다. "또 그에게 이르시되 나는 이 땅을 네게 주어 소유를 삼게 하려고 너를 갈대아인의 우르에서 이끌어 낸 여호와니라."

사실 이 약속은 인간적으로 볼 때 불가능한 일이었습니다. 생각해 보세요. 70이 넘은 할아버지 할머니가 어떻게 자식을 낳을 수 있습니까? 요즈음 50대에 아이를 낳았다는 이야기는 있으나 70이 넘은 이들이 아이를 낳았다는 말은 없습니다. 그럼에도 하나님의 약속은 반드시 이루어진다는 것이 하나님의 주장입니다.

사랑하는 여러분, 영적인 사람과 육적인 사람은 다릅니다.

영적인 사람은 하나님의 뜻을 먼저 찾고, 육적인 사람은 물질의 풍요를 먼저 찾습니다. 그러나 물질의 풍요를 쫓았던 롯은 아내가 소금 기둥이 되는 쓰라린 아픔을 맛보아야만 했습니다.

반대로 영적인 사람 아브람에게는 하나님의 축복이 기다리고 있었습니다. 아브람은 일찍이 말씀을 따라 살려고 다짐했던 사람이었습니다. 그리고 말씀을 따라서 결단하는 용기도 있었습니다. 하나님의 뜻을 따르기 위해서는 물질도, 세상의 풍요도 버릴 수 있는 믿음이 있었습니다.

이러한 믿음이 있기에 하나님이 그와 함께하셨다는 것입니다.

아브람은 모든 것을 양보하였지만 하나님은 그와 함께하셨고, 그에게 복을 내려 주셨습니다. 열악한 환경에 처하고 생사를 넘나드는 위기를 당했어도 하나님은 그를 보호해 주셨습니다. 이것이 바로 영적인 사람의 인생입니다.

여러분, 믿음이 좋다고 해서, 영적인 사람이라고 해서 늘 평안하고 좋은 것은 아닙니다. 그들에게도 시험은 다가옵니다. 고난이 다가옵니다. 때로는 좌절도 하고 때로는 절망 속에서 눈물을 흘리기도 합니다. 그러나 분명한 것은 결국 승리하는 자가 된다는 사실입니다.

하나님께서 아브람의 자손에게 복을 주시겠다고 약속하셨습니다. 그러나 평탄함 속에서 번성하고 번창한 것이 아닙니다. 어려운 고비를 하나하나 넘기고 수많은 환난과 핍박과 시련을 당하는 가운데 세월이 흐르면서 크게 번성해가고 있었습니다.

비록 힘들고 아프지만 이런 과정을 통해서 하나님의 축복과 영광이 열매 맺어 가고 있다는 것을 믿으시기 바랍니다. 이것이 믿음으로 사는 영적인 사람의 인생입니다.

우리 모두 아브라함과 같은 믿음의 장부가 되기를 바랍니다. 주님께서 나에게 능력과 은총을 베풀어 주신다는 것을 알고 믿음의 용기를 발하며 담대히 나아갈 수 있기를 바랍니다.

마가복음 9장 23절을 보면 예수님께서 이렇게 말씀하십니다. "예수께서 이르시되 할 수 있거든이 무슨 말이냐 믿는 자에게는 능히 하지 못할 일이 없느니라 하시니."

참 많이 들었던 말씀이기 때문에 우리는 이 말씀을 타성적으로 받아들이기 쉽습니다. 지금 예수님께서 무슨 말씀을 하시는 것입니까? '할 수 있거든'이라는 말, 그런 말은 하지도 말라는 것입니다. 아예 꺼내지도 말라는 말씀입니다. 생각하지도 말라는 말씀입니다. 하나님의 자녀는 믿음의 사람이니 그런 말 대신에 믿음에 관한 말만 하라는 것이 주님께서 우리에게 주시는 말씀입니다. "믿는 자에게는 능치 못할 일이 없느니라." 아멘.

우리는 무슨 일을 계획하거나 시작할 때 할 수 있는 일이냐 할 수 없는 일이냐를 먼저 따지고 들어갑니다. 내 능력을 우선 계산하는 것입니다. 그러나 예수님께서는 할 수 있느냐 할 수 없느냐는 것이 관건이 아니라고 말씀하십니다. 우리가 할 수 있느냐 없느냐가 아니라 믿느냐 믿지 않느냐는 것이 중요하다는 것입니다. 먼저 하나님의 능력을 계산하라는 것입니다.

하나님께서 원하시고 또 기뻐하시는 일이라면, 해야만 하는 일이라면 내가 할 수 있느냐 없느냐를 따져서는 안 되는 것입니다. 중요한 것은 믿느냐 믿지 않느냐입니다. 왜냐하면 믿음이 결정적인 요소이기 때문입니다. 주님께서는 병자를 고쳐 주실 때 언제나 "네 믿음대로 될지어다."라고 말씀하셨습니다. '네 믿음대로', 믿음이 결정적인 요소임을 믿으셔야 합니다.

그렇기에 다윗은 죽을 날이 임박할 때 사랑하는 아들 솔로몬에게 다른 것을 말하지 않았던 것입니다. '나라를 잘 다스려라, 이렇게 살아야 한다.'는 말은 일체 하지 않고 가장 중요한 한마디를 명령했습니다. 열왕기상 2장 2절입니다. "너는 힘써 대장부가 되고", 믿음의 장부가 되라는 것입니다.

사랑하는 여러분, 우리가 믿는 하나님은 위대하시고 전능하신 분이십니다. 그러므로 할 수 있느냐 없느냐를 따질 것이 아니라, 다시 말해 우리 능력을 따질 것이 아니라 믿느냐 아니 믿느냐는 믿음을 따져야 합니다. 우리 모두 믿음의 장부가 됩시다.

주님의 일을 이루어 갈 때에 일이 안 된다고 말이 많아지면 안 됩니다. 안되면 기도하고 기도했으면 믿음으로 전진하는 것입니다.

주님은 누가복음 9장 41절에서 "믿음이 없는 세대여"라고 하십니다. 생각도 많고, 의견도 나누고, 논쟁까지 하는데 정작 그 문제를 해결할 수 있는 믿음은 없다는 말씀입니다.

생각으로 병자가 고쳐집니까? 의견으로 귀신이 나갑니까? 논쟁한다고 기적이 일어납니까? 아니요. 오직 믿음만이 병자를 고치고, 오직 믿음만이 귀신을 몰아내고, 오직 믿음만이 기적을 이룰 수 있고, 오직 믿음만이 기도 응답을 받을 수 있습니다.

예수님은 "내가 얼마나 너희와 함께 있으며"라고 말씀하셨습니다. 예수님의 이 말씀은 "너희에게 믿음이 있었다면 꼭 내가 아니라 너희로도 충분히 할 수 있었다."는 말씀입니다. "내가 아니더라도 너희 믿음으로도 충분하다."고 말씀하시는 것입니다.

능력은 믿음에서 오는 것입니다. 의심이나 불신, 요동하고 흔들리는 것, 부정적인 생각이나 의견은 다 사탄의 것입니다. 하나님의 세계에는 부정적인 것이 없습니다. '안 돼.'가 없는 것이 하나님의 세계입니다. 야고보서 1장 6-8절은 "오직 믿음으로 구하고 조금도 의심하지 말라 의심하는 자는 마치 바람에 밀려 요동하는 바다 물결 같으니 이런 사람은 무엇이든지 주께 얻기를 생각하지 말라 두 마음을 품어 모든 일에 정함이 없는 자로다."라고 기록하고 있습니다.

여러분, 믿음이란 '된다. 하자.'라고 말하는 것입니다.

앞으로 우리 삶 속에서는 두 말만 사용하십시다. '된다. 하자.' 뿐입니다. '하지 말자.'고 하지 맙시다. '하자.'고만 합시다.

믿음은 기도로 강화됩니다. 무엇인가를 기도할 때면 확신이 올 때까지 기다리면서 기도하는 것입니다. 무슨 일이나 기도합시다. 그리고 이제 무슨 일에나 이렇게만 말합시다. '된다. 하자.'

지금까지 여러분은 어떤 믿음으로 살았습니까? 간절히 소원합니다. 이제부터는 하나님을 잘 믿음으로 복을 받겠다는 거룩한 결심을 갖고 사시기 바랍니다. 열심히 믿음으로 살아가서 하나님의 살아 계심을 증거 하는 여러분이 될 수 있기를 축복합니다.

믿음의 장부가 되면 하나님께서 주시는 복을 누리게 됩니다.

하나님이 함께하셔서 두려워하지 않는 복을 받습니다. 하나님이 방패가 되어 주십니다. 하나님으로부터 지극한 상급을 받습니다. 물가에 심긴 나무의 복을 누리게 됩니다. 걱정이 없는 편안한 삶을 살게 됩니다. 선한 열매를 맺는 인생이 됩니다.

여러분의 뿌리는 지금 어디로 향하고 있습니까? 생수의 근원 되시는 하나님을 향하여 뻗어 가고 있습니까? 아니면 세상을 향하여 뿌리를 뻗어 가고 있습니까?

영적인 사람입니까? 육적인 사람입니까?

이제 하나님의 은혜의 강변으로 여러분의 믿음의 뿌리를 내려 믿음의 장부들이 되시기를 바랍니다. 깊게 더 깊게 뿌리를 내려 축복의 샘의 근원에 도달하게 되시기를 소원합니다.

그러면 여름이 와도 끄떡없습니다. 가뭄이 와도 메마르지 않습니다. 아니 가물 때는 그 가치가 더욱 돋보입니다. 그래서 언제나 열매를 맺습니다. 하나님을 의지하고 하나님을 의뢰하는 사람에게 하나님은 틀림없이 복을 주십니다.

여러분, 하나님께서 주시는 복을 받아 생사화복을 주장하시는 하나님, 살아 계셔서 역사를 주장하시는 하나님의 능력을 증거 하는 성도들이 되시기를 바랍니다. 진실로 예수 잘 믿는 믿음의 장부들이 될 수 있기를 주님의 이름으로 축복합니다. 아멘.

의로운 소원

시편 84편 8-12절

8 만군의 하나님 여호와여 내 기도를 들으소서 야곱의 하나님이여 귀를 기울이소서 (셀라) 9 우리 방패이신 하나님이여 주께서 기름 부으신 자의 얼굴을 살펴 보옵소서 10 주의 궁정에서의 한 날이 다른 곳에서의 천 날보다 나은즉 악인의 장막에 사는 것보다 내 하나님의 성전 문지기로 있는 것이 좋사오니 11 여호와 하나님은 해요 방패이시라 여호와께서 은혜와 영화를 주시며 정직하게 행하는 자에게 좋은 것을 아끼지 아니하실 것임이니이다 12 만군의 여호와여 주께 의지하는 자는 복이 있나이다.

추운 겨울에 참고 잘 지낸 나무는 새 봄을 맞이합니다. 추운 겨울과 같은 고통에서 믿음으로 이기는 성도는 부활의 봄을 맞이하게 됩니다.

요즈음 프로 선수들, 해외파 선수들이 얼마의 연봉을 받았느니, 어떤 사람은 몇 십억을 몇 억을 어떻게 했느니 하는 언론 보도를 자주 접할 수 있습니다. 그들의 연봉, 그들이 가진 금액까지는 아니더라도 극히 일부분만이라도 내 수중에 있었으면 좋겠다는 생각을 하신 분들이 많을 것입니다. 솔직히 저도 그런 마음을 가질 때가 있습니다. 저도 돈을 좋아합니다.

그럴 수밖에 없는 것이 오늘날 서민들의 삶이 너무 어렵기 때문입니다. 하루하루 살아간다는 것이 결코 만만치 않은데다가 내일을 생각하면 불안할 수밖에 없는 상황에 놓여 있기 때문에 부귀영화를 바라보며 때때로 부러움을 느끼는 것이 사실입니다.

프랑스 왕 루이 16세의 왕비였던 마리 앙투아네트는 프랑스 혁명 당시 굶주림에 지친 백성들이 빵을 달라고 하자 "빵이 없으면 케익을 먹으면 될 것 아닌가."라고 말했다고 합니다. 궁중에서 배부르게 먹고살기 때문에 배고픈 백성들의 처지를 전혀 이해하지 못한 것입니다.

배고픈 사람의 사정은 배가 고파 보지 않고는 알 수 없습니다.

내 인생에 가장 배고픈 때가 언제였는가 기억을 되살려 보시기 바랍니다. 잠시 눈을 감고 한 번 생각해 보시기 바랍니다.

그런데 마태복음 5장 6절에서 주님은 "의에 주리고 목마른 자는 복이 있나니 그들이 배부를 것임이요."라고 하셨습니다. 예수님이 이 말씀을 하셨을 때에 이 설교를 듣던 청중들은 배고픈 사람들이었습니다. 대부분의 사람들이 하루 벌어서 하루 먹고 살았습니다. 비가 오거나 병이 나서 일을 나가지 못하면 굶어야 했습니다.

배고픔의 서러움과 고통이 무엇인지를 잘 알고 있는 사람들이었습니다. 이렇게 배고픈 사람들에게 예수님은 말씀하십니다. "너희 배가 고픈 것 같이 의에 주리고 목마른 자는 복이 있도다." 즉 배가 고파서 음식을 사모하는 것 같이 의를 갈망하는 자는 복이 있다는 말입니다. 다시 말하면 "너희는 의에 굶주린 사람들이 되라."는 것입니다.

여러분은 이 말씀을 어떻게 받아들이십니까? 배고픈 사람의 최우선 과제는 먹을 것을 구하는 것입니다. 굶어 죽어 가는 사람에게 예의, 체면, 문화, 예술이 무슨 가치가 있습니까?

그런데 예수님은 배고픈 사람들에게 무엇을 원하십니까? 살아야 하니까 무슨 짓이라도 하라고 가르치시지 않습니다. 또 예수님은 배고픈 사람들은 어떻게 해서든 먼저 배를 채우고 주님 앞에 나오라고 하시지 않았습니다. 가난한 사람들에게 열심히 돈을 벌어서 살만 하면 그때부터 예수 믿으라고 하시지 않았습니다.

예수님은 마태복음 6장 33절에서 "그런즉 너희는 먼저 그의 나라와 그의 의를 구하라 그리하면 이 모든 것을 너희에게 더하시리라."고 하셨습니다. 배고프면 배고픈 대로, 가난하면 가난한 대로 먼저 주님 앞에 나오라고 하십니다. 그런데 우리는 어떻습니까? 우리는 항상 하나님의 뜻을 이루는 의로운 일보다 우리 육신의 문제를 해결해야 한다고 생각합니다.

전도를 해 보면 대부분의 사람들이 먹고 살기가 힘들어서 주일 날 설 수 없다고 말합니다. 그러나 예수님은 우리의 육신의 필요를 채우는 것보다 의를 추구하는 것이 먼저라고 하십니다. 가난한 사람은 가난에서 벗어나고 싶은 욕망보다, 가난하지만 하나님 앞에 바르게 살고자 하는 욕망이 더 강해야 한다고 하십니다. 내 생활 속에서 하나님의 말씀이 실천되기를 원하는 욕망이 더 강해야 한다는 말씀입니다.

의에 주리고 목마른 자가 되라는 말씀은 이런 의미가 있습니다. 배고파 굶어 죽어 가는 사람이 음식을 갈망하는 것처럼 의를 갈망하라는 말씀입니다.

그러나 문제는 우리에게 이것은 거의 불가능하다는 데 있습니다. 사람은 온전한 의를 이룰 수 없습니다. 아무리 뛰어난 사람이라도 성경이 요구한 것을 다 지킬 수 없습니다. 오늘 말씀에 의를 행하는 자가 되라고 하시지 않고 의를 갈망하는 자가 되라고 하신 이유가 여기 있습니다. 육신을 가진 인간이 하나님이 원하시는 의를 완벽하게 이룰 수는 없습니다. 그러므로 오늘 말씀에 의를 '완성하라.'고 하지 않고 '목말라 하라.' 즉 '갈망하라.'고 하신 것입니다. 나를 통하여 하나님의 의가 이루어지기를 '간절히 소망'하라는 말씀입니다.

의를 실천하고 완성하는 것은 할 수 없지만 의를 갈망하고 사랑하는 것은 누구나 할 수 있습니다.

오늘 성경 시편 84편의 시를 노래한 시인은 결코 부귀와 영화를 부러워하지 않았습니다. 그렇다고 해서 그에게 재물이 많다거나 영화가 있었던 것도 아닙니다. 이 시인은 절기를 맞아 하나님께 예배를 드리기 위해 예루살렘으로 올라가던 순례자 가운데 한 사람입니다. 예루살렘을 향해 길을 떠난 한 순례자가 하나님의 성전을 간절히 사모하면서 찬양한 시입니다. 그의 시를 살펴보면 이 시인이 정말로 부러워했던 것이 무엇인지를 알 수 있습니다.

이 시인은 참새와 제비를
부러워하고 있습니다.

시편 84편 3절을 보면 시인은 세상을 호령하는 군왕을 부러워하고 있는 것이 아닙니다. 돈이 많은 부자를 부러워하고 있는 것도 아니요, 무시무시한 권력을 소유한 사람을 부러워하고 있는 것도 아닙니다. 지금 그가 부러워하는 대상은 '참새'와 '제비'입니다.

제비가 창공을 날아다닐 수 있어서 부러운 것도 아니요, 참새가 가고 싶은 곳을 마음대로 다닐 수 있어서 부러운 것도 아닙니다. 단지 성전에서 자고 일어나며 항상 하나님과 더불어 동행하며 살 수 있기에 부럽다는 것입니다.

사랑하는 성도 여러분! 여러분이 지금 부러워하고 있는 것은 무엇입니까? 가난하기 때문에 돈 많은 사람이 부러울 경우도 있을 것입니다. 권력이 부럽기도 하고 큰 집, 좋은 자동차를 가진 사람이 부러울 수도 있습니다. 그러나 오늘 시인처럼 주님과 더불어 동거동락 할 수 있기를 더 사모하고 그것을 부러워할 수 있는 훌륭한 신앙인이 되시기를 소원합니다.

오직 하나님만을 의지하고 기도하며 하나님의 지혜를 받는 성도가 되어야 합니다. 하나님의 지혜를 받은 사람은 하나님과 깊은 사랑에 빠지게 됩니다. 그래서 주일을 따 먹지 않습니다. 예배를 따 먹지 않습니다. 십일조를 따 먹지 않습니다. 이것이 우리의 소원이 되어야 합니다. 우리에게 해가 되지 아니하고, 손해도 되지 아니하고, 평생토록 행복할 수 있는 길은 주님과 사랑에 빠지는 것임을 믿으시기 바랍니다.

하나님의 성전 처마 밑에 둥지를 틀고 사는 저 참새와 제비를 바라보며 저들처럼 주님의 전에 거하며 주님과 함께하는 삶을 사모하실 수 있기를 소원합니다.

디모데전서 6장 17절에 "네가 이 세대에서 부한 자들을 명하여 마음을 높이지 말고 정함이 없는 재물에 소망을 두지 말고 오직 우리에게 모든 것을 후히 주사 누리게 하시는 하나님께 두며."라고 하였습니다.

또한 이 시인은 문지기를
부러워하고 있습니다.

시편 84편 10절을 읽으시겠습니다. "주의 궁정에서

의 한 날이 다른 곳에서의 천 날보다 나은즉 악인의 장막에 사는 것보다 내 하나님의 성전 문지기로 있는 것이 좋사오니." 이 시인은 주님의 성전에서 하루를 사는 것이 다른 곳에서 천 날을 사는 것보다 더 좋다고 말합니다. 문지기가 되어서 주님의 성전을 돌볼 수만 있다면 더 이상 바랄 것이 없다는 것입니다.

지금 이 시인이 안고 있는 고민은 어떻게 하면 잘 살 수 있을까가 아닙니다. 어떻게 하면 돈을 더 많이 벌 수 있고, 어떻게 하면 성공할 수 있을까가 아닙니다. 그저 그에게는 주님의 성전을 사모하는 마음과 주님의 은혜를 사모하는 마음뿐입니다. 그래서 할 수만 있다면 문지기가 되어 여호와의 성전에 머물러 걸레질하고 청소하며, 마음껏 찬양하며 감사하고 싶다는 말입니다.

꿈을 가져야 합니다.

그런데 여러분, 세상에서는 꿈이 이루어지지 않으면 인생을 망칩니다. 많은 사람들이 자살합니다. 대중가요 가사 중에 "이룰 수 없는 꿈은 슬퍼요 나를 울려요."라는 노래가 있습니다. 개인의 야망과 육신의 안락함을 추구하는 꿈은 이루어지지 않으면 실패한 것입니다. 큰 고통과 아픔, 좌절과 절망을 가져옵니다.

그러나 의로운 꿈은 이루어지지 않아도 많은 유익이 있습니다. 나라를 위하여 꾸는 꿈은 이루어지지 않아도 상처를 입지 않습니다. 꿈 자체가 유익이 있습니다.

다윗은 성전 짓기를 그렇게 소원했으나 꿈을 이루지 못했습니다. 그러나 하나님은 그 마음을 보시고 놀랍게 축복해 주셨습니다. 김구 선생은 통일된 조국에 대한 꿈이 있었습니다. 미국 16대 대통령 에이브러햄 링컨은 비록 집은 가난했지만 정직하고 성실한 아버지와 인자하고 신앙심 깊은 어머니를 통해 꿈을 꾸며 그 꿈을 이루어 나갔습니다. 링컨의 가족들은 어떤 일이 있어도 주일이 돌아오면 일찍 일어나 깨끗한 옷으로 갈아입고 교회에 가서 예배를 드렸습니다. 그의 부모는 신앙생활에 열정적이었고 교회 봉사에도 적극적이었던 헌신적인 그리스도인들이었습니다.

그의 어머니는 무엇보다 아들 링컨의 마음속에 '신앙'과 '꿈'을 심어 주었습니다. 어려운 환경 속에서도 꿈과 희망을 잃지 않도록 용기를 주었고, 아들 링컨을 성경의 사람, 기도의 사람, 봉사의 사람으로 자라도록 했습니다. 통나무집에서도 하나님에 대한, 하나님 나라 확장에 대한 의로운 꿈을 키워 나가도록 했습니다.

링컨은 아무리 어려운 상황에서도 하나님을 사랑하고 그분의 날개 아래 거하기만 하면 하나님께서 반드시 합력하여 선을 이루어 주실 것임을 믿었고, 어떤 실패와 절망과 좌절이 있어도 하나님을 사랑하는 사람에게는 결국 하나님의 선한 인도하심이 있을 것이라는 믿음과 꿈으로 성공할 수 있었던 것입니다.

사랑하는 여러분, 의로운 소원은 하나님께서 그 마음을 받아 주십니다. 의로운 꿈은 하나님이 이루어 주십니다. 이루어지지 못할 꿈이라도 의로운 꿈들을 많이 품고 있어야 합니다. 의에 주리고 목마른 자는 배부름을 얻습니다. 일 년 52주 주일예배마다 교회에 나와서 예배드리는 것이 힘들어 보입니까? 그러나 마음만은 그렇게 가져서는 안 됩니다.

내가 주님을 위하여 할 일이 없고, 목사님을 도와줄 돈도 없고, 능력도 없지만 일 년 52주 주일은 꼭 지켜야겠다는 꿈은 가져야 합니다. 처음부터 형편 되는대로 주일을 지키겠다고 생각하면 안 됩니다. 어렵고 힘들어도 링컨과 그 가족처럼 주일을 따 먹는 일은 하지 말아야 합니다. 예배를 따 먹지 말아야 합니다. 십일조 따 먹지 말아야 합니다.

꿈꾸는 자들은 담대하게 꿈꾸며 그 꿈대로 살아가는 사람들입니다. 그리고 그 꿈들을 분명하고 명확하게 다듬을 줄 아는 사람들입니다. 우리가 꿈을 가볍게 여기면 우리는 그 꿈이 가진 모든 힘과 가능성을 잃게 됩니다. 꿈은 노력이 있어야 합니다. 꿈은 땀이 있어야 합니다. 꿈은 고통이 있을 때 이루어집니다.

여러분, 책략과 꿈을 구분할 줄 알아야 합니다. 책략가에게는 윤리와 도덕과 가치 등이 상대적입니다. 책략가는 사람을 이용하고 권력을 남용합니다. 반대로 꿈의 사람은 종의 마음을 가지고 있습니다. 책략가는 "내가 무엇을 얻을 수 있지?"라고 묻지만, 꿈의 사람은 "내가 무엇을 줄 수 있지?"라고 묻습니다. 꿈의 사람은 주는 사람이지 빼앗는 사람이 아닙니다. 꿈의 사람은 활기가 넘치는 정열로 다른 사람들에게 한계를 넘어 커다란 꿈을 꾸도록 격려하고 힘을 줍니다. 꿈의 사람은 세계를 건설하지만 책략가는 세상을 좀 먹고 자신을 좀 먹습니다.

꿈들을 실현하기 위한 기초는 재능+소명+준비+기회입니다. 이것이 바로 꿈의 방정식입니다. 가장 위대한 꿈은 아주 작은 불꽃에서 시작됨을 명심하시기 바랍니다. 진정한 소원은 사람들을 이용한다는 흔적이 없을 때 가치가 있음을 알아야 합니다.

무슨 꿈이든지 무슨 소원이든지 그것을 붙잡으려면 엄청난 결심이 필요하다는 것을 명심하셔야 합니다. 평범한 사람이 비범한 꿈을 실현하려면 반드시 비범한 결정을 내려야 가능한 것임을 깨달으시기 바랍니다.

한 젊은 만화가가 자신의 그림을 들고 여러 신문사를 찾아다니며 연재를 부탁했으나 아무도 자신의 그림을 인정해 주지 않았습니다. 어떤 사람들은 이것도 만화냐며 비웃기도 했습니다. 그러나 만화가는 실망하지 않고 계속 그림을 그리며 기회가 오기를 기다렸습니다. 그는 너무 가난해서 쥐가 우글거리는 창고에서 그림을 그리다가 생쥐 캐릭터를 그렸습니다. 그런데 이 그림이 선풍적인 인기를 모으게 되었고 드디어 만화가는 거부가 되었으니 이 사람이 바로 미국 만화 영화의 개척자 월트 디즈니라고 합니다. 그리고 생쥐 그림이 바로 그 유명한 미키 마우스입니다. 꿈이 있는 사람은 반드시 때가 되면 빛을 보게 됩니다.

이화여자대학교 김옥길 전 총장은 "오래 가꾼 나무에서 아름다운 꽃을 기대할 수 있듯이 기다림은 꿈이 있는 사람들의 특권이다. 눈앞에 손가락만 보고 멀리 떠있는 달을 보지 못하는 자에겐 꿈이 있을 수 없다."고 했습니다.

의로운 소원에는 복이 있습니다.

오늘 성경 시편 84편에서 복에 대한 정의를 하고 있

습니다. 복을 받은 사람은 연봉을 많이 받는 사람이나, 높은 권좌에 앉은 사람이 아니라 "주의 집에 사는 자"라고 말씀합니다.

시편 84편 4절에 "주의 집에 사는 자들은 복이 있나니 그들이 항상 주를 찬송하리이다." 시편 84편 5절에 "주께 힘을 얻고 그 마음에 시온의 대로가 있는 자는 복이 있나이다." 시편 84편 6절에 "그들이 눈물 골짜기로 지나갈 때에 그 곳에 많은 샘이 있을 것이며 이른 비가 복을 채워 주나이다."라고 하였습니다.

그렇습니다. 진정한 복을 누리며 사는 사람은 항상 주님을 찬송할 수 있는 사람입니다. 항상 그 마음에 주님을 영접하고 사는 사람이 복된 사람입니다. 주님 안에는 영생이 있습니다. 용서가 있고 자비가 있으며 구원이 있습니다. 그리고 축복이 있습니다. 그러므로 주님 안에 거하는 사람은 이런 모든 것을 누릴 수 있는 자녀이기에 복이 있다는 것입니다. 그래서 시편 84편 12절에 "만군의 여호와여 주께 의지하는 자는 복이 있나이다."라고 하였습니다.

여러분, 지금은 가난해서 헌금할 돈이 없어도, 내가 언젠가는 돈을 벌어서 하나님 앞에 교회를 하나 지어서 바쳐야지 하는 꿈, 나도 세계 선교에 크게 한 몫을 담당해야지 하는 소원이 필요합니다.

시편 103편 5절 "좋은 것으로 네 소원을 만족하게 하사 네 청춘을 독수리 같이 새롭게 하시는도다." 하였습니다. 즉 이 말씀은 하나님께서 좋은 것으로 네 필요를 채우신다는 의미가 있습니다. 실로 하나님은 그의 종들의 소원을 만족케 하시며 모든 것을 후히 주시기를 즐겨하십니다.

의로운 소원을 가지시기 바랍니다.

의에 주리고 목마른 자는 배부름을 얻는 복을 받습니다. 아멘.

나는 여호와로 인하여
기뻐하고 즐거워하리로다

하박국 3장 17-19절

17 비록 무화과나무가 무성하지 못하며 포도나무에 열매가 없으며 감람나무에 소출이 없으며 밭에 먹을 것이 없으며 우리에 양이 없으며 외양간에 소가 없을지라도 18 나는 여호와로 말미암아 즐거워하며 나의 구원의 하나님으로 말미암아 기뻐하리로다 19 주 여호와는 나의 힘이시라 나의 발을 사슴과 같게 하사 나를 나의 높은 곳으로 다니게 하시리로다 이 노래는 지휘하는 사람을 위하여 내 수금에 맞춘 것이니라.

세계적으로 복지시설이 가장 잘 되어 있는 나라가 네덜란드라고 할 수 있습니다. 제가 빌리 그레이엄 목사 초청으로 암스테르담에서 있었던 국제 전도대회에 참가했을 때, 그곳에는 개나 고양이 아파트가 있어 관리하는 것을 보았습니다. 네덜란드 사람들은 경제적으로나 문화적으로 넉넉한 생활을 누린다고 합니다. 그런데 이렇게 좋은 환경임에도 대부분의 사람들이 생활에 만족하지 못하고 불평하며 산다는 것입니다.

오래 전에 세계에서 가장 사치스러운 여자로 선정되었던 필리핀의 전 대통령 마르코스 이멜다는 이런 말을 했습니다. "나는 고독하다." 쇼핑할 때마다 수천만 원씩 물쓰듯하는 그녀가 하는 말이 '고독하다'는 것입니다. 평생을 뿌리며 다녀도 다 쓰지 못할 정도의 돈이 있어도 마음이 고독하고 불안하고 기쁨이 없다는 것입니다.

잠언 17장 1절에 "마른 떡 한 조각만 있고도 화목하는 것이 제육이 집에 가득하고도 다투는 것보다 나으니라."고 하였습니다. 즉 이 말씀은 고기반찬을 먹으면서도 행복을 모르는 사람이 있는가 하면, 마른 떡 한 조각을 나누어 먹으면서도 행복하게 사는 사람이 있다는 것을 가르쳐 주고 있습니다.

심한 화상의 고통을 신앙으로 극복한 이지선 자매는 "손가락이

화상으로 문드러졌지만 마디가 남아 글을 쓸 수 있고 좋아하는 사진 촬영을 할 수 있어서 기쁘다."고 말했습니다. 이지선 자매는 항상 밝은 얼굴로 자신이 겪은 참혹한 고통과 그 가운데서 만난 하나님의 사랑을 전하고 자신이 입은 화상마저 "하나님의 사랑의 흔적"이라고 이야기합니다. "부끄러움 없이 하나님의 사랑을 증거할 수 있는 힘은 감사에서 온다."는 그녀의 고백은 감사가 메마른 우리에게 무엇인가를 던져 주고 있습니다.

신앙인이 참 신앙인다울 수 있는 것은 무엇이라고 생각하십니까? 가장 중요한 것 한 가지를 뽑으라면 '감사하는 마음'이라고 할 수 있습니다. '감사'는 성도의 기본이면서도 성숙한 신앙인에게서 배어 나오는 믿음의 열매이기 때문입니다.

이스라엘의 대표적인 3대 절기가 있습니다. '유월절, 맥추절, 수장절'을 말하는데, 이 속에는 하나님을 향한 감사의 마음이 짙게 깔려 있음을 알 수 있습니다.

이스라엘의 절기를 비롯하여 그들의 생활습관을 보면 하나님을 향한 감사의 마음이 곳곳에 배어 있음을 알 수 있습니다. 이들은 환경을 뛰어넘어 사랑할 수 없는 사람을 사랑하고, 감사할 수 없는 환경에서 흘러나오는 감사가 그들로 하여금 하나님의 은혜를 받아 풍성한 삶을 살도록 하였습니다.

7월말부터 8월 중순까지는 휴가기간이라고 할 수 있습니다. 그러나 우리는 이 후반기를 맞으며 먼저 주님의 사랑과 은총을 생각하며 감사의 예배를 드려야 합니다. 곡식과 과일이 이때 자라지 않으면 안 됩니다. 우리의 신앙도 이 시기에 더욱 자라야 합니다. 믿음이 자라야 하겠습니다.

신명기 16장 10절에 "네 하나님 여호와 앞에 칠칠절을 지키되 네 하나님 여호와께서 네게 복을 주신 대로 네 힘을 헤아려 자원하는 예물을 드리고."라고 하였습니다. 감사의 맥추절을 지키라는 것입니다. 이것은 하나님께서 감사의 예배를 받기 원하고 계시다는 것을 말해 주고 있습니다.

왜 하나님께서 감사의 절기를 지키라고 하십니까?

그것은 하나님께서 감사하는 자에게 복과 은혜를 주시려고 하시기 때문입니다. 수많은 사람들이 행복하게 살기를 원합니다. 가진 것만큼 행복하다고 생각하기에 최선을 다해서 노력을 합니다. 그래서 돈을 벌고 권력을 키우기 위해 온갖 노력을 기울였습니다. 그 결과 많은 것을 소유했고 큰 권력도 잡았습니다.

그러면 돈과 권력과 모든 것을 소유한 지금은 행복합니까?

컴퓨터가 집집마다 있다고 해서 지금은 행복합니까? 핸드폰이 집집마다 한두 개씩 있다고 행복합니까?

행복하다면 이멜다 마르코스는 왜 "나는 고독하다."라고 얘기하고 있으며, 네덜란드 사람들은 왜 만족이 없고 즐겁지 못한 것입니까? 그 이유는 행복의 근원이 돈에 있지 아니하고, 권력에도, 좋은 환경에도 있지 아니하기 때문입니다.

고기 반찬을 먹는다고 행복한 것이 아니요, 마른 떡 한 조각을 겨우 먹고 산다고 불행한 것이 아닙니다. 행복의 근원은 다른 곳에 있음을 알아야 합니다. 성경에 '인생의 참다운 기쁨이 어디서 오며 참 행복은 누구로부터 오는 것인가?'에 대한 답이 잘 나타나 있습니다.

하박국은 사람들이 갈대아 인들에 의해 처참히 짓밟히고 학살과 노략질을 당했던 시기, 짐승들까지 빼앗기거나 죽임을 당했고, 살아남은 사람에게는 한 톨의 재산도 없었고, 기근이 들어 황폐한 것밖에는 남은 것이 없었던 시대에 살았습니다. 그야말로 생지옥을 방불케 하는 난세가 거듭되었고 이스라엘 백성들은 모두가 좌절과 절망과 자포자기에 빠져 있었던 시대였습니다.

그때 하박국 선지자는 놀라운 반응을 보여 주고 있었습니다. 하박국 3장 17-18절에서 "비록 무화과나무가 무성하지 못하며 포도나무에 열매가 없으며 감람나무에 소출이 없으며 밭에 먹을 것이 없으며 우리에 양이 없으며 외양간에 소가 없을지라도 나는 여호와로 말미암아 즐거워하며 나의 구원의 하나님으로 말미암아 기뻐하리로다.”라고 하였습니다.

사랑하는 여러분, 생각해 보세요. 이 당시의 환경이 어떻습니까?

어마어마한 흉년이 든 데다가 노략질을 당해서 포도 한 송이, 배추 한 포기, 쌀 한 톨을 얻을 수 없고, 키우던 양도 소도 모두 빼앗겨서 썰렁한 외양간만 남아 있을지라도 나는 구원하시는 하나님을 생각하며 기뻐한다는 것입니다.

풍년을 주셔서 감사한다는 것이 아닙니다. 사업이 잘 되게 해주셔서 기뻐하는 것이 아니라는 것입니다. 흉년이 들어서 폐허가 되었을지라도, 사업에 부도가 났을지라도, 구원의 하나님을 생각하면서 감사한다는 것입니다. 그야말로 하박국 선지자의 신앙은 조건 없는 신앙이요 감사였습니다.

실로 하박국의 믿음은 경제 상태나 환경 여하에 따라 좌우되지 않았고, 그의 기쁨은 하나님이 자신과 함께 계신 사실에 근거한다고 볼 수 있습니다. 하박국의 마음은 모든 것은 다 빼앗겨도 하나님만큼은 빼앗길 수 없다는 것이요, 그 어떤 소유도 하나님보다 더 소중한 것은 없다는 것입니다.

성경에 나오는 욥을 보세요. 하나님이 욥의 모든 것을 거두어

가기 시작하셨습니다. 어느 날 욥의 가정에 재앙이 닥쳐왔습니다. 하인이 헐레벌떡 달려와서 하는 말이 "스바 사람이 와서 칼로 사람을 죽이고 모든 것을 빼앗아 갔나이다."라고 합니다.

이 말이 끝나기도 전에 다른 사람이 달려와서는 "하나님의 불이 하늘에서 내려와서 양과 종을 살랐나이다."라고 했습니다. 그가 아직 말하고 있을 때 다른 사람이 와서 "갈대아 사람이 낙타를 빼앗고 종들을 죽였나이다."라고 처참한 상황을 알리고 있었습니다.

불행은 여기서 끝나지 않았습니다. 그의 말이 끝나기도 전에 이번에는 지금까지의 소식보다 더 엄청난 비보를 전해 듣게 됩니다. "태풍으로 집이 무너져 자녀들이 죽었나이다."

그러나 여러분, 성경은 말합니다. 오히려 욥은 땅에 엎드려 슬퍼하면서도 하나님을 경배했다고 했습니다. 그리고 그는 엄청난 신앙 고백을 합니다. "내가 모태에서 알몸으로 나왔사온즉 또한 알몸이 그리로 돌아가올지라 주신 이도 여호와시요 거두신 이도 여호와시오니 여호와의 이름이 찬송을 받으실지니이다."

참으로 감동적인 고백이 아닐 수 없습니다. 주신 자도 여호와시요, 거두어 가신 자도 여호와시니 찬송을 받으시라는 것입니다. 욥이나 하박국의 신앙은 기복으로 오염된 신앙이 아니었습니다.

또한 그에게 질병이 오기 시작하는 데 발바닥에서 정수리까지 악창이 생겨나서 기와 조각으로 몸을 긁으며 살게 되었습니다. 그의 병고가 얼마나 비참하였던지 친구들이 문병을 와서는 말 한 마디도 못할 정도로 번뇌가 심하였습니다. 심지어는 그의 아내마저도 "하나님을 욕하고 죽으라."는 말까지 해댔습니다. 아내가 이런 말을 하자 욥은 "그대의 말이 한 어리석은 여자의 말 같도다 우리가 하나님께 복을 받았은즉 화도 받지 아니하겠느냐."라고 말합니다.

더욱 놀라운 것은 "이 모든 일에 욥이 입술로 범죄하지 아니했다."고 성경은 기록하고 있다는 사실입니다. 이 얼마나 놀라운 신앙입니까? 그러니 하나님께서 "동방에서 가장 큰 자"라고 자랑하실만한 욥이었습니다.

성경말씀대로 우리의 주인 되시는 하나님의 마음을 시원하게 해 드린 욥이요, 하박국이었습니다. 이런 욥에게 하나님께서는 전보다 갑절로 복을 주셨습니다. 할렐루야!

이처럼 놀라운 욥의 신앙과 가진 것이 없어도 오직 여호와로 인해 기뻐하고 즐거워한다는 하박국의 신앙을 본받고 따르도록 해야 합니다.

오늘날에도 우리 주위에서는 삶의 이런저런 어려움 때문에 스스로 목숨을 끊는 사람들의 이야기가 들려옵니다. 예수님께 속한 사람과 세상에 속한 사람은 삶의 방향과 소망이 완전히 다릅니다. 우리 주위에 살고 싶어 하는 사람들의 소리를 들을 수 있어야 하고, 그들에게 복음을 속히 전해야 합니다.

성도 여러분! 그동안 우리의 신앙은 어떠한 신앙이었습니까?

혹시 바람 부는 대로 흔들리는 갈대처럼 환경에 따라 이리 흔들리고 저리 흔들리는 신앙은 아니었습니까?

하나님에 대해서나 교회에 대해서 두 마음을 품은 신앙은 아니었습니까?

사업이 잘 되면 감사하고 그렇지 않으면 불평하고 원망하며 실의에 빠지는 신앙은 아니었습니까?

환경에 따라 색깔이 달라지는 신앙은 기쁨과 감사를 유지할 수 없습니다. 사업 때문에 예수를 믿는 사람은 사업이 안 되면, 가정이 잘 안 되면 기쁨도 없고 감사도 없습니다.

그러나 욥은 복을 받으려고 하나님을 섬긴 것이 아니었기에 모든 소유를 잃어도 찬송하며 감사했습니다. 하박국 선지자도 모든 것을 빼앗기고서도 오직 하나님만을 생각하며 기뻐했던 것처럼 우리도 감사하며 살아가야 합니다.

돈 때문에 예수를 믿는 사람은 경기가 안 좋으면 감사하지 못합니다. 우리에게 가난과 고통이 닥쳐와서 힘들고 어려울지라도 하박국 선지자처럼 "나는 여호와로 인하여 기뻐하고 즐거워한다."는 이 신앙, 이 마음을 가지시기를 바랍니다.

독일의 유명한 음악가인 요한 세바스찬 바흐가 노년이 되어 시력을 잃었을 때의 이야기입니다. 바흐는 당시 유명한 안과 의사로부터 수술을 받았습니다. 회복을 위한 오랜 시간이 흘러 의사가 바흐의 눈에서 붕대를 풀었을 때 침대에 둘러서 있던 자녀들이 바흐에게 물었습니다. "아버님, 뭔가 보이세요?" 바흐가 대답했습니다. "모든 것이 주님의 뜻대로 되었다. 아무 것도 보이지 않는구나!" 희망이 사라지는 순간이었습니다. 앞으로 영원히 볼 수가 없다는 사실에 그의 가족은 큰 슬픔에 잠겼습니다.

그때 바흐는 오히려 자녀들을 위로했습니다. 그리고 도리어 하나님께 감사의 찬송을 불렀습니다. 그가 작곡한 찬송가 145장 3절입니다. "나 무슨 말로 주께 다 감사드리랴, 끝없는 주의 사랑 한없이 고마워, 보잘 것 없는 나를 주의 것 삼으사 주님만 사랑하며 나 살게 하소서." 이 감동적인 감사 찬송은 불행을 딛고 선 바흐의 믿음과 승리의 개가입니다.

우리는 오늘의 말씀을 통해서 나의 신앙을 다시 한 번 확인하고 다짐하는 시간을 가져야 할 것입니다. "비록 무화과나무가 무성하지 못하며 포도나무에 열매가 없으며 감람나무에 소출이 없으며 밭에 먹을 것이 없으며 우리에 양이 없으며 외양간에 소가 없을지라도 나는 여호와로 말미암아 즐거워하며 나의 구원의 하나님으로 말미암아 기뻐하리로다."

다윗은 시편 31편 9-13절에서 "여호와여 내가 고통 중에 있사오니 내게 은혜를 베푸소서 내가 근심 때문에 눈과 영혼과 몸이 쇠하였나이다. 내 일생을 슬픔으로 보내며 나의 연수를 탄식으로 보냄이여 내 기력이 나의 죄악 대문에 약하여지며 나의 뼈가 쇠하도소이다. 내가 모든 대적들 때문에 욕을 당하고 내 이웃에게서는 심히 당하니 내 친구가 놀라고 길에서 보는 자가 나를 피하였나이다. 내가 잊어버린바 됨이 죽은 자를 마음에 두지 아니함 같고 깨진 그릇과 같으니이다. 내가 무리의 비방을 들었으므로 사방이 두려움으로 감싸였나이다. 그들이 나를 치려고 함께 의논할 때에 내 생명을 빼앗기로 꾀하였나이다." 특히 14절에 "여호와여 그러하여도 나는 주께 의지하고 말하기를 주는 내 하나님이시라 하였나이다."

감사는 마음에 우러나는 대로, 믿음의 분량대로 하는 것이라고 성경은 말씀하십니다. 없으면 없는 대로, 있으면 있는 대로, 자원하는 마음으로 정성을 다해 주님께 감사할 수 있기를 바랍니다. 감사를 하되 환경의 구애를 받지 않고, 고난과 아픔 속에서도 "나는 여호와로 인하여 기뻐하고 즐거워하리로다." 다윗과 같이 "그러하여도 주는 내 하나님이시라."라는 믿음과 고백으로 감사하며 새로운 삶을 사는 저와 여러분이 되시기를 소원합니다. 아멘.

노숙자 목사되다

나는 충청북도 괴산군 청안면 읍내리 279번지에서 1942년 4월 15일(음력) 이른 아침에 부친 김용학과 모친 박옥례의 6남매의 둘째로 태어났다. 집은 몹시 가난하였고, 나는 장남이었다.

초등학교 때부터 아버지의 농사일을 도왔고, 가계에 조금이라도 도움이 되기 위해 아버지와 함께 산에서 나무를 해서 청안 장날에 내다 팔기도 했다. 그렇게 번 돈으로 학비를 마련했고, 검은 고무신, 노트, 연필을 사기도 했다. 때로는 어머니가 선반에 올려 놓은 계란을 꺼내서 먹다가 들켜 혼나기도 했다.

아버지를 따라 추운 겨울에 생선, 물오징어를 아침 6시부터 지게에 지고 산동네에 가서 팔기도 했다. 특히 오징어 파는 날 아침에 어머니가 수고했다며 해 주시던 찌개와 국을 먹고 얼었던 몸이 따스하게 녹아내리던 기억을 잊을 수가 없다.

국민학교 5학년, 6학년 시절 사촌 형(김창환)이 읍내리에서 신문지국을 운영할 때 석간신문을 배달하여 학비를 벌기도 했다.

청안국민학교를 졸업하고 청안중학교(입학 당시에는 칠보학원)를 다니는 데 수업료가 없어 힘들었다. 청안중학교 교장이시던 정천일 장로님이 인삼 밭을 경영하였는데, 나와 동기생 양창옥(나이가 나보다 몇 살 위이고 큰 산 넘어 교회 전도사님의 동생이었던)은 수업을 마친 후에는 인삼 밭에서 함께 일하고, 원두막에서 함께 자며, 밤에는 공부도 하고, 인삼 밭의 경비도 보았다. 그렇게 우리는 학비를 면제 받으며 공부했다.

나는 중학교 2학년 때 청안교회 정훈택 목사님에게 세례를 받았다.

내가 초등학교를 다닐 때 어려운 집안 형편임에도 사촌 형제들이 우리 집에서 함께 살게 되었다. 원래 우리 형제들은 7남매였다. 그런데 여동생 창순이가 초등학교 때 무슨 병인지 모를 병에 걸려 먼저 세상을 떠났다. 그렇게 남은 6남매와 아버지, 어머니까지 여덟 식구에다 사촌 형제들이 함께 사는 대식구였다. 집에서는 아무 희망이 보이지 않았다. 나는 집을 떠나야만 되겠다는 생각을 하게 되었다.

당시 청안교회 새벽종을 이기문 장로님이 늘 치셨는데, 하루는 장로님께 가서 내가 종을 치겠노라고 말씀드렸다. 장로님은 하루라도 건너면 안 된다는 당부 말씀과 함께 그 일을 내게 맡기셨다. 그렇게 나는 중학교 3년 동안 하루도 건너지 않고 새벽종을 치며 기도하였다. "하나님, 저를 서울에 가서 대학을 졸업시켜 주시면 주의 종이 되겠습니다. 시골에 있으면 조그만 농사밖에 더 합니까?"

청안중학교를 졸업하고 고등학교를 가야겠기에 등록금이 가장 싼 청주농업고등학교 입학시험을 보았으나 떨어졌다. 집에서 몇 개월 있던 중에 예전 청안중학교 인삼 밭에서 같이 일하던 친구가 서울에 있는 친척 집에 가서 살면서 영락교회가 운영하는 영락학원을 다닌다고 하는 편지를 한 통 받았다. 야간인 영락학원을 다니면 낮에는 일해서 등록금도 마련하고 공부할 수 있으니 서울로 오라는 편지였다.

나를 잊지 않고 편지를 보내 준 친구가 너무 고마웠다. 나는 하나님이 주시는 좋은 기회이자, 복이요, 기도 응답으로 믿었다. 그해 6월에 부모님이 마련해 주신 쌀 두 말을 가지고 증평역에서 기차를 타고 서울로 떠났다.

그때 우리 집에서 쌀 두 말은 엄청나게 큰 것이었다. 보릿고개에 보리밥, 밀기울로 끼니를 때울 때였기 때문이다. 이 쌀 두 말을 아버지가 지게에 지고 증평역까지 오셔서 기차 안에 실어 주셨다. 기차에서 나가시는 아버지의 눈에 눈물이 맺혀 있었다. 아버지는 기차가 떠날 때까지 계속 울고 계셨다. 그날 아버지의 모습은 지금 내 나이가 칠십이 훨씬 넘도록 마음을 울리며 눈에 선하다.

서울에 도착하면 친구와 왕십리역에서 만나기로 약속이 되어 있었다. 하지만 서울 지리를 전혀 몰랐던 나는 전동차를 타고 왕십리역을 훨씬 지나 돈암동 종점까지 가고 말았다. 마침 저녁이 되어 날도 어둑어둑해지고 있었다. 어디로 가야할지 모르고 서 있는데 어떤 분이 내게 와서 행선지자를 물었다. 자초지종을 말하고 친구가 보내 준 주소를 보여 주었더니 그분이 나를 친구가 사는 집까지 데려다 주셨다. 그분이 너무도 고마웠다. 친구는 왕십리역에서 기다리다가 집으로 돌아왔다고 하며 반가워했다.

친구는 왕십리장로교회 장로님이셨던 고종사촌 형님(신락균 장로님) 댁에서 살고 있었다. 친구의 고모도 같은 교회 양 권사님이셨다. 친구와 나는 그 댁에서 제공하는 다락에서 살며 얼마를 지냈다. 서울에서의 첫 날이었다. 어려운 가운데서도 숙소와 먹을 것을 제공해 주신 신락균 장로님과 부인 송 권사님, 고모 양 권사님께 지금도 감사하고 있다.

나는 친구 양창옥과 함께 영락학교에 가서 편입 시험을 치루고 합격이 되어 학교를 다니게 되었다. 영락학교는 영락교회 교육관을 교실로 사용했다(그곳은 현재도 교육관으로 남아 있다.). 입학금은 쌀을 일부 팔아서 충당했다. 그러나 친구도 힘든데 나까지 계속 있을 수가 없어서 그 집을 나온 뒤 낮에는 일하고, 오후 4시에는 학교를 가는 삶을 살게 되었다.

예전 청안중학교 인삼 밭에서 일할 때 교장이시던 정천일 장로님께서 작은 일에 충성해야 큰 일도 할 수 있다는 말씀을 자주 해 주셨다. 나는 이 말씀을 마음에 새겼고, 어디를 가도 이런 정신으로 일하겠다고 다짐하였다. 그리고 크고 작은 모든 일에 충성하려고 애썼다.

서울에서 처음으로 친구 양창옥과 함께 일하게 된 곳은 새장을 만드는 공장이었다. 그때는 십자매, 잉꼬가 인기가 있어 공장이 잘 되었다. 그런데 문제는 다른 사람들은 일하는 오후에 나만 학교에 가야 한다는 것이었다. 할 수 없이 그 공장을 그만두었다.

그리고 오고 갈 데가 없어진 내게 반 친구인 이성훈(후에 목사가 되어 아르헨티나 선교사로 떠났다.)이 자기 집에 가서 같이 지내자고 하여 얼마동안 지냈는 데 너무나 고마웠고 감사했다. 그러나 너무 미안한 나머지 그 친구의 집에서도 오래 머물 수 없었다.

하루는 신당동 중앙시장에 수제비를 사 먹으려고 가는데 어느 아저씨가 부르더니 자기 가게에 와서 일하면 학교도 보내 주고, 숙소도 해결해 주겠다고 하여 따라가 보았다. 그곳은 조그만 과자 가게였고(당시는 오리온 비스킷이 인기가 있을 때였다), 이름은 '광주상회'였다. 주인은 경기도 광주분이신데 퍽 마음이 좋으셨다.

나는 열심히 일하였고, 더욱이 그동안 먹어 보지 못했던 설렁탕을 매일 새벽마다 먹으니 너무 좋았다. 가게는 점점 성장하여 중앙시장에서는 제일 큰 가게가 되었다. 그런 가운데서도 주인은 약속대로 오후 4시가 되면 학교에 보내 주곤 했다. 신당동에서 을지로2가 영락교회 안에 있는 학교까지 매일 걸어가고 걸어왔다. 학교 수업을 마치고 신당동으로 걸어서 오는 중 밤 10시가 되면 영락교회에서 차임벨로 찬송가를 들려주었는데 많은 은혜가 되었고 힘을 얻을 수 있었다. 그렇게 찬송을 들으면서 기도하며 가게로 돌아오곤 했다.

열심히 점원으로 일하고 있는데 주인이 센베이 과자 만드는 것을 배우라고 하였다. 왜냐하면 과자 굽는 일은 새벽에 시작해서 오후 3시면 끝나므로 학교 가기가 좋다는 것이었다. 너무 고마워서 열심히 일을 했고, 주일이면 영락교회에 어김없이 다녀왔다. 주인도 교회 가는 것을 기쁘게 허락하였다. 나는 센베이 만드는 기술자가 되었다.

그러던 중 센베이 만드는 기술자 한 분이 청계천 3가에서 센베이 과자 가게를 차린다고 하며 함께 일하자고 제안을 해 왔다. 학교도 가깝고, 숙식과 등록금도 해결할 수 있으며, 주일에 교회도 가게 해 주겠다고 하였다. 그래서 나는 광주상회를 그만두고 기술자와 함께 나가 청계천 3가 수표교 다리에 가게를 차렸다. 사실 학교도 가깝고 교회도 가까워서 좋았다.

그런데 문제가 생겼다. 당시 과자 만드는 공장은 청계천 판자촌에 있었는데, 청계천 판자집들이 다닥다닥 붙어 있어 동네 사람들이 위험하다고 하여(과자를 구우려면 조개탄으로 불을 붙여야 했기 때문이다) 공장을 못하게 된 것이다. 그래서 나는 할 수 없이 조금 있는 돈으로 지게를 사서 퇴계원 태능까지 가서 배를 사다가 용두동 서울사대부고 정문 옆에서 팔고 나머지는 옆집에 가게에 맡기고 학교를 가는 생활을 시작하게 되었다. 어느 날에는 어느 신사분이 오시더니 남은 배를 전부 사 주시곤 하여 참으로 고마웠다. 그러나 매일 그러는 것이 아니기에 남는 배가 문제였다. 그리고 잠을 자는 것도 큰 숙제였다.

나에 대해 반에서 말을 들은 임균만(후에 침례교 목사가 되었다)이 자기 집에 가서 같이 지내자고 하여 한 달 동안 지내게 되었다. 친구 집은 정릉이었고, 아버지는 마부셨다. 참으로 고마웠다. 친구 아버지의 수입도 그렇고 해서 나는 전에 신당동에 있을 때 들르곤 했던 미곡상회에 다시 가 볼 생각을 했다. 밤에 학교 공부를 마치고는 신당동 중앙시장 미곡상회 있는 곳에 가 보니 낮에는 쌀을 구루마(손수레)에 싣고 운반하는 분들이 밤에는 한 곳에 모여(미곡상회 안에 있는 방) 화투를 새벽까지 치곤하였다.

자연히 전깃불이 판자 사이로 흘러나왔고 나는 구루마(손수레)

를 두 개, 세 개 겹쳐 놓은 가운데 들어가 신문지를 밑에 깔고 상의 (동복)를 벗어 머리부터 발끝까지 웅크리고 덮고 잤다. 판자 사이로 흘러나오는 불빛으로 공부도 할 수 있었다. 내가 아마 노숙자 1호였는지도 모르겠다.

새벽에는 일찍 일어나 찐빵 만드는 이들이 지펴 놓은 불을 쬐면서 밤새 얼었던 몸을 녹이곤 하였다. 그러던 중 그 아저씨들이 나를 생각하시고 너는 학생이니 방에 와서 밝은 데서 공부도 하고 잠도 자라고 하였다. 너무 고마웠고 감사하였다. 그러나 그분들은 밤새 담배를 피웠기에 담배 연기를 도저히 감당할 수 없어 그 방에서 공부를 할 수 없었고, 잠자는 것도 포기하였다.

물론 식사는 아침 겸 점심으로 먹었는데 시장 노점에서 파는 수제비 한 그릇이 다였다(당시 수제비 한 그릇은 50환이었다.). 양이 부족하고 배가 고파서 수제비 국물에 간장을 자꾸 넣어 먹곤 했는데 수제비 파는 아주머니가 그렇게 짜게 먹으면 병든다고 하며 국물을 더 주는 것이 너무나 고마웠다.

한 번은 얼굴에 큰 종기가 난 적이 있었다. 약(당시 이명래 고약) 살 돈이 없어 그냥 있었더니 수제비 파는 곳 옆에서 오징어와 고구마튀김을 파시던 아주머니가 그냥 두면 안 된다고 하시며 직접 입으로 그 고름을 쫙 빨아 주셨는데 그러고 나서 종기가 다시는 생기지 않았다. 참으로 고맙고 감사한 아주머니였다.

학교를 계속 다니며 교과서와 학비를 마련하기 위해 방학 때 일할 곳을 찾던 중 동대문 운동장 가는 길에 한양공업고등학교 앞에 있던 한 대장간에 가서 일 좀 할 수 있느냐고 물었다. 대장간 주인이 네가 할 수 있겠느냐고 묻기에 할 수 있다고 했더니 함마 같은 망치로 시뻘건 쇠를 두들겨 보라고 하여 안 된다고 할까봐 온 힘을 다해 두드렸던 기억이 생생하다. 결국 일을 하라는 허락을 받고 한 달간 일하고 돈을 벌어 등록금을 낼 수 있었다. 또 점심을 주니 고마웠다. 그런데 대장간 일은 아무나 하는 것이 아니었다.

그 일을 그만두고 신당동 중앙시장에서 용두동을 잇는 영미 다리에서 구두닦이를 하고, 옥수수와 군고구마를 팔기도 했으며, 아이스케키 장사도 했다. 밤에 학교 공부를 마치고서는 신당동 동네에서 메밀묵, 찹쌀떡 장사를 하여 등록금 문제를 해결하곤 하였다.

한 번은 학교에 갔는데 담임선생님이셨던 김세희 목사님이 서무실로 가 보라고 하셨다. 그때는 교무실과 서무실이 같이 있었다. 나는 등록금 때문에 걱정을 하며 서무실로 들어갔다. 그런데 뜻밖에도 서무를 담당하시던 영락교회 문병옥 권사님께서 "창규, 너 동복을 벗고 이 하복을 입으라."고 하시며 옷을 입혀 주시는 것이었다. 그때 나는 한없이 울었다. 사실 등록금 준비에 여름에는 동복, 겨울에는 하복을 입고 다녔기 때문이다. 지금도 문병옥 권 사님이 너무너무 고맙고 감사하다.

그렇게 열심히 살며 공부하고 있는데 뜻밖의 일이 생겼다. 하 루는 공부를 마치고 가려고 하는데 김세희 목사님이 부르시더니 "창규야 너는 공부하다가 죽겠다."고 하시며 공부를 잠시 쉬라는 것이었다. 나는 등록금을 어떻게 하든지 낼 터이니 공부를 계속하 게 해 달라고 사정을 했다. 목사님은 내가 충격을 받을까봐 얘기 를 못하고 이미 학교에서 교장 선생님과 선생님들 간에 의논이 되 었다고 하시면서, 집에 가서 한 1년간 쉬었다가 몸을 회복하고 오 면 복학시켜 주겠다고 하셨다.

나는 할 수 없이 시골집에 내려갔다. 집에 가는 마음이 무척 무 거웠다. 실패자 같아서 부모님을 뵈올 면목이 없었다. 집에서는 아들이 서울에 가서 공부한다고 동네에 자랑을 하곤 하셨는데 시 골집에 가야 하는 것이 보통 무거운 마음이 아니었다. 그래도 1년 만 있다가 오면 복학시켜 준다는 약속을 믿고, 시골집으로 내려갔 다. 열심히 기도하며, 아버지 농사일도 돕고, 밤에는 열심히 공부 하고, 몸을 회복해서 다시 시작하자고 다짐했다.

깨어지고 부셔지고 나의 힘으로는 다시 일어설 수 없지만 하나님께서 힘과 능력을 주시고 다시 일으켜 세워 주실 것을 믿었다. 이사야 40장 9절의 "선하신 하나님을 보라.", 11절의 "양떼를 먹이시고 인도하시는 하나님을 보라."는 말씀을 붙들고 다시 일어날 수 있다고 믿었다. 예수 믿는 사람은 down은 있으나 KO는 없음을 믿었다.

고향집 마당에 들어서니 아버지께서 맨발로 뛰어 나오셔서 부둥켜안고 우시며 나를 맞아 주셨다. 어머니는 나를 보는 순간 걱정스러운 모습을 하셨는데 내 얼굴이 너무 노랗게 되어 있었기 때문이었다. 간에 이상이 있었던 것이다. 심한 황달이었다.

그때부터 어머니는 돈은 없지만 아들을 살려야겠다고 결심하시고 누룽지를 일부러 만들어서 계속 주시며, 하나님께서 기적을 주실 테니 엄마와 함께 새벽기도를 나가자고 하셨다. 농사일을 하느라 힘들고 고달프신데도 하루도 빠지지 않으셨고, 때로는 밤에 혼자 교회에 가서 눈물로 기도하신 결과 하나님께서 은혜를 주셔서 몸이 완전히 회복되었다. 당시 나는 1년 동안 하루에 세끼 누룽지를 먹었던 것 같다. 집은 가난했지만 아버지 어머니는 참으로 정직한 삶을 사셨고, 순진하셨다. 어머니는 항상 정직해야 한다고 말씀하셨다. 또한 항상 하나님 앞에 십일조를 철저히 하라고 말씀하시며 힘들고 어려워도, 힘들게 돈을 벌어도 하나님의 것은 하나님께 드려야 한다고 늘 가르치셨다.

비록 아버지, 어머니는 초등학교도 못 다니셨지만 하나님에 대한 신앙과 믿음 그리고 때가 묻지 않은 순진함과 정직함, 이웃에 대한 사랑이 가득했던 분들이셨다. 그 정직한 삶의 모습이 나의 마음에 항상 자리 잡고 있다. 부모님이 너무 고마워 아버지, 어머니 사진을 성경책에 늘 간직하며 지금도 보고 또 보고 있다.

나는 고향 집에 있는 얼마 동안 충남 공주에서 사진관을 운영하시던 사촌 김창환 형님 집에서 필름 현상 등을 배우기도 했다.

그 후 1년이 지나 다시 서울에 와서 학교에 가니 나와 한 반이던 동기 친구들은 졸업을 하고, 2년 후배였던 친구들과 같이 공부하게 되었다. 다시 복학하겠다고 하니 목사님과 선생님들이 후배들과 같이 공부할 수 있겠느냐고 하시기에 할 수 있다고 자신 있게 대답했다. 그러자 당시 교장이셨던 영락교회 계병호 장로님께서 "너는 꼭 승리할 것이다."라고 말씀하시며 나를 안아 주시고 격려해 주셨다. 지금도 그 말씀이 기억난다. 서울에 와서 다시 복학해 보니 친구인 양창옥은 배문고등학교로 전학했다가 서울대학교 농대에 다니고 있었다. 그 친구 양창옥은 후에 한국 양계 산업에 큰 공헌을 하다가 은평장로교회 장로로 은퇴 후 2016년에 소천하였다. 참으로 귀하고 좋은 친구였다.

나는 얼마동안 해방촌 누이 집에서 지냈다. 누이 집도 퍽 어려울 때였다. 누이와 매형이 고마웠고, 조카들(선실, 재형, 선영, 선주)도 좁은 방에서 같이 생활하느라 고생했다.

그 후 나는 공부하기 위해 막노동을 하였다. 학교에 복학해서 공부할 그 당시 친구들이 너무 좋았고, 지금도 관계를 계속 유지하고 있다. 하나님의 크신 은혜와 복이었다.

같이 공부하던 친구 중에 박인신이라는 친구가 한양공업고등학교에서 의자를 만들고 있었는데, 나보고 같이 가서 일하자고 했다. 점심은 그 친구가 싸온 것을 같이 먹으면서 일하고, 오후 4시에는 학교를 같이 갔었다. 나중에 알고 보니 그 친구가 자기가 받는 일당 중에서 일부를 나에게 주는 것이었다. 이 사실을 알고는 친구에게 너무 피해가 되는 것 같아 그 일을 그만두었다.

그리고 어느 분의 소개로 마장동의 집을 짓는 곳에서 일을 하게 되었다. 내가 했던 일은 지게에 기와를 덮는데 필요한 흙을 지고 사다리를 타고 지붕에 올리는 일이었다. 그 흙은 진흙에다가 짚을 작두로 썰어 섞어서 만든 흙이었는데, 지금 생각해도 정말 힘든 일이었다. 그래도 며칠 일하면 등록금과 필요한 교재와 학용품을 살 수 있었고, 점심도 해결할 수 있었으므로 좋았다. 문제는 오후 4시에는 학교를 가야 하는데 그 시간은 한참 일할 때였다는 것이다. 감사하게도 같이 일하는 분들이 학교에 보내 주었지만 좀 미안한 것이 아니었다. 내가 계속 고민을 하니까 같이 일하시던 아저씨가 학교 가기에 좋은 곳이 있다고 하며 소개해 주었는데 바로 변소 푸는 일이었다. 지금 말하면 정화조 청소하는 일이다.

그래서 분뇨차(똥 푸는 차)를 따라다니며 일하게 되었다. 지금과 같이 그런 분뇨차(정화조 차)가 아니라 분뇨를 통에 퍼 올려서 분뇨통을 양 어깨에 메고 가서 통을 차에 올리는 일이었다. 한 번은 내 통에 분뇨를 퍼서 담는 분이 너는 키도 작고 또 학교에 가야 하니 조금씩 가져가라고 해서 고마웠는데, 차 위에서 받는 조장이 너 이렇게 할 거면 그만두라고 하며 내려와서 내 다리를 차는 것이었다. 그래서 가득히 달라고 하여 지고 가서 올리는데 분뇨가 흘러 머리 위로 떨어지고 옷에 떨어지고 하여 냄새가 몸에서 많이 났다. 아무리 씻어도 냄새가 좀처럼 지워지지 않았다. 그래도 화장실 푸는 것은 냄새 때문에 새벽에 시작하여 오전에 거의 마치므로 학교 가기는 제일 좋았다. 돈도 그런대로 받아서 부모님에게도 조금씩 보내 드릴 수 있어서 괜찮았다.

학교에 가면 냄새 때문에 곤란했다. 여학생들은 냄새 난다고 내 책상에서 멀리 떨어져 앉곤 하였는데, 차청자라는 여학생은 괜찮다고 하며 내게 힘을 주곤 하였다. 참으로 고마웠다. 당시에 나는 선생님과 학생들에게 미안한 마음을 감출 길이 없었다. 그런데 남자 친구들 가운데 몇 명이 오히려 내 주위에 앉아 괜찮다고 하며 같이 공부해 주었다. 그 친구들이라고 왜 냄새가 나지 않았겠는가? 참으로 감사한 친구들이었다. 반 친구들 모두가 좋은 친구들이었다. 그 중에 박인신은 학교를 졸업하고 서울시청에 공무원으로 재직하다가 교통사고로 친구들 가운데 제일 먼저 세상을 떠났다.

얼마 후에 나는 더 이상 그 일을 할 수 없었다. 당시에 구로동 철로길 옆에 살았던 구연찬이라는 친구가 있었는데, 나의 형편을 알고 자기 집에서 같이 지내자고 하여 얼마 동안 지내게 되어 감사했다. 물론 미안한 마음에 그 집에서도 계속 지낼 수는 없는 일이었다.

나는 일을 하고 수업이 끝날 때면 잘 곳이 걱정이 되어 공부도 제대로 못했다. 그때에 영락교회 경비로 수고하시던 방 장로님이 나의 사정을 알고는 영락교회 본당 입구(현재도 그대로 있다)에서 잠을 자라고 하시고, 추운 겨울에는 우비를 가져다 덮어 주시다가 나중에는 베들레헴(지금은 봉사관) 2층에서 자라고 하셨다. 2층은 다다미였고 추웠지만 너무나 좋았고 감사했다.

더 감사한 것은 교회에서 자니 새벽기도를 드릴 수 있었다는 것이다. 1층에서 새벽기도회가 있었기 때문에 나는 새벽 4시에는 일어나야 했다. 일찍 일어나 본당으로 올라가는 계단 옆에 있는 펌프로 찬물에 세수를 하고 예배당 맨 뒤 자리에 앉아 예배를 드렸다. 때론 기도하다 피곤을 못 이겨 졸기도 했지만, 한경직 목사님, 김종섭 부목사님을 비롯한 다른 부목사님들, 전도사님들과 같이 새벽제단을 쌓게 되어 너무도 감사했다. 지금 생각해 보면 청안교회에서 중학교 다닐 때 3년, 이후에 다시 영락교회에서 새벽기도회를 할 수 있었던 것은 하나님께서 나를 훈련시켜 주시기 위해 베풀어 주신 은혜였다.

한 번은 내 생애에 잊지 못할 성탄절을 보낸 적이 있었다. 성탄절 새벽기도를 마치고 나오는데 방 장로님께서 아침을 같이 먹자고 하시며 당신 집으로 나를 데려가시는 것이었다. 방 장로님 집은 영락교회 구내 교육관 옆 한경직 목사님 사택 옆에 있었다. 그날 미역국과 생선, 인절미를 장로님 식구들과 같이 먹는데 내가 서울에 와서 처음으로 잘 먹어 보는 음식이었다. 너무나 감사했다.

나의 이런 사정을 안 친구가 자기가 일하는 회사 사무실에서 같이 잠을 자자고 했다. 친구는 학교 부근 회사 사무실에서 급사(사환)로 일하고 있었다. 그런데 아침에는 회사 사장과 직원들에게 눈치가 보이고 친구가 어려워하는 것 같아서 그 친구와 함께 길음

시장 위 인수동에 방을 하나 얻어 지내게 되었다. 그러던 어느 겨울에 학교 수업을 마치고 집에 가서 너무 추워서 아궁이에 연탄을 피우고 자는데 아침이 되어도 우리가 일어나지 않자 주인 아주머니가 놀라 동치미 국물을 갖다 먹여 겨우 정신을 차린 적도 있었다. 연탄가스를 마신 것이었다. 주인 아주머니가 고마웠다.

신당동에서 마차 끄는 아저씨 소개로 신당동 중앙시장에서 밀가루 가게를 하시는 주인을 만나 배달도 하고 가게도 보며 일을 했다. 밥은 주인집에서 먹고, 잠은 가게에서 자기로 하고 학교도 보내 주겠다고 하여 열심히 일하며 공부하였다. 그런데 역시 얼마 지나고 나니 한참 바쁠 때 학교를 가야 하는 것이 문제였다. 하는 수 없이 나는 가게를 나왔다.

또 어느 분의 소개로 남대문시장에서 구두약 도매를 하는 가게에서 일하였으나 역시 가장 바쁜 오후 4시에 학교를 가야 하므로 계속 일하기가 힘들어 가게를 나왔다. 나는 학교에서 공부하는 것만은 포기할 수 없었다.

당시 영락교회 안수집사이셨던 김행용 집사님이 옛날 중앙청 후문 맞은편에 중앙상회라는 이름의 제과점과 와이셔츠 등 잡화점을 운영하셨는데, 나에 대한 이야기를 듣고 당신 가게에 와서 일하고 학교에 다니라고 말씀하셨다. 너무 고마웠다. 식빵, 케이크, 빵 등을 만드는 기술도 배웠다. 열심히 했고 가게도 잘 되었다. 그런데 내가 학교 갈 시간이면 가게는 퇴근 시간이 되어 더 바빴다. 너무 미안해서 그 가게를 그만두었다.

나의 딱한 사정을 들은 방 장로님이 영락교회 박만수 집사님을 소개시켜 주셨다. 박 집사님은 충무로 구 원호처 앞에서 페인트 가게를 운영하였는데 나는 칠도 하고, 유리를 배달하고 끼워 주고, 가게도 보며 일을 했다. 잠은 가게에서 자고, 밥은 박 집사님 집에서 먹었다. 박 집사님 집은 청파동이므로 나는 자전거를 타고 다녔다.

그런데 어느 날 깜짝 놀란 일이 있었다. 시골집에서 남동생인 창호가 갑자기 가게로 찾아온 것이다. 어떻게 된 일이냐고 묻자 내가 죽었다고 청안 집으로 전보가 왔다는 것이었다. 깜짝 놀란 어머니가 서울에 가서 형을 찾아보라고 동생을 보내셨고, 동생은 서울 영락교회로 가서 집사님 가게를 물어 나를 찾아왔던 것이다. 물론 나는 가끔씩 부모님에게 편지를 보냈고, 조금 돈이 생길 경우에도 시골집에 보내드리곤 했다. 그러니 그 주소를 갖고 찾아온 것이다. 동생은 나를 보더니 "형 살았구나." 하며 한참 울었다. 박 집사님은 내가 공부하는 데 적극적으로 도우시고 후원해 주셨다. 참으로 고마웠다.

그러나 문제는 공부였다. 솔직히 야간인 영락상업고등학교를 졸업하고 대학을 간다는 것이 쉽지 않았다. 그래서 담임이신 김세희 목사님과 의논을 했더니 "대학은 가야지. 그렇게 고생하는데 대학은 가야지." 하시며 목사님이 개척하신 인수동교회에서 잠을 잘 수 있도록 해 주시고, 교회 관리하시던 집사님을 소개해 주셨다. 그 집사님 댁에서 아침도 먹을 수 있었다. 이때도 교회에서 잠을 자니 새벽기도는 계속 할 수 있었다.

그 집사님은 길음동 시장에서 지게로 짐을 배달하며 날품으로 생계를 유지하는 분이셨는데, 일을 마치고 밤에 집에 오실 때는 군고구마를 사와 나에게 전해 주곤 하셨다. 그 후에는 집사님 내외를 만나지 못하고 있는데 참 고맙고, 보고 싶은 분들이시다.

나는 하나님의 은혜로 경희대학교 법과대학에 다니게 되었고, 당시 6.3 한일회담반대 데모를 하며 청량리 경찰서, 중앙정보부에 수없이 불려 다니다가 갑자기 육군 입대 영장이 나와 그 다음 날 바로 논산훈련소에 입소하였다. 시골에 계신 부모님과 형제들에게는 알리지도 못했고, 영락교회 유년부 교사들이 급히 송별회를 해 주었을 뿐이었다.

나는 군에 갈 때 영락교회 유년부 교사였다. 논산훈련소에서 계속하여 교사 일을 할 수 있게 해 달라고 하나님께 기도하였는데, 하나님께서 은혜를 주셔서 영천 부관학교에 가게 되었다. 영천 부관학교에서도 계속 기도하며 화랑담배와 건빵을 가지고 동료들에게 전도를 하곤 했다.

어느 날에는 밤에 보초를 서다가 배가 고파 부관학교와 붙어 있는 경리학교 보초병, 헌병학교 보초병과 함께 더블 백에다가 옆에 있는 과수원에서 사과를 따다 내무반 동기들에게 주고 같이 먹었는데, 나중에 알고 보니 그 밭이 바로 부관학교 대대장의 밭이었다. 그래서 3개 교육학교 피 교육 사병들이 모두 원산폭격 등 기합을 받았고, 나는 내가 하였다고 자백하여 엄청나게 벌을 받기도 했다.

부관학교를 졸업하는 날 나 혼자 육군본부로 발령이 났다. 모두들 깜짝 놀라 누구 빽이냐고 질문을 해 왔다. 그러면 나는 하나님 빽이라고 자랑스럽게 말했다. 그때 육군본부는 용산 삼각지에 있었다. 육군본부에 와서 처음에는 화장실 치우는 일을 했는데, 영락학교 다닐 때 분뇨차에서 일한 것이 생각났다. 일주일 후에는 취사 담당으로 옮기게 되었다. 11월인데 육군본부에 근무하는 모든 이들이 겨울동안 먹을 김장김치를 처음으로 담가 보았다. 그 일은 엄청났다. 취사 담당으로 일하면 밥과 고기는 배불리 먹을 수 있었지만, 교회에 갈 수가 없었다. 그래서 하나님께 주일학교 일을 할 수 있게 해 달라고 기도하였더니 하나님께서 일주일 만에 인사참모부로 옮기게 해 주셔서 제대할 때까지 계속 근무하였다.

영락교회에서 같이 신앙생활을 하던 길희성(후에 서강대 교수) 씨와 육군본부에서 만나 같이 군 생활을 하게 되었다.

주일이면 아침에 교회에 가서 저녁 찬양예배까지 다 드리고 부대에 복귀할 수 있었다. 군에서도 계속하여 교사 일을 하여 10년 근속표창으로 성경책을 받아 내가 목회하면서 계속 애용하였고, 지금도 나의 서재에 보관되어 있다. 영락교회에서는 처음으로 총각인 나와 최원범을 서리집사로 임명하였다. 그 후 20년 이상 영락교회에서 집사로 봉사하였다.

제대 후 나는 제주도에서 건축과 서비스 사업을 하던 재일교포 김봉조 씨와 함께 일을 시작했으나 사상이 맞지 않아 헤어지고 서울로 다시 왔다.

나는 제주영락교회 담임 목사로 시무하시던 김세희 목사님에게 서울로 가겠다고 말씀드렸다. 목사님께서 영락교회 부목사로 갈 수 있으면 좋겠다고 말씀하시어 서울에 와서 바로 한경직 목사님을 찾아뵈옵고 인사를 드리며 김세희 목사님에 대해 말씀을 드렸더니 한 목사님께서 인사위원장이신 계병호 장로님을 만나라고 하셔서 계 장로님을 집으로 찾아가 말씀을 드렸다. 계병호 장로님은 영락학교에서 교장으로 계셨고, 김 목사님은 교목으로 계셨었다.

그리고 김 목사님은 서울 영락교회 부목사님으로 부임하셨다. 김세희 목사님 댁에서 직장을 구하는 얼마 동안 묵게 되었다. 목사님과 사모님께 정말 고맙고 감사하였다.

대학에 복학하고 하나님의 은혜로 묵정동에 있던 세계대학봉사회에서(이사장은 연세대 총장이신 백락준 박사이며, 사무총장은 김봉삼 목사였다.) 운영하는 학생도서관에서 일하게 되었다. 낮에 학교에 갔다 와서 도서관 입장표들을 관리하고, 도서관이 종료되고 학생들이 다 돌아가면 도서관 1층부터 4층까지 청소를 하였는데, 밤 11시부터 새벽 4시까지 청소를 하곤 했다. 숙식은 세계대학봉사회 기숙사에서 해결할 수 있었다. 등록금도 마련하고 집에 계신 부모님께 돈을 조금씩 보내 드릴 수도 있었다.

나는 경희대학교를 졸업하고 천주교 신자인 강대선(강베드로) 씨와 성림 영화사를 세워 기독교에 관한 영화를 교회와 학교에서 상영하는 일을 시작했다. 이 일을 하면서 상계동에 조그만 집을 마련하고 고향에 있던 두 여동생 창숙, 창분이가 서울에 와서 같이 살며 공부도 하게 되었다. 막내 동생인 창일이는 시골집에서 청주 운호고등학교를 다니고 있었고, 창례 누나는 출가하여 용산구

해방촌에서 살고 있었다. 그리고 고향 청안에 밭을 5천 평 사서 아버지가 붙이시게 되었다. 그런데 아버지가 고춧대를 태운다고 하시다가 불이 산으로 붙어 충청북도에서 제일 큰 산불이 나서 산에 있던 묘를 다 태워 묘 주인들과 배상 등의 문제로 많은 어려움을 겪었다. 그리고 나는 영화 사업을 정리하게 되었다.

이후 어느 분의 소개로 중앙정보부 정보국에 잠시 근무하다가 나와서 조광정밀 공장을 운영하기 시작했다. 교회에서는 영락교회 청년회 회장을 4년 동안 연임하며 한국 기독교청년협의회(1972년)를 창립하여 회장으로 일하였다. 어려운 시국 속에서도 청년협의회 일을 감당해 나갈 수 있도록 많은 분들이 도와주셨다. 그때는 긴급조치 9호가 발효되어 청년 활동이 매우 힘들었던 때였기 때문이다. 그때 도와주시고 격려해 주시고 지도해 주셨던 고문은 다음과 같다(가나다순). 김옥길(이화여대 총장), 김윤찬(교회협의회 회장), 김정준(한국신학대학 학장), 김준곤(대학생선교회 대표), 백락준(연세대 명예총장), 오영필(아현성결교회 담임 목사), 오관석(중앙침례교회 담임 목사), 오재경(기독교방송 운영이사장), 이천환(성공회 주교), 전영섭(구세군 사령관), 조용기(여의도순복음교회 담임 목사), 최창근(한국기드온협회 회장), 한경직(영락교회 원로 목사), 홍현설(감리교신학대학 학장) 황성택(중앙성결교회 담임 목사). 특히 박조준(영락교회 담임 목사)

목사께서는 영락교회 본당, 교육관, 선교관 등 매일 모이는 장소를 계속 사용하도록 적극 후원해 주셔서 많은 젊은이들이 퇴근 후에 모여 밤늦게까지 조직하고 활동하는 데 어려움이 없었다. 또한 대광고등학교 교장이시던 이창로 장로께서는 학교 운동장, 강당을 늘 사용하도록 적극 후원해 주셔서 큰 도움이 되었으며. 최창근 장로께서는 청년운동에 필요한 재정을 모금도 해 주시고 직접 지원하시기도 했다.

당시 청년운동을 정리하면 다음과 같다.

전국적으로 백만청년운동을 하며 서울 청년전도대회(1973년 5월) 대회장으로 일했고,

대광고등학교에서 일만 명 청년들이 한경직 목사님, 백락준 총장님, 김옥길 총장님을 강사로 모시고 전도대회를 가졌으며,

빌리 그레이엄 한국 전도대회(1973년 5월 30일~6월 3일까지) 청년 분과에서 일하고, 전국 교회 청년회장단 수련회(1974년 1월 1일~3일, 주제는 "그리스도 안에서 하나가 되자.", 표어는 "5천만에게 그리스도를" 이었다.) 대회장으로 일했다.

나는 영락교회 청년회 회장을 하며 한국기독교청년협의회(초교파)를 창립하고 전국 교회(초교파) 청년회장단 단합대회, 청년전도대회, 청년회장단 수련회, 통일기원예배(임진각) 등을 준비하였다.

그 과정에서 사회적으로나, 정치적, 재정적, 종교적으로 여러 어려움을 당할 때 한경직 목사, 백락준 박사, 김옥길 총장, 김준곤 박사, 최창근 장로께서 많은 용기를 주시곤 하셨다. 김옥길 총장께서는 일에 겁을 먹으면 그것은 이미 실패요, 겁을 먹고 일을 하는 사람은 실패자가 된다는 말씀이 특히 기억에 남는다. 이 말씀은 내가 교회를 개척하고 목회하는 데도 힘이 되었다. 지금도 나에게 힘을 주고 있다.

장기영 한국일보 사장님은 찾아뵐 때마다 친절하게 대해 주셨고, 시국에 대한 말씀과 조언을 해 주셨다. 늘 호탕하시고 배짱 있는 분이셨다. 찾아가 뵈면 "김 회장한테는 내가 직접 차를 끓여서 주어야지." 하시곤 하였다.

서울 영락교회와 C.C.C 회관에서 한경직 목사, 백락준 박사, 김옥길 총장, 김준곤 박사, 박조준 목사, 이한빈 총장 등을 강사로 모시고 청년 연합부흥회와 전국 교회 청년회장단(초교파) 수련회를 하였다.

한경직 목사, 김옥길 총장을 강사로 모시고 청년 연합부흥회를 하며, "조국에는 봉사를! 민족에는 소망을! 동포에는 사랑을!"이라는 구호와 "참된 양심의 고동이 맥박 친다."는 구호를 외치며 기독 청년의 힘으로, 우리의 손으로, 우리의 피와 땀과 눈물로 평화

와 정의와 자유의 천국을 건설하려는 선구자가 되고자 한다는 결
의문을 채택하였다.

전국 기독 청년대회 개최를 위한

서울대회 개최 취지문

이 땅위에서 하나님의 참된 음성을 찾아야겠습니다. 이 땅위에
서 하나님의 참된 양심을 찾아야겠습니다. 하나님의 참된 뜻을
찾아야겠습니다. 오늘의 사회는 이 뜻을 이룩할 만한 바람직한
모임이 없습니다. 기다리고 바랄 수도 없습니다. 이제 적은 힘이
나마 하나님의 참된 뜻을 이룩하는 기수가 되고자 여기 이 모임
을 가졌습니다.

하나님의 참된 뜻을 전하는 목회자의 강단에서의 예언을, 사회
의 빈곤과 무지와 그늘진 음지에까지 퍼지려는 젊은이들이 여
기 모였습니다.

여기 민족 정기의 외침이 있습니다.

참된 양심의 고동이 맥박칩니다.

참된 빛과 소금의 상징인 하나님의 아들딸들이, 모세의 지팡이
와 다윗의 물맷돌과 그리스도의 십자가를 지고

조국에는 봉사를!

민족에는 소망을!

동포에는 사랑을!

우리 기독 청년의 힘으로 우리의 손으로 우리의 피와 땀과 눈물로 평화와 정의와 자유의 천국을 건설하려는 선구자가 되고자 "그 나라와 그 의를 구하라."는 주님의 뜻을 주제로 하는 여기 기독 청년 서울대회를 개최합니다.

자! 여기, 그리스도의 사랑과 힘을 뭉쳐서 하나님의 참된 뜻을 이룩합시다.

한국 기독 청년 서울대회 준비위원회

청년대회 선언문

우리 기독 청년의 기본 자세를 다음과 같이 요약 천명한다.

1. 인간의 소외 현상을 심화시키는 현대 물질주의와 이를 조종하는 모든 세력에 대한 투쟁의 전위대인 우리 기독 청년은 신앙에 따라 행동할 자유를 사수하며 세계 복음화의 첫걸음으로서 5천만 민족 복음화 운동을 강력히 수행할 것을 다짐한다.

2. 한국 교회의 일치에 하나님의 섭리가 계신 것을 확신하는 우리 기독 청년은 한국 교회가 평신도들의 여망을 저버린 교권 싸움을 떠나 그리스도 안에 하나 되어 복음을 증거하고 시대의 예언자 된 사명을 다할 것을 촉구한다.

3. 노동자와 농민의 생존권은 보장되어야 함을 신념하는 우리 기독 청년은 경제적, 사회적, 불평등을 제거하는 이웃 사랑의 운동으로서 계층 간의 갈등이라는 불행한 사태를 방지하여 유물주의, 공산주의와의 투쟁 전멸을 공고히 한다.

4. 이러한 노력을 보장하는 참된 민주주의야말로 이 시대에 있어서 하나님의 역사 섭리임을 믿는 우리 기독 청년은 민주주의의 본질을 위협하는 어떠한 도전과도 과감히 투쟁할 것을 선언한다.

5. 우리 민족 모두의 한결같은 염원인 통일은 민족의 자주와 번영을 위한 것이며 민중의 자유와 평등이 보장되는 자유 민주주의 안에서 민중의 뜻에 따라 평화적으로 추진되어야 한다.

1974. 1. 2.

전국 교회 청년 회장단

그리고 전국에서 모인 삼천여 명의 교회 청년 회장단(초교파)들은 자유의 다리에서 통일기원 예배를 드리고 북한을 향한 자유의 메시지도 채택하였다. 김용식 통일부장관이 참석했고, 관광버스 80대가 동원되었다. 임원 모두가 한 마음으로 헌신하였다. 참으로 감사하였다.

당시 조직은 다음과 같다.

회장 1인, 부회장 9인, 협동총무 3인, 서기, 부서기, 회계, 부회계 각 1인씩과 기획위원회, 재정분과, 동원분과, 공보분과, 섭외분과, 봉사분과, 지방분과, 음악분과, 여성분과, 명예위원 3인, 지역장 12명과 조장 52명 등 93명의 임원들이 수고하였다. 이 외에도 많은 청년들과 성도들이 도와주었고 기도해 주심을 감사드린다.

특히 그때는 박정희 대통령이 유신을 선포하여 옥외 집회가 금지되는 등 청년운동이 매우 어려운 환경이고 시대적으로 암울한 때였다.

그러나 나라와 민족을 위해, 한국 교회를 위해 힘쓰고 100만 기독 청년들 뿐 아니라 성도들의 가슴에 정의와 복음의 불을 붙였고 100만 기독 청년들의 마음을 움직였고 하나가 되는 역사가 있었다. 참으로 귀하고 귀한 임원들이었고, 지역장들이었고, 조장들이었다.

이분들은 모두 각 교회 청년회 회장, 또는 각 교단 연합회 회장이었지만 모두 겸손하여 예수님의 마음을 가지고 십자가의 주님만 바라보고 승리할 것을 믿으며 절망의 무덤에 희망의 바람이 불게 하자는 사명으로 한 마음 한 뜻으로 일하였기에 하나님께서도 은혜를 주셨고 큰 일을 할 수 있었다.

이 모든 일은 전적으로 하나님의 은혜였음을 다시 한 번 하나님께 감사와 영광을 올려 드리며 수고한 모든 임원들에게 거듭 감사를 드리고 싶다.

이 외에도 많은 분들이 함께 헌신하였다(최창근 장로님을 비롯한 여러 기독교 실업인, 장로님들이 후원금을 많이 해 주셨다.). 참으로 감사하다. 또한 봉사부장으로 수고했던 오응환 집사(무학교회 청년회장)로부터 대회 전날 와이셔츠를 선물 받고 그 옷을 입고 나갔던 것이 지금도 고맙다.

나는 국회의원이 될 결정적인 기회가 있었으나 예수 이름 팔아 국회의원 되려고 하느냐는 한경직 목사님의 말씀에 욕심을 포기하였다.

유신정국이요, 긴급조치 9호가 발효되어 어느 때보다 긴장된 상황이었던 이때, 전국 교회에서 모인 삼천여 청년회장단이 정동에 있는 C.C.C 회관에서 을지로와 명동으로 피켓을 들고 예수 행진을 하여 잠자는 양심, 영혼을 일깨우기도 했다. 대회장인 나는 수시로 중부경찰서와 중앙정보부에 불려갔었다.

나는 청년전도대회에서 대회장으로 외치기를 "청년은 내일에 산다, 청년들의 재능과 정열은 무한한 것이고, 그렇기에 청년들의 모습으로 국가와 민족의 내일을 점쳐 볼 수 있는 것이며, 그것이 기도와 더불어 철저히 불태워졌을 때 하나님의 역사는 이루어질 것이다."라고 연설하였다. 복음의 불씨, 사회 정의의 불씨가 되는 청년이 되자고 외쳤으며 이 일을 위해 한 발 한 발 옮기자고 외쳤다.

지금도 이 생각에는 변함이 없다. 사회와 조국의 발전을 위해 그리스도인 청년들이 전위가 되고, 투사가 되어야 한다. 그리고 이 운동은 복음에 기반한 정신 혁명에서 시작해야 한다.

사회적 불안과 공포, 두려움과 범죄와 공해로 인해 인간은 이제 과학혁명, 과학 발전만으로는 살 수 없다는 것을 느끼고 있다. 현대 과학은 외부의 생활만을 변화시키고, 내부적 생활 즉 정신과 양심을 심는 데는 실패했다. 그러므로 정신 혁명이 일어나야 한다.

정신 혁명은 말로 되는 것이 아니라 삶의 변화를 동반하는 것이다. 정신이 변해야 한다. 내부적 생활, 양심을 바로 심어야 한다. 성서에 기초한 정신 혁명, 성령의 감동하심으로 이루어지는 정신 혁명으로 물질적인 근대화를 보완해야 한다. 이 일을 위해 모든 청년은 일어나야 하며, 그리스도의 새로운 피조물이 되어야 한다.

청년들은 소명 앞에 총궐기해야 하며, 희생 없이는 아무 것도 이룰 수 없다고 역설했던 그 시절이 지금도 마음에 생생하게 떠오른다.

1974년 1월 1일부터 3일까지 전국 교회 청년 회장단 수련회에 참석했던 회장단들이 한 끼를 금식하며 모은 성금 10만 원을 대한적십자사 김용우 총재에게 전달하였다. 같이 동석한 이매리 부총재와 이강호 사무총장과 청년회 임원들이 환담을 나누는 데 김용우 총재가 어려운 때에 청년들이 이웃을 돕겠다는 마음으로 금식을 하여 모은 것이므로 하나님께서도 기뻐하시고 쓰여지는 곳에 기쁨이 있겠다고 하였다.

그해 가을에는 한국기독교 청년협의회 주최로 대광고등학교 운동장에서 서울시에 있는 교회 청년회 축구대회를 열어 예선을 통과한 수십 개 교회가 참가하여 축구를 통하여 단합과 교제를 나누었다. 특히 최창근 장로님과 성도교회(합동) 담임 목사이신 김성환 목사께서(당시 목사님은 암 투병 중이셨다) 청년들과 함께 축구를 하신 것이 너무나 감동적이었다.

나는 1974년부터 1978년까지 영락학교 동창회 회장을 맡았다.

그리고 1975년에 한경직 목사님을 강사로 모시고 충북연합 전도대회를 열도록 주선했고, 총회장(장로교 통합)을 지내신 청주 동산교회 최병곤 목사님과 기획을 담당하여 청주 공설운동장에서 대 전도대회를 하게 되었다.

나는 영락교회 평신도부 주최 설교대회에서 1등을 하기도 하였다.

그 무렵 나는 늦은 나이에 영락교회 이경옥 권사의 동생인 이영옥을 만나 1974년에 한경직 목사님의 주례로 영락교회에서 결혼을 했다. 결혼식 날 비가 엄청나게 많이 왔고, 특히 C.C.C 총재이신 김준곤 박사님이 결혼 축하로 직접 가져오신 예수님의 겟세마네 기도 사진 액자는 지금도 내 서재에 걸려 있다. 결혼식을 앞두고 나는 돈이 없었는데 영락교회 김응선 집사 내외께서 아내에게 금반지를 선물해 주어 얼마나 감사한지 모르겠다. 그리고 아들 모세를 하나님께서 선물로 주셨다.

이영옥은 대학을 졸업하고 한국무역협회 무역진흥과에서 서기로 근무하였다.

나는 결혼을 앞두고 시골 고향에 계시는 부모님에게 약혼녀를 인사시키려고 갔는데, 청안을 다녀온 아내가 나보고 개천에서 용이 났다고 했던 것이 기억에 남는다.

아내 이영옥은 믿음의 가문에서 태어났다. 평북 강계에서 태어났고, 3살 때 아버지 등에 업혀 월남했다. 아버지 이석근 목사, 어머니 이순애 사모 사이에 차녀이다. 할아버지 이무성 목사는 북한에서 순교하셨다. 나의 장인 이석근 목사님은 40년 동안 목회 후 은퇴하시고 포항에서 돌아가셨다. 장모 이순애 사모님은 13년 일찍 돌아가셨다. 이석근 목사는 평북에서 신성중학교를 나오시고 월남하셔서 경북 청송군 현동면 도평교회에서 시무하실 때 성동중학교를 세우시고, 신학교에서 강의도 하셨다. 나는 장인, 장모님께 사위 노릇을 못했다. 지금도 늘 마음이 아프다.

결혼을 하고 영등포 양남동에 작은 방 하나를 얻어 신혼살림을 시작했다. 대림동에서 살 때 아내는 모세를 낳고 신장이 안 좋아 부산 동광교회에 시무하시던 장인 목사님 댁에 가서 아기를 데리고 치료 중이었는데, 내가 방에서 연탄가스에 중독되어 쓰러졌을 때 이 부근에서 옷가게를 하던 아내의 보성여고 동창 노춘자 씨가 소식을 알고 달려와서 살게 되었다. 노춘자 씨에게 고마운 마음을 가지고 있다.

나는 오목교 지나 목동에 연립주택을 사서 행복하게 살던 중 사업의 실패로 집을 정리하고 광나루에 있는 장로회신학대학에 다닐 때 천호동 반 지하로 이사를 하였다. 비만 오면 주방에 오물이 들어와 퍼내곤 했다. 안방과 윗방 문이 너무 작아서 키가 작은 나였지만 늘 머리에 부딪치곤 했는데 그때마다 제 아내와 저는 하나님께서 제 교만을 꺾으시느라고 이런 집에 오게 하셨다고 하며 잘못을 회개도 하고 겸손해야 산다며 기도하곤 했다. 우리 집이 이사한 것은 결혼하고 11번이나 되었고, 은퇴 후까지 포함하면 13번이나 되었다. 식구들이 고마웠다.

결혼을 하고 한경직 목사님께서는 나에게 미국 콜럼비아 신학대학에 가서 공부하라고 몇 번 권하셨는데 가정 사정으로 가지 못했다.

나는 청계산 기도원에 가서 금식기도를 하며 하나님 앞에 기도하기 시작하였다. "처자식이 있는데 어떻게 합니까? 그리고 주의 종으로 쓰시려면 기적을 보여 주세요." 기도하는 중에 놀라운 체험을 하게 되었다. 청계산 계곡 위에 있는 바위에서 앞으로 무릎을 꿇고 기도하는데 양 다리가 물구나무서듯이 하늘로 올라가는 것을 보고 회개하기 시작했다. 눈물콧물이 범벅이 되어 얼마동안 회개 기도를 하는데 문득 청안중학교 다닐 때 3년 동안 새벽종을 치며 서울에 가서 대학을 졸업하면 주의 종이 되겠다고 서원한 것이 떠오르기 시작했고, 신학교에 가지 않으면 곧 하나님께서 죽이실 것만 같았다. 하나님이 정말 두려웠다.

금식을 하고 바위에 서 있는 나무 밑에서 요한2서를 읽으며 기도할 때였다. 그곳은 자칫 실수해서 떨어지기라도 하면 목숨을 잃을 수도 있는 곳이었다. 성경을 읽던 중에 피곤한 나머지 졸음이 몰려올 때도 있었다. 졸다가 미끄러지기라도 하면 큰 위험에 빠질 수도 있는 순간에 큰 손이 내 등을 세 번 두들겨 깨우곤 했는데, 몇 번이고 이 일이 반복되었다. 바로 하나님의 손이 나를 깨워 주셨고, 보호해 주셨던 것이다.

나는 중곡영광교회에서 시무할 때나 믿음교회를 개척하고 힘들 때 지하실 또는 본당 강단에서 기도하곤 했는데, 가끔씩 청계산의 그 손이 지친 나의 등을 만져 주시곤 했다. 참으로 살아 계시고 역사하시는 하나님이시요, 승리하시는 하나님이시다.

더 뜨겁게 기도하는데 안심하고 내려가라는 음성이 들렸고, 바로 영락교회로 가 담임 목사님이신 박조준 목사님을 뵙고 신학교에 가겠다고 말씀을 드렸다. 그러자 목사님 말씀이 조금 전에 어떤 분이 오셔서 신학생 중 꼭 도움이 필요한 이에게 주면 좋겠다고 하며 신대원 3년 동안의 등록금을 주고 가셨다는 것이었다. 목사님은 이 돈을 내게 주시겠다고 하시며 교회 사무장이신 최학송 장로님에게 등록금 용지를 갖다 드리라고 하셨다. 그러면 최

장로님이 등록금을 장신대에 내도록 하시겠다는 것이었다. 참으로 놀라운 일이었다.

또한 우리 부부가 박조준 목사님 댁에 인사하러 가면 사모님이 봉투에 돈을 넣어 주시곤 하셨는데 우리 생활에 큰 도움이 되었다. 목사님 댁에서 대접받곤 했던 파인애플 통조림 맛을 지금도 잊을 수가 없다. 박조준 목사님과 사모님에 대한 고마움은 지금도 내 마음 속에 깊이 각인되어 있다. 목사님께서는 내가 신학교 다니는데 큰 힘이 되어 주셨다.

나는 3년 동안 등록금 걱정 없이 학교를 다녔다. 하나님께서 이렇게 섭리하셨던 것이다. 하나님은 임마누엘의 하나님, 에벤에셀의 하나님, 여호와 이레의 하나님이시다. 지금도 그 등록금을 주신 분이 누구인지 모르고 있다. 아마 박 목사님이 그분이 아닌가 생각하고 있다.

그렇게 나는 광나루에 있는 장로회신학대학원(M.Div.)에 입학하였다. 나는 장로회신학대학원에 입학하여 1학년 반장을 맡게 되었다. 그리고 그 해에 이종성 학장이 임기가 끝나고 새 학장을 선임하게 되었는데 학교 분위기가 이상한 것이 느껴졌다. 그 당시 박창환 교수님이 교학처장으로 계셨으므로 이종성 학장님의 뒤를 이어 당연히 학장이 되셔야 했는데, 알고 보니 이 학장은 대구

제일교회 시무하시던 이상근 목사님을 학장으로 생각하시고 적극적으로 후원하고 계셨다.

그런데 학생들과 교수들 사이에서는 반론도 있었다. 물론 이상근 목사님도 너무나 훌륭하신 분이셨지만, 학교의 학장은 학교 교수님들 중에서 나와야 한다는 주장이 많았다. 그 점에 있어서는 나 역시 생각이 같았다. 여러 우여곡절이 있고 난 후 주님의 인도하심 가운데에서 당시 장신대 이사장이셨던 박조준 목사님께서 박창환 교수님을 학장으로 결정하시고, 이사회를 통과하여 총회 마지막 날 인준을 받게 되었다.

이종성 학장께서는 가끔씩 나를 따로 부르곤 하셨다. "창규 내 방으로 와." 해서 가면 이 학장님은 주머니에서 돈을 꺼내 주시는데 얼마인지도 모르시고 손으로 집어서 나에게 주셨다. 나는 그 돈으로 식권도 사고 집에 주기도 했다. 참으로 고마웠고 큰 힘이 되어 주셨다.

이 일 후에 장신대 총장은 계속하여 학교 교수님 중에서 나오게 되었다. 당시 학장으로 취임하신 박창환 교수님은 참으로 맑고 깨끗한 분이셨다. 항상 사표를 안주머니에 넣고 다니실 정도로 사명감에 투철한 분이셨다. 그렇게 깨끗하시고 맑으며 오직 예수밖에 모르시는 박창환 학장님에게서 많은 것을 배웠다.

한참 시간이 흐른 뒤 미국에서 학위를 받고 돌아오는 길에 미국 로스앤젤레스(L.A.)에 들렀을 때 박창환 학장님(은퇴 후 미국에 거주하실 때) 댁에서 일주일간 머문 적이 있었다. 당시 사모님 현 권사님과 박 학장님의 사랑을 받으며 목회와 설교에 대해 많은 조언을 들었던 기억이 잊혀지지 않는다.

박 학장님께서는 설교를 성경과 무릎으로 준비하며, 설교 원고를 다 쓴 후에는 성경 본문과 설교 원고를 7번 씩 읽어야 한다고 말씀하셨다. 이후로 나는 설교 준비를 가르쳐 주신 대로 하려고 노력했다.

신학교 다닐 때 '한목회'라는 모임을 가졌는데 서로 힘이 되어 주고, 같이 기도하고, 목사고시도 같이 합숙하며 준비하여 나같이 부족했던 사람이 목사고시 1차에 합격할 수 있었다. 나 뿐만 아니라 한목회 회원 모두 합격의 기쁨을 누리도록 하나님께서 허락해 주셨다. 너무도 고마웠고 졸업 후에도 계속 모임을 가지며 서로의 사역을 위해 격려하고 중보하였다.

나는 장신대 기도탑에서 마음 놓고 하나님 앞에 수없이 울부짖으며 기도했던 것이 지금도 감사하다.

신학대학원 1학년 겨울방학 중 1월에 박창환 학장님께서 이스라엘 등 성지순례를 할 수 있도록 주선해 주셨다. 나로서는 처음으로 이스라엘과 유럽의 성지를 한 달 동안 관광하게 되었다. 정말로 고맙고 감사드린다. 나는 돈도 없었고, 한국을 출발할 때 20만 원 가지고 떠날 정도였다. 이스라엘에서는 강사문 교수(히브리대학 박사)의 안내로 많은 것을 배웠다.

또한 감사한 것은 내가 신학대학원을 다니는 동안 박조준 목사님 사모님이 가끔 용돈을 주셨고, 처갓집 식구들이 많이 도와주어서 어려운 우리 집 살림에 큰 보탬이 되었다.

신대원을 졸업하고, 신장위교회 전도사로 시무하던 중 고영 담임 목사님이 갑자기 돌아가셔서 몇 개월 동안 담임 교역자로 일하다가 중곡영광교회 담임교역자로 부임하여 시무하는 중에 평북노회 동안교회에서 노회로 모인 가운데 목사 임직(안수)을 받았다. 나는 전에 중곡영광교회에서 중·고등부 교육전도사로 일한 바 있었다.

나는 어린 아들 모세에게 미안했다. 거여초등학교에서 장곡초등학교와 용마초등학교로 1년에 두 번이나 전학하였기 때문이다.

중곡영광교회 담임 목사로 시무하던 중 한경직 목사님께서 네덜란드 암스테르담에서 열리는(1984년 7월) 빌리 그레이엄 세계선교대회에 참석하시기로 되어 있었는데 몸이 불편하셔서 나보고 대신 가라고 하시어 한국 대표로 대회에 참석하였다.

중곡영광교회 시무 중 많이 어려울 때 가장 추운 겨울에 가평에 있는 믿음기도원 산 정상의 소나무 밑 움막에서 눈을 녹여 라면을 끓여 먹으며 기도할 때 하나님의 음성을 듣고 놀라운 체험을 하였다. 나와 같이 기도하시던 장로님이 목사님의 기도 응답 기념이라고 하며 응답 지팡이를 만들어 주었는데 지금도 내 서재에 보관되어 있다.

1992년 6월 미국 나성영락교회에서 주관하는 T.D.(TRES DIAS)가 빅 베어에 있는 갈보리교회 수양관에서 열렸다. 갈보리교회는 L.A. 인근 오렌지 카운티 지역에 있는 교회로, 강해설교로 유명한 척 스미스 목사가 담임 목사로 계신 교회였다. 나는 L.A.T.D. 5기에 참여하여 많은 은혜를 받고 목회의 새 결심도 하였다. 특히 나성영락교회 담임 목사인 박희민 목사와 한국 교회의 문제점, 교포 사회와 교회의 문제점, 세계 교회 문제점에 대해 많은 이야기를 나눈 것은 나의 좁은 시야를 넓히는 좋은 계기가 되었다.

T.D. 일정을 다 마치고 한국 가는 비행기 일정이 맞지 않아 3일 동안을 호텔에서 지내야 했다. 비용 문제 때문에 걱정하며 교회 버스 안에서 기도했는데 나성영락교회에 도착하니 서울 영락교회에서 같이 신앙생활을 했던 이복규 집사께서 뜻밖에도 교회

주차장에 나와 나를 맞아주어, 3일 간 집사님의 집에서 잘 머무를 수 있었다. 이 집사님은 그 당시 L.A. 인근에 있는 벨리에서 살고 있었다. 이복규 집사님과 부인 집사님에게 너무 감사했고 지금도 늘 기억하고 감사하고 있다.

시무하던 중곡영광교회를 사임하고 믿음교회를 개척하였다. 내가 살던 연립주택에서 우리 집 세 식구와 주일학교 어린이를 포함하여 13명이 개척예배를 드리고 3주 후인 1990년 6월 24일 서울시 광진구 중곡2동에 건물 2층 19평을 보증금 2천만 원에 월세로 얻어 새로운 예배당에서 첫 예배를 드렸다. 그 후에 몇 년을 걸쳐서 성전을 건축하고 1999년 12월에 입당예배를 드렸다. 당시 불교 신자였던 수협은행 중곡동지점 김동구 지점장이 입당예배에 참석하여 무에서 유를 창조했다고 이야기하는 것을 들었다. 참으로 모든 일이 하나님의 은혜요, 기적이었다.

나는 고등학교 때의 노숙 생활이 마음에서 떠난 일이 없었다. 그래서 교회를 개척하며 노숙인들에게 주일에 교회에 오면 2,000원씩 주고, 이도 닦고 머리도 감고 다니라고 치약과 칫솔, 세수 비누도 주었더니 100명 이상이 와서 그들 때문에 2부로 드리던 예배를 3부로 드리곤 하였다. 주위에서 말은 있었으나 그래도 저들이 주님 앞에 온다는 것이 감사하였다.

교회를 개척하고 가장 힘들었을 때 도와주셨던 많은 분들 중에 특히 영락상업고등학교 선생님이셨던 최순겸 영락교회 장로님, 영락학교 동기인 친구가 기억난다. 친구는 회사 사장이었는데 교회 이름으로 대출받기가 힘들었을 때 힘을 써 주어 교회 건축에 큰 힘이 되었다. 그리고 함께 동역하던 김용희 전도사님, 용천노회와 지문용 장로님, 영락교회 김영하 장로님, 그리고 영락교회 경비로 수고하셨던 방 장로님의 아들 방창권 장로님, 예수소망교회 안성은 권사님, 중곡영광교회 이규만 장로님께 감사드리며 그 외에 도움을 주신 모든 분들에게 감사드린다.

그리고 끝까지 나와 함께 믿음교회를 지키며 교회를 위해 헌신하신 모든 제직과 성도들에게 감사한다. 우리 믿음교회에서 전도사님으로 시무하시다 은퇴하신 후에도 계속 기도하며 헌신하여 주시는 최종순 전도사님과 같이 사역했던 교역자들에게 감사드린다. 미국 프린스턴신학대학원을 졸업하시고 미국에서 목회하시다 믿음교회 담임 목사님으로 부임하신 김용일 목사님께 감사드린다. 성령의 능력과 말씀의 능력으로 충만하시며 지혜와 덕이 있는 김용일 목사님께서 교회에 부임하도록 인도해 주신 하나님의 은혜에 감사드린다. 김용일 목사님 사모님은 미국 뉴욕 맨해튼 음대 피아노과를 졸업하셨고 교회에서 반주로 봉사하시니 더욱 감사하다.

나는 영락학교 출신의 목회자들로 영락목우회를 창립하고 회장을 맡아 일하기도 했다.

믿음교회에서 사역하던 중 임마누엘 침례회 신학대학(미국 조지아)에서 설교학 박사학위를 받고, 이스라엘 히브리대학에서 고고학 세미나에 참석하였으며, 미국 일리노이주 SIU(써든 일리노이주립대학교) 여름 썸머 스쿨에서 Speech and Communication 과정을 수료하였다. 이 모든 것이 하나님의 은혜였다. 그리고 러시아 상트 페테르부르크 가나안 신학교에서 객원 교수로 설교학을 강의하게 된 것도 하나님의 크신 은혜였다.

박사학위 논문을 쓰는데 7번이나 지도 교수로부터 반려(reject)되어 너무 힘들어 포기하려고 했더니 지도 교수님이 한 번 더 써 보라고 하여 마지막으로 생각하고 온 정성과 힘을 다하여 논문을 제출하니 논문 심사에서 합격이 되었고, 마지막으로 교수들 앞에서 치르는 구두시험(oral test)에도 무난히 합격하여 박사학위를 받게 되었다. 논문을 쓰는 과정 중에 포기하고 싶은 적도 많았으나 그때마다 하나님께서 힘과 지혜를 주셔서 감당해 나갈 수 있었다. 옆에서 용기를 북돋아 주며 수고한 아내에게도 물론 감사를 하고 있다. 이후에 설교학 박사논문 『교회 성장과 설교 방법론』이 쿰란 출판사에서 출판되었다. 이 또한 하나님의 전적인 은혜였다.

나는 청안 고향 친구인 이경희 장로에게 감사를 드리지 않을 수 없다. 이경희 장로는 신사동에서 영동가구를 운영하였는데 내가 임마누엘신학대학 박사과정을 하는 동안 등록금을 모두 대주어서 너무나 감사하다.

늘 부모님을 모시고 살기를 원했는데 하나님께서 이 역시 허락해 주셨다. 교회 사택에서 부모님을 모시고 살다가 아버지가 먼저 돌아가시고 어머니는 13년 후에 돌아가셨다. 그리고 미국에서 살고 있던 동생 창호는 미국에서 교통사고로 먼저 죽고, 동생 부인도 1년 후에 죽었다. 어머니에게는 알리지 않았다.

어머니는 청안교회에서 권사로 봉사하셨고, 지금도 형제들은 권사로 봉사하고 있으니 하나님 은혜에 감사드린다.

한 번은 성탄절을 앞두고, 또 교회 청년의 결혼식 주례를 앞두고 갑자기 배가 너무 아파서 중곡동 박 외과에 갔더니 급성맹장염이므로 수술을 해야 한다는 것이었다. 그때 간호사가 우리 교회 한계옥 집사였다. 나는 성탄절을 앞두고, 교회 일 때문에 수술을 할 만한 상황이 못 되니 너무 고통이 심한 것만 면하게 진통제 주사만 놔 달라고 했다. 그러자 원장님은 주사를 놓으면 수술하기가 힘들다고 하며 극구 수술을 해야 한다는 것이었다.

처남이 포항에서 내과병원을 하고 있었는데 아내가 동생에게 전화를 해서 수치가 몇이라고 말하니, 그 정도면 수술해야지 안하면 복막염이 되어 더 고생한다고 했다. 나는 성탄절에 목사 없이 지낼 교인, 결혼을 앞둔 청년을 생각하며 하나님께 기도를 하였다. "하나님, 교인도, 청년도 그렇고요, 수술하지 않고 낫게 해 주세요." 오죽하면 병원 박 원장이 간호사 집사에게 당신 교회 목사가 맹장 수술을 하지 않고 낳으면 내가 예수 믿겠다고 할 정도였다. 그러나 나는 수술하지 않고 깨끗이 나았고, 그 후에 그 병원에 가서 원장에게 약속대로 예수를 믿어야 한다고 했다. 지금까지 맹장 수술을 하지 않았다.

하나님께서 은혜를 주셔서 성전을 건축하고 성장하는 가운데 나를 통해 쓰게 해 주신 『참 신자상』 책을 믿음교회에 봉헌하였고, 성전 건축에 크게 도움이 되었다. 하나님의 크신 은혜였다. 교정하느라 수고한 아내와 특히 교정을 비롯한 전반적인 부분에서 지도해 주신 장정탁 박사에게 감사를 드리고 있다. 그리고 약 5천 권 정도는 교파를 초월하여 미자립교회에 무료로 제공하게 되니 더욱 하나님께 감사를 드리게 되었다.

나는 목회하면서 하나님의 약속이신 십일조에 대하여 기도하는 가운데 작사를 한 것이 있다. 곡은 찬송가 502장(태산을 넘어 험곡에 가도)의 곡에 가사를 넣어 보았다.

1. 하나님 물건 주님께 드려 복 주신 주께 감사하며
   우리 가진 것 십의 일조는 온전히 주님 것이로다
   하늘 문 열고 복 주신 주님 우리의 형편 채우시리라
   온전히 주께 드림으로써 주 안에 우리 축복받세
2. 하나님 물건 주님께 드려 복 주신 주께 감사하며
   하나님의 것 십의 일조는 하나님 나라 쌓아두세
   약할 때 강함 주시는 주님 우리의 형편 채우시리라
   온전히 주께 드림으로써 주 안에 우리 자유얻세(2004)

2012년 32년의 성역을 마치며 믿음교회에서 11월 25일 원로 목사로 추대되었다. 2013년 대한예수교장로회(통합) 용천노회에서 공로 목사로 추대되었다.

나는 하나님의 은혜로 세계 70여 개 나라 80여 개 도시에서 복음을 전하였다.

그중에서도 잊지 못할 집회는 소록도교회(한센병 환자, 그 당시는 나병환자라 부름)와 라트비아 공화국 수도 리가 복음화 전도 집회이다. 그리고 미국 라스베가스순복음교회 주최로 라스베가스 복음화 전도집회 등도 잊지 못할 집회였다.

그리고 중국 어느 지역(지역 이름과 교회 이름은 밝힐 수가 없다.)에서 그 지역 지하 교회 지도자들 200여 명이 모인 가운데 오전 10시부터 오후 6시까지 점심시간 1시간을 빼고 7시간을 계속 설교를 하며 집회를 인도했던 일도 목회 생활 중에 잊을 수 없는 일이었다. 이날 집회에 참석한 이들이 끝까지 얼마나 간절하게 말씀을 사모하는지 내가 더 은혜를 받았다.

그리고 왜관에 있는 베네딕토수도원에서 수사들과 함께 저녁에 드리는 만종 미사(지금은 저녁 기도라고 함)에 참여했던 일, 수유리에 있는 마리아수녀원에서의 미사에 참여했던 일도 기억에 남는다.

하나님께서 특별한 은혜를 주셔서 문제를 안고 있는 성도와 가정을 위해 기도하는 가운데 치유와 임신의 복을 내려주셨던 것을 잊을 수 없다. 은퇴 후에도 하나님께서 치유의 은혜를 계속 주시고 있어 감사드리고 있다.

나는 청년운동을 하며 한경직 목사, 백락준 박사, 김옥길 총장, 김준곤 박사, 박조준 목사, 이한빈 총장 등의 영향을 많이 받았으며, 많은 것을 그 어른들의 인격을 통하여 배웠다. 특히 목회하는

데 있어서 한경직 목사님의 영향을 절대적으로 받았다. 한경직 목사님의 목회 생활을 흉내라도 내보려고 했으나 부족하였다. 특히 내가 영락교회에서 20여 년 동안 봉사하며 한경직 목사님을 모시고 일하였던 것이 내 목회의 큰 그림이 되었고 모든 생활을 한경직 목사님을 모델로 삼았다.

내가 목회하면서 성경에 관한 말씀을 좀 더 자세히 알기 위해 남한산성으로 한 목사님을 찾아가 여쭈면 원서를 갖다 보시면서 친절하게 말씀을 가르쳐 주시곤 하셨다. 참으로 진실하시고 자상하신 목사님이셨다. 또한 한 목사님은 내가 박사학위를 받을 때 몸이 불편하셔서 직접 참석하지 못하신다고 하시며 서신으로 축하의 말씀을 보내 주시기도 하였다. 특히 한 목사님이 돌아가신 후 다음 해 꿈에서 목사님을 뵈었던 기억이 지금도 선명하다. 목사님은 하얀 두루마기 같은 옷을 입으셨는 데 그 옷이 흰 눈보다 하얗고 밝았다. 목사님이 위에서 내 양손을 잡으시고 하늘 높이까지 데리고 올라가셨는데 꿈이었지만 너무나 황홀한 체험이었다. 나는 참으로 목사님의 사랑을 많이 받았다.

그리고 감사한 친구 목사가 있다. 미주 한인장로교회 총회장을 지냈고 오렌지 카운티 영락교회 담임 목사였던 허영진 목사는 내가 설교 준비를 하다가 예화가 미국에서 일어난 일이기에 밤이고 낮이고 허 목사한테 확인하기 위해 전화를 하면 귀찮아하지 않고 사실을 알려 주었다. 예화는 확실해야 하기 때문이라고 하면 허 목사는 김 목사 설교 준비는 다르다고 말해 주곤 했다. 그뿐 아니라 미국에 집회 가면 허 목사 집에서 머물고 오곤 하였다. 허 목사와 부인 김인순 사모는 영락교회 유년부 교사로 오랫동안 같이 봉사하였다.

은퇴 후 하나님께서 은혜를 주셔서 교회에서 1억 원을 받아 장위동에 좋은 집을 전세로 입주하여 살게 됨을 우리 식구들은 감사하고 있다. 교회에서는 목사님이 개척을 하며 집 전세금 등 모든 것을 다 헌금하셨는데 하며 3억 얘기가 나왔으나 1억만 달라고 하였다.

나는 개척할 때나 성전을 건축할 때나 어느 때나 하나님 앞에 바친 것이므로 내가 그 헌금을 일부라도 돌려받는 것은 있을 수 없다고 하였다. 생활은 총회 연금을 받아 할 수 있게 되었고, 교회에서는 매달 1백만 원씩 은퇴 2년 후부터 받겠다고 하였다.

나는 믿음교회를 개척하고 은퇴할 때까지 22년 동안 매월 백만 원씩 받았다. 어떤 분은 그 돈 가지고 어떻게 생활하느냐고 하지만 나는 오히려 감사하며 살았다. 하나님께서 모든 것을 부족함 없이 채워 주셨다. 사택에서 살며 공과금도 교회에서 다 내 주어서 걱정할 필요가 없었고 아들 모세 학교 등록금도 교회에서 내 주었다. 때로는 제직들이 반찬과 성미와 쌀을 주었고 때로는 돈도 조금씩 주시고 옷도 사 주시고 하여 부족함이 없이 살 수 있었다. 물론 아내한테는 미안한 마음이 늘 있었지만 모든 것을 이해하고 참고 살아 준 아내가 고맙다.

아들 모세는 하나님의 은혜 가운데 대원고등학교를 졸업하고 한국외국어대학교 불어과에 들어가 프랑스에서 공부하고 본교로 돌아와 석사와 문학박사학위를 받고 현재는 모교에서 교수로 강의를 하고 있다. 모든 과정을 인도해 주신 하나님께 늘 감사드린다.

모세가 어렸을 때 우리 세 식구가 내가 공부하는 장신대 강의실에 간 적이 있었다. 그때 모세에게 너는 앞으로 강단에서 학생들을 가르칠 것이라고 하자 모세가 앞에 나와 분필로 칠판에 글을 쓰기도 하였는데 지금 모교 대학 강단에서 교수로 강의를 하고 있으며, 믿음의 가문인 문동학 목사님과 정시옥 사모님의 큰딸인 희영이와 장로회신학대학에서 2015년 7월 11일 믿음교회 김용일 목사님의 주례로 결혼을 하고 믿음의 가정을 이루었으니 하나님의 은혜에 더욱 감사할 뿐이다.

더욱이 며느리가 임신하였는데 해산 예정일이 믿음교회를 창립하여 처음 예배를 드린 창립기념일인 6월 24일이라고 하여 놀랍고 감사하였다. 또한 태아 이름도 아빠, 엄마가 세상에 진리를 전하라는 뜻으로 세진(世眞)이라고 지었다. 태아 이름을 세진이라고 했는데 이름이 너무 좋아서 그대로 세진이라고 하였다. 참 감사하다. 손자 세진이가 2016년 6월 13일에 건강하게 태어났으니 하나님 은혜 더욱 감사하며 하나님께 영광을 돌릴 뿐이다. 노숙자였던 나에게, 죄인 중에 죄인이며 괴수였던 나에게 이렇게 큰 은혜를 주신 하나님께 만입이 있어도 어찌 다 감사드릴 수 있겠는가! "이 은혜를 무엇으로 보답할꼬." 늘 마음으로 되뇌어 본다.

그리고 아들 모세는 한국 기독교 120년 역사상 처음으로 불한성경을 출판하는데 편집위원으로 수고했다. 이 사역을 위해 다른대학 교수들과 7년 동안 작업을 했다. 그리고 지금은 믿음교회 안수집사로 봉사하고 있다. 하나님의 은혜에 감사할 뿐이다.

나는 아내와 아들 모세에게 늘 감사하고 있다. 아내는 어려운가운데서 내조를 잘해 주었고, 아들 모세는 진리 안에서 믿음으로 살려고 애쓰며, 때로는 아버지인 내가 올바르지 못할 때는 주저 없이 말하여 바르게 처리할 수 있게 해 주었다. 어려서부터 믿음 안에서 바르게 자랐고, 지도자로 세워 주실 것을 믿고 있다. 아들 모세는 초등학교 때 설교문을 잘 쓴다고 외할아버지 목사님에게서 칭찬을 받곤 했다.

또한 아들 모세는 건국중학교를 졸업하고 대원외국어고등학교에 가기를 원했다. 그런데 그 당시 대원외고 입학시험 보는 날이 주일이었다. 나는 목사로서 아이가 시험을 보겠다고 하면 어떻게 하나 하고 걱정을 했는데 아들 모세가 주일에 시험을 보므로 입학시험을 보지 않겠다는 것이었다. 그런 결심을 하게 된 모세에게 감사하였고 하나님께 감사드렸다.

나의 생활을 부끄럽지만 조금 적어 보려 한다.

지금도 신고 있는 한 구두는 30년 동안 열 번을 고쳐 신고 있고, 한 양복은 40년이 넘게 입었는데 아내가 떨어진 곳을 여러 번 고쳐 주었다. 그 양복은 벽산건설 회장이시던 김인득 장로께서 해 주신 것이다. 그 양복을 믿음교회를 섬길 때 동네 세탁소에 세탁해 달라고 맡기고 나중에 옷을 찾으러 갔더니 세탁소 주인이 그 옷은 더 이상 입을 수가 없다고 하여 아예 버렸다고 했다. 더 입을 수 있는 옷이었기에 서운했다. 지금도 그때 해 주신 바지 2벌을 입고 있다.

한편 지금도 신고 있는 운동화는 장신대 신대원에 다닐 당시 이스라엘에 갈 때 사서 신었던 신발인데 45년째 신고 있다.

넥타이도 미국 라스베가스순복음교회 주최로 지역 복음화, 라스베가스 복음화 전도 집회에 강사로 말씀을 전할 때(2003년 4월) 그 교회 백 집사가 선물한 것인데 양쪽이 떨어진 지금도 계속 사용하고 있다. 와이셔츠도 30년 이상 입어 목과 팔 끝이 떨어져 아내가 몇 번 고치고 지금까지 계속 입고 있다.

은퇴 후 어느 교회든 가서 설교를 해도 하나님께 약속한 10만 원만 받고 있다(부산, 목포, 광주, 제주 등 먼 지방은 좀 더 받았다.). 하나님께서 총회연금도 받게 해 주시지 않았는가? 부흥회를 인도해도 마찬가지이다. 하나님께 진심으로 감사를 드리고 있다.

목회를 할 때와 은퇴 후에도 양복 깃에 십자가를 계속 달고 다니는 것(어느 목사는 나보고 십자가가 커서 자기 교회에 붙여도 되겠다고 했다.)도 오직 예수님의 십자가만 자랑하기 위해서이다. 부족하지만 그리스도의 향기만 내고 싶은데 그렇게 못할 때가 많다. 계속 노력하려고 다짐한다.

또한 은퇴 후에는 아침, 저녁으로 하루에 적어도 4시간씩은 기도하는 것을 계속 하고 있으며 하나님께서 생명을 불러 가실 때까지 그렇게 하려고 한다. 지금까지 이 부족한 종을 위해 기도해 주시고 도와주시고 애써 주신 모든 분들과 그 가정과 그 자녀들을 위해 기도하고 있다. 모든 것이 하나님의 은혜이다. 하나님의 은혜를 선불 감사해야 하겠다.

또한 믿음교회 홈페이지 원로 목사란에 설교 원고를 정리하여 올려놓아 누구든 아무런 제한 없이 말씀을 읽을 수 있도록 하고 있다. 매주 많으면 1,300명에 가까운 목사님들이 말씀을 보고 계시는데, 그중에는 설교 준비를 위해 참고하시는 목사님들도 많이 계신 것으로 알고 있다. 주의 종들께서 말씀을 준비하는 데 조금이라도 도움을 드리고 싶은 마음이다. 나는 기도할 때마다 이 목사님들을 위해 늘 중보하고 있다.

어떤 목사님은 한 달에 오천 원씩이라도 받으라고 하지만 나는 끝까지 무료로 모든 자료를 제공할 생각이다. 나는 믿음교회를 은퇴할 때 하나님과 교인들 앞에 약속한 것이 있다. 원로 목사로서 특별한 일이 없는 한 1년에 새해 신년주일과 6월에 창립기념주일에 두 번만 본 교회에 나오겠다고 했다. 물론 교인들은 한 달에 한 번씩은 나오시고 또 한 달에 한 번씩은 설교를 해 달라고 한다. 그러나 후임 목사님이 목회하는 데 조금이라도 지장을 주어서는 안 되다는 것이 나의 목회 철학이다.

더욱이 감사한 것은 하나님께서 허락하여 주셔서 은퇴 후 설교집 『이까짓 걸 가지고 뭘』을 출판하였는데 아들 모세와 아내가 수고했다. 교정을 보아 주신 모든 분들에게 감사를 드린다. 책을 출판해 주신 예영커뮤니케이션에도 감사드리고 있다.

나는 은퇴 후에도 계속하여 말씀을 전하고, 평소에 원하고 기도하던 God Land(하나님의 동산)를 이루기 위해 기도하고 있다. 하나님께서 내 대에 안 주시면 자손들 때에 아들 모세를 통해 이루어 주실 것을 믿고 있다.

God Land는 200만 평 대지에 최고의 시설과 인력을 갖춘 병원, 연구소, 대학(모든 학생들에게 반 등록금으로 하고, 장학금을 주고, 기숙사를 제공한다.) 등을 세우고, 세계선교센터, 세계중보기도센터를 건립하는 것을 골자로 한다. 나아가 전 세계에 학교, 병원, 주택, 식수(물) 등 생활에 관한 것과 쉼터, 교회를 세워 나가는 사역이다.

그리고 세계종교지도자 평화회의를 개최한다. 그리고 세계대학선교봉사회를 통해 세계에서 오는 대학생들에게 공부할 수 있도록 기숙사와 생활비, 학비를 제공한다.

이것이 God Land의 기본원칙이다. 단 작은 God Land부터 시작하려고 한다. 전적으로 하나님의 역사가 있어야만 될 수 있다.

그리고 'Change World(세상을 바꾸자.)'를 주제로 하여 서울부터 전국 각 시도별로 전도대회를 열고자 기도한다. 'Change World'는 말씀에 기초한 정신 혁명, 정직한 삶, 의로운 삶, 덕이 있는 삶, 섬기는 삶, 희생하는 삶, 헌신하는 삶, 배려하는 삶, 사랑하는 삶, 긍정적인 삶, 감사하는 삶, 사명 있는 삶 등 12가지 삶을 통해 한국은 물론 세계, 즉 세상을 바꾸어야 한다는 것이다. 이것이 예수님이 오신 목적이다.

스위스 칼빈의 종교개혁은 사회 개혁을 수반했다. 제네바 시민의 신앙과 윤리 및 도덕회복을 위해 시민법정 제네바 처리회를 조직했고, 프랑스 난민을 돕기 위한 모금 운동을 했고, 노동 및 경제 정의를 실현했고, 가난한 자들을 위한 병원을 설립했고, 신정정치를 통한 사회개혁을 했으며, 교육을 통한 사회개혁을 한 것이다. 그것이 오늘의 스위스를 이루게 한 것이라고 볼 수 있다.

가능하면 Change World 배지를 수천만 개를 만들어 교인과 국민에게 보급하며, Change World 운동을 전국적으로, 필요하면 세계적으로 펼쳐 나가길 소원한다.

또한 세계대학선교봉사회, 미혼모 자녀들의 양육(기숙사와 공부, 일자리를 제공하고 신앙 전담교역자와 사감을 둔다.), NKSMC(탈북자 대학생선교센터) 장학 사업, 교역자 복지, 성직자(목사, 전도사) 묘지, 미자립교회 지원, 문서 선교, 학원 선교, 군목 지원, 해외선교 지원 등의 사업을 기도로 준비하고 계획하고 있다. 얼핏 보면 불가능해 보이는 비현실적인 꿈처럼 보일 수도 있지만, 수십 년 목회 생활 가운데 하나님께서 주신 꿈과 비전이기에 언젠가 하나님의 때에 하나님의 방법으로 이 일을 이루어 주시고 하나님께서 영광 받으실 것을 믿고 있다.

예전 신대원을 다닐 때 때로는 학교에서 점심시간에 식권이 없어 기도 탑에 올라가 기도를 하곤 했다. 기도 탑에 올라가면 점심시간에 많은 학생들이 기도하곤 하였는데 때로는 누군가 식권을 구입해 주었다고 하면서 식사하러 가자고 하여 밥을 먹곤 하였다. 나도 앞으로 식권 후원을 해야겠다는 마음이 늘 있었고 그 일도 하려고 한다. 지금도 어느 교수에게 물어보니 식사를 못하는 학생이 많다고 한다. 선지자학교에 와서 일부러 금식을 하면 몰라도 식사를 못하는 일은 없도록 해야 할 것이다.

서울에 많은 노숙자들이 있다. 어찌 보면 나는 노숙자 1호일지도 모른다. 그들을 생각하면 마음이 한없이 무겁다. 그들은 가족이 있었던 분들이다. 이들을 가족의 품으로 돌아가도록 해 주어야 할 것이다. 이 일을 위해 기도하고 있다. 이것도 Change World의 하나인 것이다. 저들이 다시 삶의 희망을 갖고 소망과 사랑과 믿음 안에서 살도록 해야 할 것이다.

나는 심장혈관 시술을 건국대학교 병원에서 받은 적이 있다. 당시 나를 담당했던 교수가 내 심장을 컴퓨터에서 보여 주는데 심장에서 피를 혈관으로 팍팍 뿜어내는 것을 보고, 나도 복음과 말씀을 저렇게 힘 있게 뿜어내는 삶을 살겠다고 주님께 기도했다.

요한 웨슬레는 90세까지 열심히 봉사하고 기도하며 성경을 연구하고 전도하였다. 그는 1791년에 죽었는데 그의 담당 의사는 이렇게 말하였다. "웨슬레는 병들어 죽은 것이 아니라 닳아서 없어졌다." 나에게도 사명을 더욱 일깨우는 말이다.

나는 위에서 말한 일이 이루어지기를 소원하며 Change World 의 심장과 같은 역할을 하고 싶다. God Land와 Change World를 이루는 데 심장과 같은 역할을 하고 싶다.

서울대병원 흉부외과 이정렬 교수는 심장은 수많은 기특한 심성을 가지고 있다고 하며 10가지를 말했다.

① 휴무가 없다(연중 휴무로 24시간 그저 묵묵히 뛴다.).

② 아주 작은 보상만 받는다(전신 산소 소모량의 5% 배당만 받고 일한다.).

③ 공공성이 뛰어나다(머리, 간, 콩팥 등에 필요한 만큼씩 정확하고 공평하게 배분해 준다.).

④ 주인이 아무리 쉬라고 명령해도 주인의 생각과는 관계없이 자동으로 일한다.

⑤ 주인이 모르게 일한다(심장이 뛰는 것을 주인은 모르면서 산다.).

⑥ 문제가 생기면 즉시 경고등을 켠다(가슴이 답답해지고, 조여들고 기절을 한다.).

⑦ 이웃과 협력 소통할 줄 안다(옆집 허파와는 뗄 수 없는 공생관계이다.).

⑧ 자신이 더 이상 소임을 할 수 없을 때 주인을 위해 깨끗하게 물러날 줄 안다(판막 대체술, 심장이식 수술 등).

⑨ 주인이 위험한 비상사태에 빠지면 우선순위 결정 매뉴얼이 확실히 정해져 있어 생명과 직결되는 일을 분명히 한다(뇌와 심장에 피가 집중 배분되도록 말초 혈관들을 꼭꼭 잠가 버린다. 그래서 얼굴이 하얗게 된다.).

⑩ 양심적이다. 그래서 심장에는 털이 안 난다고 했다.

이렇게 고마운 심장이지만 잘못되면 대가는 혹독하다. 바로 사망이기 때문이다.

나는 한경직 목사, 백락준 박사, 김옥길 총장, 김준곤 박사, 박조준 목사, 이한빈 경제부총리, 장기영 한국일보 사장, 오재경 기독교방송 사장, 최창근 기드온협회 회장 등을 모시고 청년운동을 하는 가운데 종교계, 정치계, 교육계, 언론계, 경제계에 맑고 깨끗하며, 존경받을 수 있는 어른들이 계셔서 민족에 비전을 제시하는 것이 얼마나 중요한 일인지를 느낀 바 있다. 그리고 장신대 박창환 학장님 같이 맑고 깨끗한 지도자가 계셔서 많은 힘이 되었다. 아쉬운 것은 지금 우리 사회에 이러한 지도자가 없다는 것이다.

그러나 우리 대한민국을 사랑하시는 하나님께서 이분들보다 더 훌륭한 지도자들을 많이 주실 것이라고 믿고 있다. 애국가 1절에 "하나님이 보호하사 우리나라 만세"가 있기 때문이다.

우리 집 벽에는 '믿음의 가문', '성령의 주 무대가 되는 우리 집', 'Change World', 이 세 가지 비전이 크게 늘 붙어 있다. 또 그렇게 되기를 기도하고 생활하고 있다.

많은 이들이 나보고 키는 작아도 크게 보인다고 하며 거인이라고 하는데 나는 그렇게 살지 못했다. 앞으로 남은 생을 그렇게 살아 보려고 노력하고 있다.

나는 32년의 성역을 마치고 2012년 10월에 장위동으로 이사를 하였다. 장위동에 와 보니 골목길이 온통 쓰레기와 감나무 등 나뭇잎으로 지저분하여 혼자 약 2년 가까이 길 청소를 하였다. 그러던 중 동네 아주머니 한 분이 노인 목사님이 이렇게 청소하시는데 미안해서 안 된다고 하며 동네 분들이 나와서 청소를 같이 하자고 하여 2014년 8월부터 매주 토요일 아침 7시에 10여 명의 이웃들과 함께 청소를 하게 되었다. 청소 후 우리 집에서 차와 계란을 먹으며 서로 담소하곤 하는데 그동안 동네에서 오래 살면서도 서로 인사 한 번 제대로 안하던 이웃들이 지금은 가정사까지 서로 이야기하며 교제하고 있다. 각 가정에서 과일이나 또는 빵, 고구마 등을 가져오기도 하고, 가정에서 좋은 음식을 만들면 서로 나누어 먹고 가끔씩 회식도 하며 서로 즐겁게 지내게 되었다. 우리가 사는 동네에 새로 이사 오신 어느 분은 어디 시골 농촌 마을 같다고도 한다. 이 과정을 보고 한 가정이 예수 믿고 교회 나가는 가정도 있다.

물론 종교를 초월하고 이제는 모임 이름을 '선한 이웃'으로 정하여 매달 회비도 1만 원씩 내어 경조사에 서로 협력도 하고 있다. 동네 길도 깨끗해졌고, 동네분들이 목사님 때문에 이렇게 모이게 되고 동네 분위기가 새로워졌다고들 하는 말을 들을 때마다 은퇴 이후에도 나를 이렇게 사용해 주시는 주님께 감사할 뿐이다. 매주 토요일 아침마다 이분들에게 차와 계란을 대접하는 아내에게 고맙기도 하다.

동네에서 불교신자인 아주머니가 진짜 목사님을 만났다고 하는데 나는 부족하고 부족할 뿐이며 진짜 목사가 되기 위해 계속 힘써야 하겠다고 하나님 앞에 다짐을 하곤 한다.

나는 거듭 주님 앞에 고백할 수밖에 없는 것이 있다. 디모데전서 1장 15절에 사도 바울이 "죄인 중에 내가 괴수니라."고 고백했는데 실은 내가 죄인 중에 괴수라고 고백할 수밖에 없는 사람이다. 이런 죄인인데도 힘들고 어려울 때마다 새로운 힘을 불어 넣어 주시는 하나님께 감사드리며, 나로 하여금 특별히 힘을 얻어 일어날 수 있게 해 준 찬송을 소개하고자 한다.

내 맘이 낙심되며(새찬송가 300장, 통합찬송가 406장)

1. 내 맘이 낙심되며 근심에 눌릴 때

　　주께서 내게 오사 위로해 주시네

　　가는 길 캄캄하고 괴로움 많으나

　　주께서 함께하며 내 짐을 지시네

2. 희망이 사라지고 친구 날 버릴 때

　　주 내게 속삭이며 새 희망 주시네

　　싸움이 맹렬하여 두려워 떨 때에

　　승리의 왕이 되신 주 음성 들리네

3. 번민이 가득 차고 눈물이 흐를 때

　　주 나의 곁에 오사 위로해 주시네

　　환난이 닥쳐와서 어려움 당할 때

　　주님의 능력 입어 원수를 이기네

후렴. 그 은혜가 내게 족하네 그 은혜가 족하네

　　　이 괴론 세상 지날 때 그 은혜가 족하네

내 평생 소원 이것뿐(새찬송가 450장, 통합찬송가 376장)

1. 내 평생 소원 이것뿐 주의 일 하다가

   이 세상 이별하는 날 주 앞에 가리라

2. 꿈같이 헛된 세상일 취할 것 무어냐

   이 수고 암만 하여도 헛된 것 뿐일세

3. 불같은 시험 많으나 겁내지 맙시다

   구주의 권능 크시니 이기고 남겠네

4. 금보다 귀한 믿음은 참 보배 되도다

   이 진리 믿는 사람들 다 복을 받겠네

5. 살같이 빠른 광음을 주 위해 아끼세

   온몸과 맘을 바치고 힘써서 일하세 아멘.

내가 가장 좋아하는 성경을 적어 보려 한다.

시편 23편 1-6절

여호와는 나의 목자시니 내게 부족함이 없으리로다 그가
나를 푸른 풀밭에 누이시며 쉴만한 물가로 인도하시는도
다 내 영혼을 소생시키시고 자기 이름을 위하여 의의 길로
인도하시는도다 내가 사망의 음침한 골짜기로 다닐지라

도 해를 두려워하지 않을 것은 주께서 나와 함께하심이라 주의 지팡이와 막대기가 나를 안위하시나이다 주께서 내 원수의 목전에서 내게 상을 차려 주시고 기름을 내 머리에 부으셨으니 내 잔이 넘치나이다 내 평생에 선하심과 인자하심이 반드시 나를 따르리니 내가 여호와의 집에 영원히 살리로다.

시편 116편 12절

내게 주신 모든 은혜를 내가 여호와께 무엇으로 보답할까.

김창규 목사의 사진 모음

가족사진
(이영옥 사모, 아들 김모세, 며느리 문희영, 손자 김세진, 김창규 목사)

김창규 목사 부모님
(어머니 박옥례 권사, 아버지 김용학 집사)

아들 김모세 초등학교 입학식 사진
(장인 이석근 목사, 아내 이영옥, 아들 김모세, 장모 이순애 사모)

김창규 목사 박사학위(설교학)

믿음교회 창립 예배 설교 모습

믿음교회 창립 예배 광경
1990년 6월 24일

1990년 6월 24일 믿음교회 창립예배
드리고 교회 간판 앞에서

믿음교회 창립 20주년 기념 예배

믿음교회 수요예배 때 성경 강의하는 모습

러시아 상트 페트르부르크 가나안신학교에서 설교학 강의

러시아 상트 페트르부르크 가나안신학교 학생들과 함께

박창환 장신대학장과 이스라엘 사해에서

미국에서 귀국하는 박조준 목사를 공항에서 환영하는
한경직 목사, 김창규 목사, 한혜원 목사(한경직 목사 아들)

캐나다 벤쿠버 사마리탄에서 강의하는 모습

박조준 목사와 영락교회 산상기도회 중 의논(영락기도원)

청년전도대회 사회보는 모습

청년전도대회 연설

충북 연합 전도대회 기자회견(한경직 목사와 함께)

청년전도대회 개회 연설(대광고등학교 운동장에서)

군인 교회에서 세례를 주는 김창규 목사

LA 나성영락교회 T.D. 5기 수료식

군인 교회 세례 예배

전국 교회 청년회장단이 자유의 다리에서 통일 기원 모습

방송에서 설교하는 모습

주한미군 철수 반대 기도회를 마치고 거리 행진하는 모습
(박조준 목사, 김창규 목사, 강신명 목사 등 목회자와 성도)

이까짓 걸 가지고 뭘

김창규 지음/148*210/272면/12,000원

「이까짓 걸 가지고 뭘」은 김창규 목사의 설교집이다. 성경에 기초
한 정신 혁명을 이루어야 우리나라와 이 사회가 바로 서며, 하나
님의 사랑과 은혜를 계속 받을 수 있다는 신념으로 목회 활동을
한 저자의 감동적인 설교가 실려 있다.

행함(정성진 목사의 야고보서 강해)

정성진 지음/153*220/348면/14,000원

이 책은 믿음과 행함의 두 수레바퀴 사이에서 신앙의 균형을 잡
는 방법을 야고보서를 통해 말하고 있다. 야고보서에 흐르는 믿
음과 행함이 함께 일하며, 행함으로 믿음이 온전하게 되는 진리
를 본서를 통해 만날 수 있을 것이다.

듣고 행하라 하신 산상수훈

정성진 지음/152*225/200면/11,000원

마태복음 5-7장은 예수님께서 '산 위에 올라 제자들에게 가르쳐
주신 말씀'이라 하여 산상수훈이라고 한다. 산상수훈은 부벽루에
서 바라보는 대동강의 경관처럼 성경 말씀 중에서도 가장 빼어난
가르침이다. 저자의 오랜 고심이 담긴 이 책을 통해 독자들도 산
상수훈의 깊은 진리를 묵상하는 시간이 되기를 바란다.

이 책을 집필하기 위해 지난 설교들을 정리하고 목회 생활을 반추해 보는 가운데 14년 전 겨울에 미국에 살던 사랑하는 동생 창호를 멀리 하늘나라로 떠나보냈을 때의 기억이 새삼 떠올랐습니다. 제 동생 김창호는 미국 시민권자로 일리노이주 카본데일 타운에서 사업을 하면서 특히 SIU(써든 일리노이주립대학) 대학에 다니는 한국 학생들에게 많은 도움을 주고 그 지역 미국인 침례교회의 안수집사로 열심히 봉사하다가 14년 전인 59세 때 눈길 교통사고로 세상을 떠났습니다.

동생의 장례를 마친 뒤 허전한 마음을 안고 주일에 동생이 다니던 교회에 예배를 드리러 갔습니다. 그 교회 담임 목사님께서 설교 중에 동생에 대한 말씀을 하시면서 "어떤 사람이 되겠느냐?"라고 질문을 던지는데 그 질문이 제 마음에 강한 충격으로 와 닿았습니다. 그 설교를 들으며 '나는 어떤 목사가 되겠는가?'라는 질문을 스스로에게 던져 보았습니다. 그날 말씀 가운데 큰 은혜를 받고 새로운 목회 다짐을 주님 앞에 하였던 것이 지금도 생생하게 기억납니다.

–머리말 중에서

ISBN 978-89-8350-974-1 03230
값 15,000원